A BATALHA PELO PODER

2ª edição
3.000 exemplares
Do 7º ao 10º milheiro
Junho/2017

© 2017 by Boa Nova Editora.

Capa e projeto gráfico
Juliana Mollinari

Diagramação
Juliana Mollinari

Revisão
Alessandra Miranda de Sá

Assistente Editorial
Ana Maria Rael Gambarini

Coordenação Editorial
Ronaldo A. Sperdutti

Todos os direitos estão reservados.
Nenhuma parte desta obra pode ser reproduzida ou transmitida por qualquer forma e/ou quaisquer meios (eletrônico ou mecânico, incluindo fotocópia e gravação) ou arquivada em qualquer sistema ou banco de dados sem permissão escrita da Editora.

O produto da venda desta obra é destinado à manutenção das atividades assistenciais da Sociedade Espírita Boa Nova, de Catanduva, SP.

1ª edição: Maio de 2017 – 7.000 exemplares

ROMANCE

A BATALHA PELO PODER

ASSIS AZEVEDO DITADO POR JOÃO MARIA

Instituto Beneficente Boa Nova
Entidade coligada à Sociedade Espírita Boa Nova
Av. Porto Ferreira, 1.031 | Parque Iracema
Catanduva/SP | CEP 15809-020
www.boanova.net | boanova@boanova.net
Fone: (17) 3531-4444

Dados Internacionais de Catalogação na Publicação (CIP)
(Câmara Brasileira do Livro, SP, Brasil)

Maria, João (Espírito).
A batalha pelo poder / ditado por Padre João Maria ; [psicografado por] Assis Azevedo. -- Catanduva : Instituto Beneficente Boa Nova, 2017.

ISBN: 978-85-8353-072-5

1. Espiritismo 2. Psicografia 3. Romance espírita I. Azevedo, Assis. II. Título.

17-02286 CDD-133.9

Índices para catálogo sistemático:

1. Romance espírita psicografado : Espiritismo 133.9

SUMÁRIO

Capítulo I - Helena 7
Capítulo II - Felipe e sua filha.. 15
Capítulo III - Cidade Espiritual 24
Capítulo IV - Helena e Túlia 29
Capítulo V - Nascimento 37
Capítulo VI - O exército do rei 48
Capítulo VII - O duque Raul 55
Capítulo VIII - A fuga de Helena 63
Capítulo IX - O príncipe e os rebeldes 71
Capítulo X - À procura de Helena 81
Capítulo XI - O retorno do príncipe 90
Capítulo XII - Tormento do conde Felipe 98
Capítulo XIII - Lívia e Isabel 105
Capítulo XIV - O príncipe e o rei 109
Capítulo XV - Júlio e a história de Helena 118
Capítulo XVI - A visita de Júlio ao príncipe 126
Capítulo XVII - Conversa entre Ricardo e Júlio 134
Capítulo XVIII - A verdade chega ao príncipe 142
Capítulo XIX - A fúria de conde Felipe 151
Capítulo XX - O encontro entre o príncipe e Helena 158
Capítulo XXI - Um grande amor 167
Capítulo XXII - A história chega ao rei 175
Capítulo XXIII - Felipe e Fernando 184
Capítulo XXIV - Em busca do filho perdido 193
Capítulo XXV - O rei e duque Fernando 200
Capítulo XXVI - Ricardo II 209
Capítulo XXVII - Felipe e conde Dante 217
Capítulo XXVIII - O desejo de Helena 225
Capítulo XXIX - O duelo entre o príncipe e Fernando 234
Capítulo XXX - Helena e monge Petrúcio 242
Capítulo XXXI - O rei e sua nova espada 250

Capítulo XXXII - O rei 258
Capítulo XXXIII - Encontro de pai e filha................................... 267
Capítulo XXXIV - Ricardo e padre João Pedro 276
Capítulo XXXV - Morte ao entardecer.. 285
Capítulo XXXVI - Mãe e filho 296
Capítulo XXXVII - O rei Otávio IV.. 304

CAPÍTULO I

HELENA

Chovia torrencialmente. Os relâmpagos riscavam o céu como crianças brincando com lápis de cor; o ribombar de trovões parecia anunciar que o mundo estava chegando ao fim.

A carruagem corria desesperadamente, como se naquele momento houvesse alguém precisando de socorro urgente. O tempo escurecia, as nuvens cor de chumbo parecendo caminhar, transformando a tarde em quase noite, o que a tornava ainda mais fria, triste e cinzenta. Um vento gelado se abatia sobre aquela região, fazendo o clima insuportável, principalmente para quem se arriscasse a viajar por aqueles terrenos.

O cocheiro fustigava os animais gritando palavras de incentivo, enquanto amaldiçoava o tempo chuvoso. Quatro belos cavalos puros-sangues corriam desesperados puxando o veículo, protestando com breves relinchos e soprando como se sentissem dificuldade de respirar.

O caminho era estreito, parecendo mais uma trilha que se abria na floresta, mal dando passagem à bela carruagem de cor aveludada onde se observava um escudo pintado na porta, informando que aquele veículo pertencia a uma família de nobreza real. O vento batia inclemente nas copas das árvores provocando um barulho idêntico ao de um gemido sofrido, reclamando algo à natureza bravia. As águas empoçadas na estrada aos poucos iam se tornando um lamaçal insuportável e difícil, que atrapalhava os cavalos, impedindo-os de desenvolver maior velocidade.

– Vamos, meus meninos! Estamos chegando – gritava o cocheiro, coberto parcialmente com uma capa preta, como se falasse com seus filhos. "Essa chuva está escurecendo o tempo, e ainda não são nem três horas da tarde", dizia o homem com seus botões.

No interior da carruagem, uma moça encontrava-se encolhida em um canto com ar de quem estava com medo. Demonstrava no semblante que havia chorado, todavia, evidenciava ser dona de uma personalidade forte, tentando superar qualquer problema que estivesse sentindo naquele momento. Era belíssima. Em seu rosto, os olhos mais pareciam duas pedras preciosas azuis encravadas que mudavam de cor conforme os momentos de tensão que atravessava. A indumentária da moça era composta de um sobretudo coberto por uma capa que ia dos ombros aos pés. As pernas estavam cruzadas, e nelas repousavam duas mãos afiladas e perfeitas, todo esse conjunto enfeitado por uma cascata de cabelos loiros que lhe caíam pelas costas, tornando-a praticamente uma mulher imbatível em matéria de beleza. "Meu Deus, ajudai-me! Não sei o que vou fazer. Espero que o padre João Pedro tenha condições de me orientar com segurança", meditava a moça com calma, sentindo a confiança em si prestes a ir embora. "Meu príncipe, eu acredito muito em Deus. Só peço a Ele, humildemente, que o ajude a voltar dessa maldita guerra são e salvo para mim, porque agora preciso muito mais de você do que quando estava aqui!"

A carruagem parou em frente a uma bela catedral de estilo gótico, com sua torre imponente erguida em direção ao céu, a ponta fina talvez um lembrete de que o céu não era infinito, como dizia o poeta.

A moça desceu do veículo sob a chuva, que se tornara mais intensa, e correu em direção à igreja, sendo recebida e amparada por um padre ainda jovem, baixo e de olhos claros, além de simpático e muito educado, que, com seu aspecto bonachão, apressou-se em perguntar, mais por curiosidade do que por preocupação:

– O que está acontecendo, minha filha, para você se arriscar a sair dos muros de seu castelo durante este temporal, que mais parece Deus nos avisando de que chegamos ao final dos tempos?

A moça nada disse; limitou-se apenas a abraçar o sacerdote, enquanto sentia um líquido salgado escorrendo pelo rosto e terminando em sua boca. Ela chorava.

O padre a abraçou e a conduziu a uma sala que ficava atrás do altar. Após um tempo, sentou-se ao lado da visita inesperada, pigarreou e perguntou:

– Posso saber o que houve, Helena?

Helena era a filha única do conde Felipe, viúvo e homem de confiança de Otávio III, rei do Cadal, próspero país que se destacava por possuir um dos exércitos mais poderosos à época, voltado à conquista de terras de senhores feudais e de pequenos reinos, todos posteriormente anexados ao país.

Esse reino localizava-se em uma região fria e infértil. Ao longo dos anos, manteve com vigor suas tradições, destacando-se dos demais reinos e impérios pela bravura do seu poderoso exército. A fama de seus guerreiros atravessava fronteiras, pois eram praticamente imbatíveis, dadas suas ações vitoriosas e a perversidade para com os inimigos. As cidades conquistadas eram, automaticamente, anexadas ao reino de Otávio III, sob intenso desprezo pelo povo conquistado.

O soberano descendia de uma família secular, tendo a fama de ser enérgico, porém déspota e sanguinário, não respeitando os direitos dos cidadãos caldenses e seus vizinhos. Sua ordem era lei, embora o povo tivesse satisfação em obedecer ao tirano com fanatismo e fervor. Ele achava-se dono absoluto do povo e dos que haviam sido conquistados nas guerras, tendo sido feitos escravos da corte.

Ao longo de todas as épocas, o povo nunca aprendeu a dominar o próprio destino, já que sempre necessitou de alguém que o conduzisse; que se responsabilizasse pelos erros e acertos de um país, estado e até mesmo de uma simples e pequena cidade. Assim era também o povo do Cadal, porque o importante para ele era o rei, a cada batalha conquistando mais terras e se tornando um orgulho para aquelas criaturas miseráveis que viviam de migalhas das mesas dos nobres.

O rei Otávio III tinha somente um filho, o príncipe Ricardo, que, por sua coragem e amor aos embates, era um verdadeiro guerreiro, estando à frente do exército do pai. Era jovem, alto, de cabelos claros e longos, destacando-se por sua simpatia e beleza.

Ricardo era um guerreiro sanguinário; gostava de guerras e lutas. Por sua bravura e destemor, que estavam em seu sangue – o sangue de seus antepassados –, era um conquistador; porém, com o tempo, sentiu que seu coração aos poucos se acalmava e se comprometeu em segredo, seriamente, com a bela Helena, filha do conde Felipe, melhor amigo de seu pai.

A rainha Ruth, esposa de Otávio III e mãe do príncipe Ricardo, era uma mulher doente e muito sensível; além disso, o marido a subjugava, deixando-a completamente sem vontade própria. Ruth descendia de uma família real riquíssima e secular. Amava o filho com loucura, pois sentia que ele correspondia àquele grande amor maternal.

A cidade de Messenas era bela e rica, corte do reino do Cadal, conhecida pela tradição, desde épocas remotas, por sua fidelidade aos nobres, que dominavam o país.

Helena não aceitava os modos do pai, que era fiel ao rei Otávio. Ambos tinham gostos e pensamentos idênticos quando se tratava de dominar e oprimir o povo, desrespeitando seus direitos.

Na catedral, a condessa tremia, encolhendo-se, não se sabia se de frio ou devido à tensão que sustentava desde muito tempo. "Meu Deus, sinceramente não sei o que fazer com esta criança que repousa em meu ventre", pensava, enxugando uma lágrima. "Acho que vou enlouquecer. Espero que padre João Pedro consiga me ajudar neste momento tão difícil."

O padre, por sua vez, não conseguia dominar seus pensamentos, que corriam em todos os sentidos, mas terminavam voltando ao mesmo lugar sem nenhuma conclusão. "O que será que aconteceu?", perguntava-se o sacerdote com impaciência, embora não a demonstrasse. Ele pediu licença e foi até um pequeno armário, tirando de lá dois belos cálices. Depois aproximou-se da moça e lhe estendeu um deles, que continha vinho, enquanto, com um sorriso simpático, dizia:

– Minha querida, por favor, tome um pouquinho deste vinho, para evitar uma pneumonia.

Helena segurou o cálice e tomou um pequeno gole de vinho. Em seguida, em um gesto elegante, passou o lenço que o sacerdote lhe estendera nos lábios, fitou-o por alguns segundos e, de cabeça baixa, disse de pronto, tomando coragem:

– Estou grávida.

O padre ficou sem ação, sentindo o sangue fugir não se sabe para onde. Depois de pensar um pouco, ergueu-se e começou a andar no pequeno espaço enquanto pensava: "Meu Deus, o assunto é muito mais grave do que imaginava".

Helena mantinha-se calada, observando o padre caminhar com impaciência pelo recinto.

Não é difícil entender a vida; falta apenas ao ser humano se desprender de determinadas convenções sociais criadas pelo próprio homem e voltar-se para aquele que criou o universo: Deus. A felicidade está tão perto das criaturas de Deus, todavia, o homem só busca aquilo que satisfaz seu orgulho e, principalmente, sua vaidade.

O sacerdote acalmou-se, passou as mãos nos cabelos, depois na batina, e se sentou novamente, ao lado da impassível condessa, que esperava para saber sua opinião. Permaneceu em silêncio durante um tempo, fitando a jarra de vinho que estava sobre uma pequena mesa próxima, e em seguida, com muito cuidado, como se segurasse algo muito importante e frágil, tomou as mãos da moça e perguntou:

– Minha filha, por que você não procurou o padre José, capelão da corte?

A moça fitou o sacerdote, depois se levantou, dirigindo-se à porta. Ajeitando os cabelos, aproximou-se mais um pouco do padre, voltou a se sentar e respondeu em voz baixa:

– Padre, isto é um segredo, que ficará entre nós. O senhor é a única pessoa que merece minha confiança para saber o que está acontecendo entre mim e Ricardo.

O sacerdote ergueu-se de um salto, enquanto pensava: "O que será que essa menina quer me pedir?".

– Então você deve saber que é muito grave o seu problema – disse o padre, voltando a se sentar.

– Claro que sei, mas não vim aqui para saber algo que já descobri – rebateu imediatamente a bela condessa, aborrecida como se estivesse se defendendo de uma ofensa.

– Então, o que quer de mim, minha filha? – perguntou o sacerdote fitando a moça com ar de quem estava sob pressão.

– O senhor sabia de nosso namoro, inclusive do nosso amor, uma vez que, sempre que me confessava, abordava esse assunto. Portanto, não é novidade que eu amo o príncipe Ricardo; aliás, para ser mais precisa, nós nos amamos – disse a moça, levantando-se com a firmeza de quem houvesse assumido as rédeas de sua personalidade, que até então se encontrava frágil. – E por ele sou capaz de fazer qualquer coisa.

– Minha filha, eu ainda não sei o que você quer...

– Simples: quero saber do senhor o que farei para resolver esta situação. O rei e meu pai não podem nem imaginar que estou grávida de Ricardo; eles jamais aceitariam esse relacionamento – respondeu a moça pensativa. – Imagine meu pai saber que estou grávida antes do casamento!

O padre fitava a moça enquanto pensava: "Não posso nem pensar nas consequências desse ato, mormente quando o rei Otávio III e o conde Felipe souberem da gravidez da menina condessa".

O sacerdote levantou-se e foi até a janela, olhando através de uma pequena fresta como se observasse o tempo, mas, na verdade, refletia: "Não vejo nenhuma solução para esse problema da condessa". Respirou fundo e continuou a pensar: "Só vejo uma única saída para resolver parcialmente este assunto, porém, não gosto nem de pensar nisso, pois Deus pode me castigar seriamente". Caminhou com passos lentos e cansados em direção à condessa, sentou-se, passou a mão nos cabelos, fitou a moça e perguntou:

– Minha filha, você quer ter essa criança?

A moça ergueu-se de um salto, os olhos mudando de cor, e, postando-se defronte ao sacerdote, respondeu com outra pergunta:

– Padre João Pedro, o senhor está insinuando o quê? Está me perguntando se quero abortar o meu filho, é isso?

O padre também se levantou, e ambos ficaram em silêncio.

– Não estou insinuando absolutamente nada – respondeu o sacerdote, envergonhado, sentindo que seus pensamentos tinham sido descobertos.

A moça voltou a se sentar, pôs os cotovelos sobre os joelhos e, sustentando a cabeça com as mãos, começou a chorar.

O padre se deu conta de que, naquele exato momento, não sabia o que fazer. A força e o poder de um sacerdote terminavam ante aquele difícil problema. Caminhou devagar pelo recinto, tentando desesperadamente achar uma saída para a situação da condessa, mas não conseguiu vislumbrar uma única luz. Sentou-se então ao lado da moça e começou a alentá-la, enquanto erguia os olhos para o alto e, em uma prece muda, dizia: "Senhor, mostrai-nos uma saída para resolvermos as dificuldades que de repente apareceram no caminho desses jovens. Perdoai-me os pensamentos terríveis que tive em relação a essa criança que está para conhecer este mundo de lágrimas".

CAPÍTULO II

FELIPE E SUA FILHA

O sacerdote passou a mão no rosto em um gesto repentino e voltou a passear pela pequena sala. Após alguns minutos, sentou-se e, segurando as mãos da moça, que tentava conter o próprio choro, disse:

— Acho que encontrei uma solução.

A condessa rapidamente enxugou os olhos, ajeitou-se na cadeira e, fitando o sacerdote com ar de curiosidade, perguntou:

— Que solução é essa, padre?

— Minha filha, você vai deixar a cidade de Messenas por alguns meses, enquanto o seu bebê vem a este mundo.

— O quê? O senhor está me pedindo que deixe a corte?

— Não vejo outra alternativa para resolver esta situação – respondeu o sacerdote, as feições alteradas pelo conteúdo de sua ideia.

A moça pensou, caminhou um pouco pelo recinto, novamente se sentou e, calma, indagou:

— E para onde iria?

– Tenho várias amizades com os nobres do reino – respondeu o padre, passando as mãos pelos cabelos em um gesto ansioso. – Poderemos tentar convencer seu pai a deixá-la viajar com a desculpa de visitar uma amiga, de preferência em um castelo bem distante da corte.

Ambos fizeram uma pausa, entreolhando-se como se fizessem perguntas um ao outro.

– O senhor está sugerindo que eu viaje com a finalidade de ter meu filho longe daqui?

– Tem outra ideia melhor? – respondeu o padre com outra pergunta, sorrindo e fitando a moça.

Helena fitou o piso, respirou profundamente e, depois, com um ar decidido de quem não tinha outra solução, respondeu:

– Não.

O padre se aproximou ainda mais da condessa e, com impaciência, indagou:

– Helena, você ainda é amiga íntima da condessa Ana, irmã do conde Júlio, que atualmente está em batalha ao lado do príncipe Ricardo?

– Sou. Ela sempre me manda cartas reclamando da solidão e pedindo que a visite.

– Então, vamos usar essas cartas para provar junto ao seu pai que você precisa visitar sua amiga.

– Ótima ideia, padre!

– Lá vocês combinam, e poderá ter seu bebê longe daqui. Quando voltar, apresentará seu filho como adotivo, até que seja resolvido esse caso com o príncipe – disse o padre, agora eufórico pela possibilidade de resolver aquele problema sem causar danos à condessa ou ao conde Felipe, que o respeitava, todavia o próprio padre quisesse distância dele, por ser um homem que não hesitava em mandar acabar com a vida de seus inimigos.

– Então deverei viajar o mais rápido possível, antes que meu pai descubra que estou grávida. Além disso, acho que já estou com quase três meses de gravidez; minhas roupas estão ficando apertadas, principalmente na cintura.

"Não gosto nem de pensar no caso de o conde Felipe e o rei Otávio tomarem conhecimento desse fato", pensou o padre benzendo-se.

Ambos se levantaram. O padre sorria, esfregando as mãos, satisfeito por aquela ideia ter conseguido salvar a condessa do pior. Dirigiu-se à janela, depois se virou e disse:

– Agora, minha filha, você pernoitará em uma casinha ligada ao mosteiro, que serve para hospedar alguns viajantes que passam por essa região. Estamos com sorte, pois não temos nenhum hóspede.

– Padre, não posso passar a noite fora – disse a moça apreensiva, pensando no pai.

– Minha filha, não percebeu que já escureceu? Deixar você viajar à noite nestas condições seria suicídio – rebateu o padre, fitando a condessa. – Mandarei alguém a cavalo para informar o conde imediatamente. Diremos que você veio se confessar e que vai dormir aqui, e amanhã cedo voltará.

A moça fez um sinal positivo com a cabeça, concordando.

Neste exato momento, ambos estavam sendo observados por um monge através de uma pequena abertura na porta que se interligava com o mosteiro. Neste, além de padres, havia ainda vários monges que tinham se retirado da vida mundana para se dedicarem à clausura, embora também a trabalhos úteis, pois produziam e cuidavam de parte dos produtos que eram consumidos pelos nobres da corte, como carne, leite, queijos, itens de vestuário, doces e outros produtos.

O monge que ouvira quase toda a história de Helena montou então em seu cavalo e, depois de algumas horas de uma difícil viagem, estava diante do conde Felipe, pai de Helena.

O monge que havia traído a confiança de padre João Pedro encontrava-se sentado com um copo de vinho na mão, enquanto o conde passeava pelo imenso salão de seu castelo, demonstrando visivelmente sua preocupação. "Esse monge deve ter algo muito importante a me revelar, somente assim se justificaria todo esse sacrifício", pensava o conde Felipe, sorvendo pequenos goles de vinho.

– E então, monge Petrúcio, o que o senhor tem a me revelar? – perguntou à queima-roupa, parando em frente ao religioso e encarando-o.

O monge se levantou, passando as mãos úmidas e engorduradas em seu hábito. De cabeça baixa, falou:

– A condessa está no mosteiro conversando com o padre João Pedro.

– E qual é o problema? Minha filha sempre foi ligada a esse padre, porque confia nele como seu confessor. Ela prefere viajar várias horas em uma carruagem para conversar com ele a se confessar com nosso capelão.

O monge aproximou-se mais do conde e, com voz baixa, informou nos menores detalhes qual tinha sido o teor da conversa que Helena mantivera com o sacerdote. À proporção que Felipe ouvia o relato do monge, ia empalidecendo. Sentou-se, tomou um gole de vinho, depois levantou-se de repente e, em um acesso de fúria, gritou:

– Guardas!

O monge se encolheu, temendo o que seu ato de indiscrição poderia causar à moça. Conhecia a fama do conde, principalmente os atos que ele cometia com seus subordinados, camponeses e todos os que trabalhavam ou viviam em suas terras. "Bem, o importante é que serei bem recompensado e fugirei desse mosteiro onde meus pais me obrigaram a me enterrar vivo", pensava Petrúcio com rapidez.

De súbito, apareceram alguns homens armados e, após se curvarem diante do conde, em um gesto de subserviência, um deles perguntou:

– O senhor nos chamou?

– Prendam este homem!

– Mas este homem é um monge.

– Cumpram imediatamente as minhas ordens, antes que eu arranque a cabeça dele com minha espada – disse o conde, irritado, já com a espada na mão. – Depois pensarei em uma maneira de dar fim nele; não tolero traidores. Além disso, se for confirmada a história que ele narrou, morrerá do mesmo jeito.

– O que aconteceu? – perguntou um dos guardas.

– Nada que lhe interesse. Um de vocês viajará imediatamente para o lugarejo onde fica o mosteiro.

O conde, em um acesso de fúria, chutava o que encontrava pela frente; atirou na parede do castelo os cálices de vinho que estavam em uma grande mesa, falando impropérios, além de prometer que a filha pagaria caro por aquilo que ele considerava traição e desonra.

– Vá imediatamente ao mosteiro e conduza minha filha de volta ao castelo – ordenou ao guarda, que se mantinha em silêncio observando a fúria do conde.

A condessa fazia suas orações antes de deitar para pernoitar no mosteiro, muito satisfeita com a solução que ela e o padre tinham encontrado para justificar sua viagem, com o objetivo de ter seu filho longe dos olhos do pai.

Quase ao amanhecer, no entanto, Helena foi despertada com um barulho de vozes. Sentou-se e tentou descobrir o que estava havendo, mas não demorou para que alguém batesse à porta e, quase gritando, dissesse:

– Condessa, por favor, troque-se imediatamente. Iremos viajar de volta ao castelo.

A moça abriu a porta e deparou com um dos guardas do castelo de seu pai.

– O que houve? – perguntou a moça assustada.

– Não sei.

Helena olhou de viés para padre João Pedro, notando que ele sabia de algo. Respirou fundo, compreendendo que o pai tinha algum motivo para mandar buscá-la escoltada àquela hora.

O dia despontou bonito, tendo a chuva já cessado, dando lugar a um verdadeiro espetáculo que a natureza apresentava com seus pássaros gorjeando e voando sobre as árvores. A condessa se mantinha em silêncio no interior da carruagem, sempre observada pelo guarda. A carruagem vencia rapidamente a distância que havia entre a cidade de Messenas e o mosteiro.

O sol aos poucos caminhava em direção ao centro do céu, começando a iluminar o mundo, enquanto a carruagem entrava no castelo do conde Felipe. Após passar pela ponte levadiça, um guarda correu e deu a mão à condessa. Em voz baixa, disse:

– Seu pai manda ordens de que a senhora o espere em seu quarto.

– Por que minhas servas não vieram me esperar?

– Todas estão proibidas de falar com a senhora. São ordens de seu pai, que deverão ser cumpridas, sob pena de ser presa ou até mesmo perder a vida a serva ou escrava que lhe desobedecer – respondeu o guarda, passando a mão na cabeça.

Ao descer da carruagem, o guarda segurou-lhe o braço e a conduziu ao seu quarto, que ficava no terceiro pavimento do imenso castelo.

– Não precisa segurar meu braço! Sei o caminho de meus aposentos – disse ela, temendo ter havido algo muito grave para seu pai tratá-la assim.

– Cumpro ordens, condessa.

Após alguns minutos Helena estava a sós em seus aposentos, sem a presença de suas servas. Não sabia o que estava acontecendo, mas compreendia que o pai devia ter algum motivo para tratá-la daquela maneira estúpida. Sentou-se em sua cama, vislumbrando o imenso aposento. Notou um recipiente com água, aproximou-se e lavou o rosto. Depois, ficou esperando que o pai fosse falar com ela e lhe explicasse o que estava ocorrendo.

Helena sentia-se muito cansada da viagem e resolveu deitar-se enquanto esperava o pai. Em um gesto próprio das mulheres que estão grávidas, começou a acariciar seu ventre, enquanto pensava: "Meu querido e amado Ricardo, estamos esperando um filho. Irei protegê-lo com minha própria vida contra tudo e todos, principalmente de meu pai e do rei, pois sei que eles jamais aceitarão nosso filho". Continuou pensando nisso e acabou adormecendo em seguida, com um sorriso nos lábios, talvez sonhando com seu amado que estava em batalha ou com o filho que esperava.

"Minha filha, seu sofrimento será inenarrável, porém não tema, pois a maternidade é a ação do ser humano mais abençoada por Deus neste mundo. Portanto, não tenha medo do porvir. Você estará dando a oportunidade de um ser nascer como seu filho", ouvia a condessa em seu sonho, quando de repente ouviu vozes ao longe:

– Condessa, por favor, acorde! O conde quer falar com a senhora! – chamava uma de suas servas.

Helena aos poucos despertou e, fitando a serva com uma expressão atordoada, quase podia ouvir ainda as palavras da pessoa com quem havia sonhado.

– Você falou em meu pai? – indagou a condessa.

– Sim, senhora! Ele encontra-se na sala ao lado, esperando-a.

A condessa saiu da cama com um pulo, passando a mão rapidamente pelo vestido e lavando o rosto com água do recipiente que se encontrava ao seu dispor. Após hesitar por um instante, abriu a porta e viu seu pai passeando com impaciência na antessala de seus aposentos. Aproximou-se para cumprimentá-lo, mas recebeu uma ordem seca:

– Sente-se!

Após alguns minutos, o conde, que não parava de andar, postou-se diante da filha e perguntou:

– Helena, você é a única filha que sua mãe me deixou.

O homem fez uma pausa, sendo observado por Helena, que se mantinha em silêncio.

– Não sabe a dor que estou sentindo, mas não hesitarei em acabar com sua vida se a história que chegou ao meu conhecimento for verdadeira – disse o conde em voz baixa, aproximando-se mais dela. – Jamais admitirei que a desonra manche o nosso nome e o de meus antepassados.

O conde Felipe era católico, sendo bastante influenciado em sua crença pelo rei Otávio III, que o tinha como seu melhor amigo. Os dois conversavam muito sobre essa religião que nascera com a vinda de Jesus Cristo à Terra. Por ser católico, acreditava em um Deus guerreiro e vingativo, não aceitando erros que manchassem a honra dos seres humanos, principalmente a dos nobres, já que a dos plebeus não interessava à casta da nobreza. Naquele momento, seus pensamentos fervilhavam.

Felipe vestia uma túnica fabricada com pequenas argolas de metal, que colocara sobre o casaco que usava naquele dia. Aproximando-se da filha, perguntou com voz severa:

– É verdade que você está grávida?

A moça pensou rapidamente nos últimos acontecimentos e concluiu que o pai já sabia de tudo. Pensou: "Quem terá ouvido minha conversa com o padre João Pedro?"

– É verdade, pai! – respondeu a filha, fitando o solo com ar de quem estava bastante cansada. – Jamais renegarei meu filho.

Felipe voltou a caminhar pelo ambiente e, em vez de falar, rosnava como um animal enjaulado, sem nada dizer de concreto. Colocava a mão na cabeça, depois, como se quisesse extravasar sua raiva, jogava ao solo alguns adornos do recinto, espatifando-os.

Aproximou-se novamente da filha com aspecto idêntico ao de uma fera e perguntou:

– Quem é o pai?

A condessa fitou o conde com calma e respondeu-lhe:

— O príncipe Ricardo.

O conde estendeu a mão e recebeu do seu vassalo um copo de vinho, que sorveu de uma só vez. Aproximou-se da filha e, segurando-a pelos ombros, atirou-a contra a parede. Depois, ergueu a mão para esbofeteá-la, mas, em uma fração de segundo, disse para si: "Calma, Felipe!" Então baixou a mão e falou furioso:

— Você traiu o nosso rei, além de desonrar o nosso brasão.

Os pensamentos da moça se agitavam com rapidez, tentando encontrar uma maneira de acalmar seu pai, mas não encontravam nenhuma.

— Então é verdade tudo o que me narraram?

— Se a narração que o senhor ouviu é a respeito de minha gravidez, então é verdade — respondeu ela fitando o pai como se o desafiasse.

O conde chamou os guardas e ordenou:

— Até segunda ordem, a condessa não poderá deixar seus aposentos.

CAPÍTULO III

CIDADE ESPIRITUAL

Uma bela mulher loira, de olhos azuis e cabelos longos e cacheados caindo em cascata pelas costas, tornando quase surreal sua beleza, caminhava ao lado de outra, esta morena e de olhos e cabelos castanho-escuros, que enfeitavam um rosto belo de traços nobres. Ambas trajavam vestidos brancos, ao estilo romano, porém simples, destacando-se apenas por cintos que lhes cingiam a cintura, tornando-as ainda mais belas.

Ambas passeavam em silêncio por uma bela alameda, enfeitada com lindas palmeiras e outras árvores, que desembocava em uma praça ornamentada por jardins coloridos. Havia vários bancos distribuídos graciosamente pelo jardim, de onde se podia observar uma pequena cascata de águas cristalinas, que caíam dentro de uma garbosa pérgula, servindo de lazer, àquele horário, aos pássaros que brincavam como crianças, pousando e alçando voos rasantes por aquele pedacinho de lugar onde a paz e a harmonia se faziam presentes, demonstrando a presença de Deus.

As mulheres entreolharam-se, sentando-se em um dos bancos próximos à cascata, que brilhava conforme o sol ia buscando o horizonte, terminando assim mais um dia de trabalho, que era iluminar o belo planeta Terra. Anoitecia.

Um vento agradável soprava naquele lugar aprazível, conduzindo um aroma difícil de ser descrito ainda que pelos poetas, pois havia nele uma magia surreal, imaginada apenas em sonhos. Aquela praça era um dos locais de lazer da cidade e ficava no centro de várias edificações, ruas, avenidas e templos. Naquele horário, várias pessoas passeavam por ali, umas conversando, outras em silêncio, algumas rindo de algo interessante que viam ou ouviam.

As mulheres, que estavam bem acomodadas, fitavam em silêncio um belo prédio em cujo ápice havia uma torre: uma cruz apontada para o céu, simbolizando o Mestre Jesus, mentor espiritual daquela cidade – Cidade Espiritual Cordeiro de Deus.

– Isabel, o que está acontecendo? Sinto que você está preocupada – indagou a mulher morena, fazendo um carinho nos cabelos da moça.

Isabel era a bela mulher loira. Com calma, ela respirou profundamente, pôs a mão no peito, fitou a amiga que a havia interpelado e respondeu:

– Querida Lívia, não consigo ter paz em meu coração.

Isabel fez uma pausa, reflexiva, e fitou os pássaros que pousavam perto dela, gorjeando como se conversassem e brincassem com ela.

– Já se passaram alguns anos que aqui cheguei, fui curada e nada mais sinto. Todavia, meu coração está inquieto; não consigo esquecer minha filha Helena – continuou Isabel, respondendo à pergunta da amiga.

– Minha querida, quando você voltou à pátria espiritual, nós sentimos que precisava com urgência de tratamento específico para sua doença, mas agora você está totalmente recuperada – comentou Lívia, segurando a mão da amiga. – Porém, se absorvermos os problemas de nossos amados que deixamos no mundo material, não conseguiremos recuperar o equilíbrio de nossa consciência perispiritual.

– Lívia, a minha maior preocupação é com Felipe, que continuo a amar. Ele se mantém preso às convenções sociais e à tradição da nobreza, esquecendo-se dos ensinamentos de Jesus – comentou a bela Isabel. – Se não conseguir ajudá-lo, tenho quase certeza de que ele tornará a cair em desgraça, assim como aconteceu em várias de suas reencarnações, principalmente aquelas que teve em Roma.

As mulheres calaram-se por alguns minutos. Depois Lívia, com muito cuidado para não parecer mal-educada, indagou:

– Posso saber o que está acontecendo com o conde Felipe no reino de Otávio III?

Isabel fitou a amiga, sorriu e em seguida ficou séria. Aproximando-se mais um pouco, narrou o que estava acontecendo com Felipe e sua filha Helena, contando-lhe também sobre a gravidez.

Lívia permaneceu em silêncio, porque naquele momento nada podia fazer pela amiga, a não ser abraçá-la e pedir a Deus que tivesse misericórdia daquela irmã tão querida na cidade espiritual.

– Você não sabe o quanto dói meu coração, mormente quando penso que Felipe poderá novamente se condenar a passar séculos na escuridão, porque não acreditou no Mestre Jesus – comentou aquela que fora a condessa Isabel, esposa do conde Felipe, enquanto em vida no mundo material.

– Minha amiga, nós aprendemos que o livre-arbítrio é individual, portanto, você não deve se preocupar tanto com o que vai acontecer com o conde Felipe – disse Lívia, fitando a amiga e apertando seu braço como se quisesse infundir-lhe energias positivas.

– Eu sei disso, querida – confirmou Isabel. – Todavia, qual a esposa e mãe que não sente a dor de seus bem-amados, mesmo quando sabemos que a culpa não é nossa?

As mulheres ficaram caladas por alguns minutos.

— A minha filha Helena, com o objetivo de ter meu neto, se possível, sacrificará até a própria vida para salvá-lo da insanidade mental de Felipe – disse Isabel, passando as mãos delicadamente nos olhos e enxugando algumas lágrimas.

— Cuidado, Isabel! Você sabe muito bem que, se nós nos desequilibrarmos, vamos voltar ao tratamento imediatamente, e você não poderá ajudar seus entes queridos que deixou no mundo material – alertou a amiga, abraçando-a.

— Helena é um espírito que vem lutando para vencer o domínio da matéria, porque, na Roma antiga, foi esposa de um dos imperadores mais impiedosos que o mundo já viu – disse Isabel com seriedade.

Lívia permanecia em silêncio, fitando o tempo, que, aos poucos, era coberto pelo manto implacável da escuridão da noite. Após alguns minutos de reflexão, estendeu a mão à amiga e convidou:

— Querida, vamos voltar ao hospital. Não esqueça que hoje estamos de plantão.

As mulheres andavam em direção ao hospital da Cidade Espiritual Cordeiro de Deus quando, de repente, encontraram o diretor do nosocômio, que caminhava sozinho pelas alamedas respirando um pouco de ar puro.

— Olá, doutor Ataliba – cumprimentaram em uníssono as distintas senhoras. – Passeando!

— Olá, minhas queridas! Estou aproveitando um pouco desse ar de início de noite para ficar em condições de receber vários irmãos que vão chegar ao nosso hospital, oriundos de regiões umbralinas – respondeu o jovem, que, apesar de aparentar pouca idade, era um médico dedicado diuturnamente aos pacientes do hospital, dirigindo-o com competência e dedicação, denotando assim uma fé inabalável em Deus e no Mestre Jesus.

O homem, antes de continuar sua caminhada, fitou Isabel e, com um sorriso, comentou:

— Minha querida amiga, o melhor remédio para nossos problemas e até mesmo para a saúde ainda é o trabalho com Jesus no coração.

As mulheres entreolharam-se como se perguntassem: "Como ele soube do assunto que abordamos em nosso passeio?"

– Não esqueçam – prosseguiu ele – que vivemos em um mundo onde nossos sentidos aumentam e se dilatam, potencializando o poder de absorver o que o vento conduz – disse o médico sorrindo, enquanto se afastava acenando com a mão.

Ao chegarem ao hospital, as moças se despediram; porém, antes de seguirem com destino às suas atividades, Lívia parou diante da amiga e perguntou:

– Quem é o pai do filho de Helena?

– O príncipe Ricardo, filho único do rei Otávio III, soberano do Cadal – respondeu Isabel.

Ao ouvir a resposta da amiga, Lívia passou a mão no rosto, encostando-se na porta do hospital. Ficou sem ação por alguns segundos, inspirando preocupação na amiga.

– O que houve, Lívia? – indagou Isabel apreensiva.

– Nada, querida. Foi apenas um mal-estar, mas já passou – respondeu Lívia.

– Você está pálida!

– Impressão sua, Isabel. Estou bem. Depois conversaremos mais – respondeu Lívia, despedindo-se e rumando para os seus afazeres.

Isabel permaneceu alguns minutos parada em frente ao hospital, refletindo sobre aquele mal-estar súbito da amiga.

Passou por ali uma senhora, que se aproximou de Isabel e perguntou-lhe:

– Você está bem?

– Claro, querida! Tive um pequeno mal-estar, mas já passou.

CAPÍTULO IV

HELENA E TÚLIA

    O castelo do conde Felipe, além de secular, era muito conhecido, porque se narravam histórias escabrosas que haviam acontecido dentro daquelas muralhas sombrias. Segundo os mais antigos, muita gente morrera nas mãos dos antigos nobres que o habitaram. Ele fora construído na encosta de uma rocha que nascia praticamente no mar, dificultando assim o acesso a possíveis invasões inimigas por aquele flanco, haja vista os invasores encontrarem dificuldades de escalarem a rocha com a finalidade de atacá-lo.

    Felipe descendia de uma família de guerreiros cruéis, embora alguns conhecessem a piedade, pois os padres tentavam em seus sermões mostrar o lado religioso da vida. O pai de Helena era católico por tradição, seguindo a religião de seus antepassados que tinham vivido em outras regiões e até mesmo em países distantes.

    Agora, o conde Felipe caminhava com impaciência em uma ampla sala, que todos conheciam como sala das armas.

Havia mais de duas semanas que ordenara a Helena não sair do quarto, portanto, fora uma prisão imposta por ele em seus próprios domínios. Amava Helena, embora não demonstrasse e sentisse vergonha daquele sentimento, ainda que soubesse ser ela o único bem que lhe restava. Porém, não conseguia aceitar aquela gravidez. Procurava desesperadamente uma maneira de resolver o problema da filha, mas não encontrava nenhuma. Estava plasmada em sua mente cruel somente uma alternativa para resolver aquele assunto, que era a morte. "Quando Otávio souber da gravidez de minha filha, como irei explicar tudo isso? Se o pai dessa criança fosse outro rapaz qualquer, eu mandava acabar com ele e ordenava que Helena saísse da cidade, mas não posso nem pensar em fazer isso com o príncipe", pensava o nobre, sem encontrar nenhuma outra alternativa. Abriu uma das janelas do castelo, recebendo no rosto uma lufada de vento frio. Passou a mão pela farta cabeleira comprida e fitou o horizonte, vislumbrando o mar e o céu. Em um ato automático, balbuciou:

— Os padres pregam nas missas que existe um Deus. Então, se existe esse Deus, qual é o conselho Dele para eu sanar esse assunto tão difícil que está me atormentando?

Mais uma vez respirou profundamente o ar frio que vinha das montanhas, enquanto refletia: "Acho que sou um homem amaldiçoado por esse Deus dos padres".

Felipe ainda era jovem, alto e musculoso. Tinha um rosto másculo e olhos verdes, as mãos fortes adornadas por três anéis, havendo em um deles o selo da família, de que tanto se orgulhava.

— Meu querido e único amor, Deus não é uma pessoa normal como a gente conhece. Deus é o Criador de tudo que você está vendo, inclusive de nós. Deus é o Criador deste universo, e nós estamos Nele, assim como Ele está em nós. Cuidado para não ser a causa de sua própria derrota, pois, segundo as doutrinas que pregam a imortalidade da alma, ainda desconhecidas pela humanidade, embora exemplificadas pelo Mestre

Jesus quando esteve reencarnado aqui na Terra, somos responsáveis pelas vitórias e derrotas que sofremos ao longo de nossa existência – disse o espírito Isabel, aproximando-se e acariciando os cabelos revoltos do nobre.

Felipe, que havia dias não dormia, resolvera fechar os olhos e tinha cochilado. Por uma fração de segundo, havia escutado essa voz. Quando abriu os olhos de repente, falou em voz alta:

– Acho que estou ficando louco! Estou ouvindo vozes. – Correu até a porta e gritou por seu escudeiro.

– Meu senhor me chamou? – perguntou um soldado que corria em sua direção com a espada em punho.

– Aquino, você falou comigo?

– Como poderia falar com meu senhor se estava conversando com alguns amigos sobre os rebeldes?

– Feche a porta e fique por perto, pois posso precisar de você – disse o conde fitando o soldado. Depois, voltou a caminhar inquieto, indo até a janela e olhando o tempo o horizonte, como se quisesse descobrir quem havia falado com ele. "Se não tomar cuidado, vou terminar enlouquecendo", pensou.

Helena, por ordem do pai, alimentava-se de pão e água, além de se encontrar presa em seu quarto frio do castelo, ouvindo vozes de pessoas que não conseguia identificar, pois não as vislumbrava. Essas vozes geralmente eram de ameaça, mas também ouvia alguém falar de Deus, de paz e otimismo, o que a deixava intrigada com tudo aquilo. Ela se ajoelhava e orava a Deus pedindo paciência e compreensão para o pai, porque sabia que ele a amava, mesmo tendo consciência de que o conde não hesitaria em lhe mandar tirar a vida. Cada dia que passava, seu estado se tornava mais visível.

"Será que essa criança se parece com o príncipe? Só espero que, caso seja homem, não tenha o instinto guerreiro do pai e a maldade dos avós Felipe e Otávio III", pensava a serva que a observava.

Com a finalidade de vigiar a filha, somente uma serva recebera permissão para cuidar dela, sob pena de ser decapitada se aquele segredo transpusesse as muralhas daquele castelo gélido e macabro.

– Por favor, venha até aqui – a condessa pediu à serva.

– Pronto, senhora! Precisa de algo?

– Não. Mas quero conversar um pouco.

– Condessa, se seu pai souber disso, não sei o que poderá acontecer comigo – disse a mulher em voz baixa, olhando para os lados, desconfiada de estar sendo espionada.

– Não tema; é rápido o que quero saber de você.

– Sim, senhora.

– Você acredita em fantasmas? – perguntou a condessa quase sussurrando.

A serva pôs a mão na boca em um típico gesto feminino de quem tem medo e, aproximando-se mais de sua senhora, respondeu:

– Claro que acredito. Por que a pergunta, condessa? A senhora viu ou ouviu algum fantasma?

Fez-se um silêncio incômodo entre elas. Helena então começou a caminhar pelo amplo quarto, depois parou em frente da mulher e respondeu:

– Não sei se é fantasma ou não, mas tenho ouvido alguém falar comigo. Só que, quando procuro a pessoa que falou, não vejo ninguém.

Túlia – esse era o nome da serva – olhou de viés para a condessa e, como se estivesse à beira de um ataque de pânico, fez menção de se afastar, sendo impedida, entretanto, por Helena, que segurou delicadamente sua mão.

– Não tema; a voz que escuto com maior frequência parece ser de uma pessoa muito boa. Tudo indica que ela está me dando forças para suportar o que está acontecendo comigo.

A serva pôs as duas mãos no rosto, abrindo em seguida a porta que dava para a antessala. Percebendo estar vazio o recinto, fechou a porta e retornou à presença da condessa. Fitando o solo, comentou em um sopro de voz:

— Senhora, neste castelo já morreu muita gente. Este lugar já foi campo de batalhas sangrentas por disputa de terras e poder, além das mortes por intrigas e maldades dos senhores feudais, que mataram muitos escravos, servos e camponeses que não aceitavam dividir o lucro da produção de suas terras.

Helena se manteve em silêncio, enquanto Túlia fazia uma pausa e respirava ofegante, olhando para os lados com desconfiança.

— Os mais antigos narram que muita gente morreu nas masmorras do castelo — prosseguiu a serva, passando as mãos nos braços como se estivesse com frio. — Quando falo desse assunto, fico toda arrepiada.

— Por quê?

— Porque vários de meus parentes e amigos foram torturados e mortos sob ordens dos antepassados de seu pai.

— Você conhece as masmorras do nosso castelo?

— Sim, minha condessa — respondeu a serva em voz baixa. — Já fui deixar água e alimentos para os presos. As celas ficam no primeiro pavimento, sem nenhuma ventilação, um verdadeiro túmulo.

As mulheres calaram-se, entreolhando-se, e Túlia aproveitou a oportunidade para fazer uma reverência, pretendendo se afastar. Porém, antes que isso acontecesse, Helena perguntou-lhe:

— Você conheceu minha mãe? Pergunto porque ela morreu enquanto eu ainda era criança.

A mulher fitou a condessa e, com um traço de piedade na voz, pediu à sua senhora:

— Por favor, condessa, deixe-me ir embora. O conde sempre aparece aqui sem avisar.

— Responda à minha pergunta! — pediu Helena, em um tom de quem ordenava.

— Sim, conheci sua mãe, a condessa Isabel. Eu era muito jovem, mas a conheci o suficiente para informar que era uma bela mulher, embora tivesse a saúde frágil. Nunca vi uma pessoa tão bondosa quanto ela.

A serva fez uma pausa e suspirou, enxugando o suor das mãos no vestido. Depois continuou:

— A senhora é idêntica a ela, inclusive os olhos lindos e azuis como o céu. Ela morreu ainda jovem, mas deixou muita saudade no condado. Seu pai ficou bastante abalado, tornando-se um homem cruel e sem piedade de ninguém, após a ida dela para o outro mundo.

— Será que essa voz de mulher que sempre escuto, querendo me consolar nos momentos em que estou aflita, é dela? – indagou a condessa em voz baixa, quase aos sussurros.

— Minha senhora acredita nessas coisas?

— A que coisas você se refere?

— Almas do outro mundo – respondeu a serva, quase balbuciando, com medo de que alguém ouvisse aquela conversa.

— Não vejo porque ter medo de falar de almas do outro mundo, pois o nosso capelão, em seus sermões, refere-se a outros mundos – comentou a condessa.

Ambas ficaram em silêncio.

— A sua mãe amava muito o seu pai, mas ele não gostava quando ela ajudava os camponeses e gente que não pertencesse à nobreza. Há quem diga que ela morreu de desgosto, pois não suportava presenciar tanta maldade feita aos escravos e camponeses, com autorização de seu pai – comentou a serva de cabeça baixa.

— O que acha que vai acontecer comigo? – perguntou Helena fitando-a.

Túlia pensou, fitou o teto do quarto, depois se aproximou e sussurrou nos ouvidos da condessa:

— Não sei dizer o que vai acontecer com a senhora, mas ainda acredito na bondade do ser humano. – A serva curvou-se em uma respeitosa reverência, deixando o quarto de sua senhora em seguida.

Helena era uma moça muito educada, dona de predicados que poderiam enlouquecer qualquer homem, porque era linda e de corpo bem esculpido. Enquanto passeava pelo amplo quarto, acariciava o ventre conversando com o filho, pois tinha certeza de que seu bebê era do sexo masculino.

– Meu filho, o seu avô está bravo comigo, mas não tenha medo, porque entregarei minha vida em sacrifício a Deus para defendê-lo – dizia ela em voz baixa, enquanto lágrimas desciam por seu belo rosto. – Amo de todo o meu coração você, seu pai e seu avô!

Ela se sentou, passando a mão no rosto e enxugando algumas lágrimas. "Sei que sou culpada por tudo isso", pensou. "Será muito difícil meu pai aceitar uma filha grávida antes do casamento, principalmente quando o filho esperado tem como pai o príncipe herdeiro do reinado, que domina outros reinos."

O conde Felipe não tinha paz. Seus pensamentos pareciam ter adquirido vida, porque não o abandonavam um momento sequer. "O que farei?", pensava. "Não vejo nenhuma outra alternativa além de mandar acabar com minha filha. Neste mundo não existe mais lugar para ela", continuava a refletir. Encheu uma caneca de vinho e sorveu o líquido. Limpou a boca com as costas da mão e berrou:

– E agora, o que faço? Devo matar a minha própria filha com a finalidade de evitar que esse escândalo manche o nome de nossos antepassados e a corte do rei?

– E quanto ao seu neto? – disse o espírito Isabel, que havia pedido permissão aos seus superiores para ajudar o conde a entender que sua intransigência resultaria em muito sofrimento. – Vai ter coragem de tirar a vida desse inocente, que pediu para ter uma nova existência escolhendo como mãe nossa querida filha?

Felipe parou, escutou a voz. Em seguida, caminhou até a porta, abriu-a e avistou seu escudeiro jogando com outro amigo da guarda. "Meu Deus, acho que estou maluco mesmo, pois ouvi claramente a voz de Isabel."

Em um rompante, desceu as escadas do castelo e mandou preparar seu cavalo. Após montá-lo, saiu em disparada aleatoriamente; não interessava o lugar para onde fosse, o que importava naquele momento era correr, correr, desaparecer, talvez para aplacar os maus pensamentos que não conseguia concluir. Depois de um tempo correndo, apeou sob uma bela árvore, tomou um gole de água e sentou-se, apoiando as costas no tronco e fitando as flores que se espraiavam pelo caminho.

Após um tempo meditando, levantou-se e, espreguiçando-se, foi até um córrego de águas cristalinas que corriam ali perto. Jogou água na cabeça, no pescoço e no rosto, procurando espantar o sono, enquanto sentia sua mente procurar em desespero uma solução para aquele terrível problema. Montou seu cavalo e, em um gesto automático, tomou a direção do mosteiro, onde o padre João Pedro prestava seus serviços de sacerdote.

Era quase noite quando apeou em frente da igreja do mosteiro. Desembainhou sua espada, passou os dedos na lâmina fria e caminhou para o interior do templo.

Felipe estava tão desesperado que ninguém seria capaz de penetrar sua mente para saber qual fora seu pensamento ao acariciar a lâmina da espada.

Um monge, que havia observado a chegada do conde, correu e avisou padre João Pedro de que ele tinha uma visita indesejada entrando na igreja.

– Posso saber de quem se trata?

– O conde Felipe – respondeu o monge, esfregando as mãos em um gesto preocupado.

O padre estava sentado lendo a Bíblia. Levantou-se então de um salto, mas nada disse. Ficou imóvel, sem ação, pois sabia que aquele homem não pensava duas vezes para decepar com sua maldita espada a cabeça de alguém. Juntou forças e correu para a entrada da igreja, vendo o nobre com um dos joelhos apoiados sobre o solo observando a imagem de Jesus Crucificado, apoiado no punho de sua longa espada.

CAPÍTULO V

NASCIMENTO

Padre João Pedro não sabia o que fazer. Não tinha coragem de se aproximar daquele homem que não respeitava a vida do ser humano, porque só entendia a lei do mais forte, principalmente quando se tratava de resolver seus problemas.

– Tenho certeza de que o conde não veio ao mosteiro sem um propósito. Segundo informações, ele mantém a filha prisioneira no castelo após ter sabido que ela está grávida do príncipe Ricardo – murmurava para si o sacerdote, tentando disfarçar o nervosismo. "Será que serei decepado pela espada desse homem que ainda não encontrou Deus em seu coração?", pensava, enquanto erguia os olhos para o alto, balbuciando algo inaudível para qualquer um que quisesse escutá-lo.

O conde Felipe levantou-se, aproximando-se ainda mais da imagem de Jesus Crucificado, e permaneceu em silêncio enquanto fitava aquela cruz, símbolo do cristianismo.

Padre João Pedro, por sua vez, caminhava a passos lentos em direção ao conde, aproximando-se aos poucos. "Este homem veio aqui cobrar de mim porque não lhe informei que a filha estava grávida do príncipe Ricardo", refletia ele.

Felipe notou que o sacerdote havia se aproximado e parado atrás de si. Girou nos calcanhares e, para sua surpresa, viu a figura do sacerdote demonstrando uma tranquilidade que somente os justos ou aqueles que acreditam em uma Divindade Maior conseguem.

As consciências voltadas para o Criador nada temem; são eternas e puras, e as coisas eternas e puras pertencem a Deus.

O conde fitou com intensidade a figura simples do sacerdote. Chegando um pouco mais perto dele, falou:

– Quero conversar com o senhor!

O padre pensou por um instante, esforçando-se para não demonstrar que estava receoso do que pudesse lhe acontecer, e assentiu com um gesto de cabeça.

– Por favor, senhor conde, vamos conversar na sala que se encontra atrás do altar.

O conde o acompanhou, sentando-se em uma cadeira indicada pelo sacerdote. Embainhou a espada, passou as mãos pelos cabelos molhados de suor e, após alguns minutos, perguntou:

– O senhor, que é o confessor de minha filha, já sabia que ela estava grávida?

– Não senhor! Só fiquei sabendo no dia em que veio ao mosteiro confessar que estava grávida do príncipe – disse o padre com voz calma, mas firme.

O pai de Helena fitou padre João Pedro. Suspirando profundamente, disparou:

– Padre, eu tenho quase certeza de que o senhor sabia do romance que minha filha mantinha com o príncipe Ricardo.

– Isso é verdade, mas não sabia até onde se estendia esse romance. Fiquei sabendo de tudo agora, porque ela veio me pedir um conselho.

– E qual foi o conselho que o senhor deu a ela, padre? – indagou o conde, levantando-se e se postando atrás do padre.

– No início pensei em aconselhá-la a falar com o senhor, porém, sabia que mandaria Helena abortar a criança – respondeu o sacerdote, benzendo-se.

O conde caminhou em direção à janela que se abria para um belo pomar ao lado do mosteiro e, como se refletisse sobre qual caminho tomar, virou-se e perguntou:

– E então, padre, o que farei com a minha filha e com o senhor?

O sacerdote levantou-se com rapidez e, sem saber o que responder ao nobre, fez apenas um gesto negativo com a cabeça, acompanhado das mãos, até que por fim falou:

– O senhor é quem sabe.

– Padre, o que farei com quem traiu a confiança do rei e a minha?

O sacerdote fitou uma escultura de mulher que se encontrava dentro de uma reentrância na parede. Aquela mulher parecia sorrir para ele. "E agora, minha santa, o que farei?", pensou. "Esse nosso irmão veio ao mosteiro com o fito de acabar comigo."

– Os justos, principalmente aqueles que vivem para ajudar o próximo, nada devem temer, pois essa é a lei – disse o espírito Isabel, que no momento encontrava-se na igreja.

O padre ficou com medo, pois ouviu alguém falando em seu íntimo. "Acho que estou ficando louco. Deve ser o medo que estou sentindo; além disso, o meu fim talvez esteja próximo", considerava.

Felipe aproximou-se, apertou os maxilares com raiva e, retirando a pesada espada da bainha, fitou com intensidade o sacerdote.

Padre João Pedro ajoelhou-se, abaixou a cabeça e disse:

– Que seja feita a vontade de Deus.

O conde sentiu uma força estranha a lhe tomar o corpo, deixando-o praticamente sem forças.

Neste exato momento, o espírito Isabel fazia movimentos com as mãos, aplicando fluidos benéficos, com o objetivo de dispersar as energias negras que encharcavam o perispírito do conde.

Felipe embainhou a espada, permanecendo pensativo por alguns segundos, em silêncio. Então passou a mão pelo rosto, soltou um profundo suspiro e disse:

– O meu coração quer sangue, para aplacar o ódio que sinto deste mundo. Não sei o que farei quando Otávio souber de tudo isso. Onde ficará a minha honra, a honra de meus antepassados? – e, sem olhar para trás, começou a caminhar em direção à saída da igreja. Com passos trôpegos e lentos, chegou ao seu cavalo, montou-o com grande esforço e galopou rumo ao seu castelo.

O padre, ao ver o conde desaparecendo na poeira do caminho, fez o sinal da cruz em agradecimento a Deus, por haver escapado da morte. Encaminhou-se até o altar e orou fervorosamente por aquelas almas: Helena e Felipe. Pedia a Deus que tudo fosse solucionado conforme Sua vontade e o merecimento deles.

✤

Felipe esporeava o cavalo com raiva, fazendo o animal relinchar de dor, obrigando-o assim a disparar em um galope desenfreado. O animal erguia a cabeça para o alto, sacudindo-a e pondo uma espuma amarelada pela boca. A ponte levadiça baixou, e ele atravessou as muralhas do castelo, correndo para o quarto da filha.

O cavalo foi imediatamente atendido por seu zelador, que cuidou dele, pois o animal colocava sangue pela boca, talvez provocado pelo esforço descomunal que fizera durante a corrida que havia durado mais de uma hora.

– Helena! – gritou o conde, praticamente entrando em disparada nos aposentos da filha.

– O que houve, meu pai? – perguntou a moça com calma, embora surpresa com o estado lastimável do conde. – Acalme-se! Sente-se um pouco, depois o senhor poderá falar.

O homem continuou em pé em frente à filha e, cruzando os braços, perguntou:

– O que direi ao rei Otávio III sobre essa mancha que você lançou em mim e no príncipe Ricardo?

O mundo é assim. Ninguém assume suas responsabilidades; todos se acham vítimas, quando na verdade são vítimas da própria sociedade, que constrói o mundo imperfeito em que vivemos.

Helena era culpada, pois sabia muito bem que àquela época não se aceitavam determinados procedimentos que atentassem contra a moral, principalmente quando se tratava de um assunto tão delicado quanto a honra de uma família, que estava nas mãos de seus componentes. Nesse caso, ela era culpada, porque engravidara solteira, com a agravante de o filho ser fruto de um amor proibido, haja vista o pai da criança ser um príncipe, filho do Soberano do Cadal. Mas, afinal de contas, quem realmente era culpado? A própria sociedade, que convencionara tudo aquilo. Portanto, a condessa não era tão culpada assim, uma vez que tivera a coragem de continuar a gerar seu filho, mesmo sendo um bastardo, porém tendo certeza absoluta de que se tratava de uma pequena vida, sangue de seu sangue, que aos poucos crescia em seu ventre.

Felipe, com ar impaciente, passou a mão pelos longos cabelos e, fitando a filha, repetiu a pergunta:

– E então, Helena, o que direi à Sua Majestade sobre essa sua gravidez?

– Nada.

– Como nada?

– A Sua Majestade não é o pai de meu filho – respondeu Helena, desafiando o conde e defendendo o direito de seu filho nascer. – O pai de meu filho é Ricardo, portanto, não tenho satisfações a dar ao rei.

O conde, conforme ouvia a filha, ia mudando de cor. Jamais pensara que ela fosse capaz de lhe dar aquela resposta, mormente porque ofendia Sua Majestade. Caminhou pelo quarto, enquanto respirava profundamente, tentando se acalmar, depois parou diante da filha e disse:

– Não me resta alternativa a não ser mandar tirar esse seu filho intruso que está esperando.

– O quê? O senhor quer dizer que vai me obrigar a abortar meu filho, é isso?

O conde permaneceu calado por alguns minutos.

– Qual seria outra solução? – perguntou ele de repente, as feições contraídas.

– Irei ter meu filho, e, se o senhor me impedir, eu tirarei a minha vida – respondeu a filha com ar de desafio.

O conde desembainhou a espada, segurou os longos cabelos da filha e puxou a cabeça dela para trás, erguendo diante de seu rosto a arma de guerra.

– Então morra, filha ingrata! – berrou.

Neste exato momento, ouviu a voz meiga, mas firme, do espírito Isabel, que mantinha sob sua proteção aqueles seres bem-amados:

– Se fizer isso, jamais terá paz no seu coração, por toda a eternidade, até que Deus tenha piedade de sua alma.

O nobre baixou a arma, soltando em seguida os cabelos da filha. Depois, sentou-se na cama e chorou.

Helena enlaçou o pai pelos ombros. Abraçando-o, encostou a cabeça em seu peito largo e forte e também entregou-se ao pranto. Ficaram em silêncio por alguns minutos. Após passada a fúria daquele momento, o conde levantou-se e gritou:

– Aquino!

Seu fiel escudeiro, que se encontrava por perto, adentrou o quarto e respondeu:

– Estou aqui, meu senhor!

– Chame Túlia imediatamente!

Dentro de poucos minutos, a ama e seu fiel escudeiro estavam no quarto fitando o solo, como se ambos tivessem medo daquele homem que caminhava impaciente pelo quarto, como um leão enjaulado.

Ele parou defronte aos dois e, em voz baixa e pausada, mostrando ser um verdadeiro nobre, ordenou:

— Aquino, prepare umas das celas, pois a condessa vai ter seu filho lá. Quanto a você, Túlia, ficará responsável por ela, inclusive pelo nascimento da criança.

— Mas, senhor, ela não vai suportar. A cela é terrível; somente um prisioneiro de guerra aguenta viver por alguns meses naquele inferno. Lá não tem ventilação, sendo frio no inverno e quente no verão, portanto a condessinha não vai suportar por muito tempo, tampouco o filho que está esperando — disse Túlia, em lágrimas, tentando tocar o coração daquele homem que não conhecia a compaixão, principalmente ao punir seus inimigos.

— Cumpram o que estou determinando. Ninguém deverá saber da prisão de minha filha; se alguém souber disso, juro que acabarei com vocês e, se preciso, com toda a guarnição do meu castelo — sentenciou o conde, girando nos calcanhares e deixando o quarto.

Aquino e Túlia entreolharam-se em silêncio. Depois de algum tempo, o escudeiro do conde sussurrou, quase balbuciando:

— É quase impossível a condessa sobreviver naquele inferno onde nem os homens acostumados a guerras suportam ficar tanto tempo.

— O que me preocupa é a criança — disse a serva, passando as mãos pelo rosto.

— E agora, o que faremos? — perguntou Aquino, que, apesar de ser um guerreiro acostumado a matar nas batalhas, tinha verdadeira adoração pelo conde e gostava muito da condessinha, pois a conhecia desde o tempo em que era uma criança.

Desde que a filha fora presa, Felipe jamais a visitara em sua cela. Espalhou por todo o condado que Helena havia feito uma longa viagem para paragens distantes da corte.

Helena se mantinha conformada. Conversava bastante com o filho, embora sofrendo os tormentos da cela fria e sem ventilação. Sem reclamar, orava pelo pai, pois tinha certeza de que ele não era tão mau como se falava no condado.

Alguns meses se passaram. A condessa conseguiu passar quase toda a gestação presa em uma cela destinada a prisioneiros de guerra e inimigos do reino. Desconhecemos como conseguiu sobreviver.

Túlia fazia o que podia, não permitindo que lhe faltasse nada, sendo a alimentação da condessa muito bem cuidada. A gestação chegava ao fim segundo as contas de Helena.

O fiel escudeiro do pai parecia um cão de guarda. Não permitia que ninguém se aproximasse da ala onde Helena estava presa. Sempre deixava a porta da cela aberta, vigiada por guardas, com a finalidade de deixar que o ar entrasse e conduzisse um pouco do oxigênio necessário à vida da condessa.

Depois de alguns dias, numa certa noite, Túlia corria, atravessando os corredores do imenso castelo. Quando chegou ao seu destino, bateu à porta do quarto do conde, sendo atendida imediatamente pela guarda pessoal dele.

– O que houve? – perguntou o comandante da guarda.

– Quero falar imediatamente com o conde.

– Não posso incomodá-lo. É muito tarde para isso.

– Então, será responsável quando ele souber que estive aqui e você não me deixou falar com ele.

O comandante da guarda pessoal do nobre percebeu pelo olhar da serva que o caso era muito sério e resolveu procurar o nobre adentrando o imenso aposento, que era dividido em quarto e algumas salas.

Felipe estava sentado ao lado de sua mesa de trabalho quando ouviu o barulho. Levantou-se e, antes que o comandante o chamasse, perguntou:

– O que aconteceu?

– É Túlia; ela quer falar com o senhor.

Felipe de pronto ligou o assunto à filha, autorizando rapidamente que ela adentrasse o aposento. Assim que a mulher apareceu, ele ordenou ao comandante da guarda que não deixasse ninguém interrompê-los. Em seguida, convidou a serva a entrar em um grande salão ligado ao seu quarto.

Após alguns minutos, demonstrando certo nervosismo, Felipe perguntou:

– O que houve?

– Seu neto acaba de nascer. É um belo menino, com as características do pai, o príncipe Ricardo, porém conduz traços fortíssimos de Helena.

Felipe suspirou profundamente, sentando-se na primeira cadeira que encontrou. Baixou a cabeça, sem saber o que dizer nem fazer naquele delicadíssimo momento.

Após um tempo de reflexão, levantou-se, fitou a mulher e, com o rosto contraído, ordenou:

– Leve-o para bem distante daqui.

– Mas senhor...

– Obedeça. Faça dessa criança o que quiser, mas tire-a do meu caminho.

– E a condessa?

– Ela continua na cela. Depois pensarei no que fazer com ela.

※

A condessa estava descorada e esquálida, mas bastante alegre. Não conseguia esconder o amor que sentia por aquela criaturinha que estava em seus braços. Ela beijava, embalava e conversava com o pequeno bebê como se ele fosse um adulto, alguém que já entendesse o que ela dizia.

Assim que a serva voltou à cela, aproximou-se da condessa e sentou-se ao seu lado, permanecendo em silêncio por alguns minutos, que fizeram Helena fitá-la com desconfiança.

– O que houve? – perguntou a filha do conde, ansiosa.

– Minha senhora, não sei como informá-la do que seu pai resolveu a respeito do seu filho.

– Você falou com ele?

– Sim. Tive que informá-lo de que seu neto havia nascido.

A condessa sentiu uma pontada no peito, além de o corpo esfriar e esquentar ao mesmo tempo, como se naquele momento algo estivesse desabando sobre si. Pôs a criança em sua cama, levantou-se e passeou pelo ambiente, que não tinha janela, quase se sentindo sufocar. Porém, não se deixou abater, enquanto pensava: "Meu Deus, o que meu pai resolveu em relação a mim e ao meu filho?". Sentou-se ao lado da serva e perguntou:

– Posso saber o que meu pai resolveu a respeito de meu filho?

– Ele mandou que o levasse para bem distante do condado.

– O quê? Não posso acreditar nisso – disse a moça, correndo e abraçando o bebê, enquanto sentia as lágrimas escorrerem pelo rosto. – Prefiro a morte a deixar meu filho sair do meu convívio, mesmo que seja em uma cela como esta.

A serva correu e abraçou sua senhora pedindo-lhe calma.

– Tenho uma ideia, senhora condessa. Tranquilize-se, pois já falei com o escudeiro do conde e ele aceitou minha sugestão.

– Que ideia é essa? – perguntou Helena, abraçada ao filho e enxugando o rosto.

– Aquino vai ajudar-me a tirar a criança do castelo. Depois eu o levarei para o lugar onde minha família mora, dedicando-se à cultura da terra.

– Não! – gritou a condessa, apertando o filho nos braços.

– Essa é a única solução que encontramos para salvar seu filho – ela respondeu. – Não se preocupe. Quando a senhora estiver livre, nós a levaremos até seu filho.

– E onde fica esse lugar?

– É muito distante daqui, mas conto com a ajuda de pessoas de minha família para me ajudar a transportar a criança até lá – respondeu Túlia calmamente, para não deixar a condessa preocupada.

– Mas...

– Senhora, se não cumprirmos a ordem de seu pai, não saberemos o que pode acontecer com a criança no futuro.

A condessa passeava com o bebê no colo no pequeno espaço da cela, as lágrimas escorrendo, enquanto pensava na única alternativa que a serva havia lhe apresentado. Deteve-se e beijou o filho várias vezes, quase sufocando-o, depois o entregou à mulher dizendo:

– Leve-o. Acredito em você. Não sei se viverei para reencontrar o meu querido filho.

A serva tomou a criança nos braços e saiu em silêncio, esgueirando-se às escondidas pelos corredores sombrios do pavimento do castelo onde ficavam as celas.

E, assim, o filho do príncipe Ricardo e neto do rei Otávio III e do conde Felipe saiu dos domínios do castelo em direção ignorada.

CAPÍTULO VI

O EXÉRCITO DO REI

Enquanto Helena sofria as consequências da perda de seu querido bebê, que havia sido conduzido a um lugar desconhecido por ordem de seu pai, milhares de soldados caminhavam penosamente por trilhas de uma floresta fechada, ora subindo e descendo montanhas geladas, ora atravessando riachos e rios, conduzindo artefatos de guerra, além de suas armas individuais.

Um homem que ia à frente, montado em um belo cavalo negro, sempre colocava a mão em pala, tentando se orientar. Era um jovem aparentando uns vinte e cinco anos de idade, loiro e de cabelos compridos. Seus olhos eram claros, e os gestos, enérgicos, às vezes até bruscos, indicando ser ele o comandante daqueles homens que caminhavam na sua retaguarda. De repente, um cavaleiro aproximou-se e avisou:

— Alteza, não podemos atravessar a floresta além das montanhas, pois está completamente tomada por homens com jeito de rebeldes ou de soldados pertencentes a algum reinado.

O rapaz do cavalo negro baixou a cabeça e balbuciou:

– Já estamos perto do castelo. Não posso recuar. – Levantou o rosto, passou a mão pelos cabelos e com calma informou:

– Júlio, não podemos recuar nem passar vários dias tentando outro caminho. Já estamos perto de chegar à corte.

Júlio era um jovem que aparentava ter uns vinte e três anos, de cabelos castanho-claros e compridos, e olhos da mesma cor. Pela intimidade apresentada, parecia ser alguém de confiança do jovem que montava o cavalo negro.

De repente, ambos apearam e se mantiveram em silêncio, acariciando os cavalos para mantê-los quietos. Fitavam o horizonte que se descortinava ao longe, além da floresta fechada e das montanhas que pareciam encostar no céu. Entreolhavam-se em uma linguagem muda, como se perguntassem o que fariam.

Os soldados também fizeram uma pausa na marcha, entendendo que seus chefes confabulavam algo na vanguarda, portanto, ficaram atentos para entrarem em ação a qualquer momento.

À frente, podia-se vislumbrar uma pradaria que dava a impressão de estar encostada em uma bela montanha muito distante de onde se encontravam. Nuvens pesadas e cinzentas passeavam pelo céu, avisando que a qualquer momento iriam despejar a água que carregavam. Sentiam-se cansadas, porém satisfeitas, pois a água que levavam beneficiaria a criação de Deus.

Um dos jovens que havia apeado olhou para o lado onde o sol brilhava, pôs a mão em pala e notou que, aos poucos, o astro-rei buscava sua cama no horizonte. Virou-se para o outro e disse:

– A noite não demorará a chegar.

O príncipe Ricardo retornava de uma sangrenta batalha travada em terras distantes do Cadal. Os soldados que haviam restado do exército do rei Otávio III estavam cansados, famintos e com saudade dos familiares que residiam nas cidades, aldeias e vilas adjacentes à corte. A batalha fora terrível, ceifando a vida de centenas de homens pertencentes ao exército comandado pelo príncipe Ricardo, que lutara bravamente, conquistando novas terras que agora pertenciam ao Cadal. Muitos soldados do exército vencido, feitos prisioneiros e escravos, caminhavam junto aos homens do exército vencedor.

Júlio era um dos homens de confiança do príncipe, sendo capaz de sacrificar a própria vida para salvar seu comandante, filho de seu rei.

– Ordene aos homens que busquem abrigo; logo vai chover, e o tempo está escurecendo – disse o príncipe ao seu homem de confiança, mantendo o tom severo. – Enquanto isso, os prisioneiros poderão ficar à vontade, mas, se fugirem, iremos caçá-los no inferno, e ninguém viverá.

Júlio, que era conde e cavaleiro, sobrinho do rei Otávio III e primo do príncipe Ricardo, curvou-se dizendo:

– Suas ordens serão cumpridas imediatamente, Alteza.

– Diga ao Conselho de Guerra que, antes de o sol se pôr, nós nos reuniremos aqui mesmo.

As ordens do príncipe foram cumpridas. Todos o respeitavam por sua bravura e também por ser um profundo conhecedor das artes da guerra, apesar de ainda muito jovem. Além disso, ele representava o poder maior do Cadal, que era o rei Otávio III, seu pai.

Os soldados, ao receberem ordens para descansarem e ficarem à vontade, gritaram de alegria. Havia vários dias que marchavam praticamente sem nenhum descanso mais prolongado; além disso, aquela região era rica em fauna, flora e água. Alguns minutos depois, o príncipe e doze homens encontravam-se bem acomodados em uma tenda construída com os recursos encontrados naquela floresta escolhida para descansarem. A tenda servia também de sala de reunião do Conselho de Guerra do exército.

Os homens do conselho estavam cansados, mas todos se mantinham atentos, porque sabiam que iriam receber ordens importantes a respeito do que fazer antes de chegarem à corte de Otávio III. Tochas foram acesas, e algumas caças estavam sendo assadas para a única refeição do dia, que logo iriam saborear.

O príncipe afastou-se e, de braços cruzados, fitava o tempo, que já escurecia. "Se não nos desviarmos do itinerário que traçamos, ainda faltam quase cinco dias de marcha forçada para chegarmos à corte. Espero que meus homens encontrem uma solução para esse entrave que apareceu em nosso caminho", pensava.

Ricardo descruzou os braços, tirou da bainha a pesada espada e caminhou em direção à tenda onde os homens que comandavam as tropas esperavam-no. Ao entrar no local, enfiou a espada no solo perto da entrada, onde se encontrava um pedaço de couro estendido ao solo, que servia de assento. Manteve-se em pé fitando seus homens, que se levantaram de imediato em respeito ao chefe.

Aqueles homens, membros do Conselho de Guerra do Cadal, eram nobres e cavaleiros que haviam deixado seus lares para lutarem pela conquista de mais terras e povos a serem depois anexados ao reino. Todos eram fiéis ao rei Otávio, representado ali pelo príncipe Ricardo.

– Sentem-se! – ordenou o príncipe.

Após um tempo observando seus homens, Ricardo dirigiu-se a um deles, que parecia ser o mais velho. Denotava ter uns trinta e cinco anos e mantinha em seu porte certa autoridade, indicando ser uma figura muito importante para o rei Otávio III.

– Duque de Córsega, quantos dias teremos pela frente até chegarmos à corte? – indagou o príncipe, mantendo-se de pé e apoiando-se no punho da longa espada.

O valoroso guerreiro Raul, duque de Córsega, permaneceu por alguns segundos em silêncio. Depois, com voz altiva, respondeu:

– Se não houver nenhum imprevisto, chegaremos ao castelo de Sua Majestade Real dentro de três ou quatro dias de marcha forçada.

Ricardo olhou para o lado e viu um pequeno tronco, que fora cortado para armarem a tenda. Tirou uma espécie de colete de couro que vestia para se proteger das investidas das armas inimigas e sentou-se.

— O conde Júlio nos informou que, além da montanha, o terreno está completamente tomado por rebeldes ou soldados do exército de algum reino.

Todos ficaram em silêncio.

— Vossa Alteza quer dizer que teremos de lutar para atravessar o terreno após as montanhas, antes de chegarmos à corte?

— Vossa Excelência tem ideia melhor, conde Dante? — indagou o príncipe Ricardo, fitando um alto conselheiro de compleição forte.

Silêncio novamente.

— Se é para lutar, lutaremos — disse outro conselheiro, exaltado, levantando-se e acariciando o punho de sua espada.

Assim se estabeleceu uma polêmica entre os conselheiros. Uns eram a favor da luta, outros achavam melhor desviarem do caminho, outros ainda se mantinham calados.

O príncipe ergueu o braço pedindo silêncio.

— Raul, se desviarmos do caminho, quanto tempo levaremos até chegarmos ao reino?

O conselheiro passou a mão no fio de sua espada, pensativo. Fitou o príncipe e respondeu:

— No mínimo quinze dias, pois teremos de voltar e tomar outro caminho, circundando toda aquela região — respondeu o duque, apontando um lugar além das montanhas.

— O quê? Não concordo em desviar do nosso caminho — disse um dos conselheiros, passando a mão pelos cabelos suados e sujos.

— Prefiro morrer combatendo a nos desviarmos de nosso itinerário — disse outro, exaltado.

O príncipe ergueu a mão em plena discussão e, após pensar, fitou seus guerreiros e ordenou:

– Quem concordar em enfrentarmos os obstáculos que temos pela frente, inclusive lutar para abrirmos caminho até a corte, que permaneça sentado.

Apenas dois conselheiros levantaram-se, reclamando dos demais.

– Amanhã cedo, então, avançaremos em direção à corte e, em nome do rei, passaremos por cima de quem estiver em nosso caminho – disse o príncipe fitando seus homens. – Quem não estiver satisfeito pode se desligar imediatamente do meu exército.

Naquele momento, fez-se um silêncio sepulcral, acompanhado de alguns murmúrios que ninguém conseguia entender.

– Júlio, mande servir a refeição – ordenou Ricardo, levantando-se e buscando na escuridão um lugar solitário.

Enquanto os cavaleiros se alimentavam, Ricardo observava algumas estrelas que teimavam em enfeitar o céu, ainda que coberto de nuvens cor de chumbo. Nesse instante, a lembrança de sua amada tomou-lhe o íntimo. Podia ver com nitidez seu sorriso, seu belo rosto... Fechou os olhos e quase pôde sentir o gosto doce dos lábios dela, as curvas de seu corpo... Aquelas recordações acalentavam os dias tenebrosos de uma guerra.

– Helena, não sabe quanta saudade eu sinto em meu peito! – disse o príncipe em voz baixa. – Há quase um ano que estou em campanha, mas aguarde só mais um pouco que logo estaremos juntos.

– Ricardo!

O príncipe foi despertado de seu devaneio. Sabia que era conde Júlio que se aproximava, tomando cuidado para não ser indiscreto.

Quando Júlio aproximou-se, notou que o príncipe passava a mão no rosto, como se enxugasse uma lágrima. "Não acredito que um guerreiro tão valente, e às vezes até cruel, esteja chorando", pensou o primo.

– Logo estaremos na corte e Vossa Alteza matará a saudade de sua amada.

Ricardo se voltou bruscamente para o conde e, com o rosto sério, comentou:

– Não estou entendendo sua insinuação, meu primo Júlio.

O conde aproximou-se mais um pouco e, quase sussurrando, comentou:

– Eu sei de seu grande amor pela condessa Helena, a belíssima filha do conde Felipe.

– Mas...

– Eu sei, Ricardo, que esse amor de vocês é segredo, portanto, não se preocupe; prefiro morrer a revelar esse belo sentimento de Vossa Alteza por nossa querida Helena.

– Como sabe disso?

– Não esqueça que Helena é amiga íntima de minha irmã Ana!

– Agora entendo. Helena deve ter confidenciado nosso amor à minha prima.

Ricardo permaneceu admirando mais um pouco o céu e, depois, convidou o amigo para adentrarem a barraca improvisada, pois estavam famintos e cansados.

Após a refeição, o príncipe tirou as armas que carregava consigo, como espada, punhal e outros pequenos apetrechos de guerra, e os pôs aos pés de sua cama improvisada, onde se encontravam escudo, lança, flechas e capacete. Deitou-se e dormiu pensando na suave visão de Helena.

CAPÍTULO VII

O DUQUE RAUL

No lugar onde tropas, prisioneiros e o príncipe Ricardo acamparam, choveu torrencialmente durante a noite, obrigando o exército a buscar ou improvisarem abrigos precários. O frio era intenso, porém já eram acostumados às intempéries do tempo daquela região. No entanto, crianças e adolescentes, filhos daqueles que tinham sido feito prisioneiros, sofriam as agruras daquele clima insuportável. Alguns não tinham aguentado, nem o frio nem os esforços que a marcha exigia deles, tendo morrido durante a longa caminhada em direção à cidade onde ficava a corte do rei Otávio III, o Soberano do Cadal.

Antes de o sol clarear aquela imensa floresta e as montanhas distantes, o príncipe já estava montado em seu cavalo negro, vistoriando suas tropas e os prisioneiros. Seu lugar-tenente, o conde Júlio, o acompanhava sempre, atento a investidas traiçoeiras de prisioneiros rebeldes que não aceitassem ser escravos daquele rei maldito. Todos já tinham ouvido falar de suas barbaridades, principalmente torturas e mortes daqueles que não se curvavam à sua vontade maléfica e destruidora.

Prisioneiros e tropas estavam estacionados ao longo de mais de dois quilômetros de picadas construídas por eles, a fim de se acomodarem para repousarem por algumas horas, antes de marcharem em direção à corte.

Em sua revista a soldados e prisioneiros, o príncipe notou um barulho e algumas pessoas gritando; aproximou-se e viu um de seus subordinados açoitando um prisioneiro com seu chicote confeccionado de couro com pontas de esferas de ferro. Apressou o trote do cavalo e de um salto apeou, alcançando rapidamente o soldado que chicoteava o prisioneiro. Segurou-lhe o braço, impedindo-o de matar o infeliz do homem.

– Pare! – ordenou o príncipe.

O soldado, reconhecendo seu comandante, ajoelhou-se de imediato, curvando-se em um gesto de subserviência e medo.

O príncipe, com as feições modificadas pelo ódio, montou seu cavalo e gritou:

– Estamos em guerra, mas nossos inimigos que se renderam e estão agregados às tropas são meus prisioneiros, portanto, já foram castigados. Agora irão para a corte, onde o rei resolverá o que fará com eles. – Passou as mãos pelos cabelos molhados e, respirando profundamente o ar frio, rematou: – Não admito que meus soldados tomem decisões sem consultar seu comandante. – Fitou as tropas e, em um gesto firme, ergueu a mão e sentenciou: – Se isso acontecer novamente, não vejo alternativa a não ser punir com a morte aquele que desobedecer às minhas ordens.

Antes de seguir seu destino, observou duas crianças deitadas sobre algumas folhas tiritando de frio. Fitou seu lugar-tenente e ordenou:

– Júlio, mande que essas duas crianças e sua família sejam alimentadas e troquem essas roupas molhadas, senão não aguentarão a viagem, que será longa e cheia de surpresas.

— Sim, Alteza.

— Avise aos homens que deveremos passar mais este dia acampados, para que a tropa descanse mais um pouco, repondo suas energias, com a finalidade de enfrentarmos esses malditos rebeldes que estão além das montanhas.

— Sim, Alteza.

— Avise também que amanhã cedo marcharemos rumo ao nosso destino.

Depois do ocorrido, Ricardo continuou inspecionando as tropas acampadas e em seguida dirigiu-se à improvisada tenda, onde o Conselho de Guerra estava reunido. Ao entrar, observou que os homens já o esperavam com ares de desconfiança. Todos se levantaram e fizeram uma reverência ao príncipe e comandante do exército.

— Sentem-se! Acho que todos já sabem o que aconteceu — disse o filho do rei. — Portanto, esse assunto está encerrado.

— Um momento, Alteza!

— O que houve, duque Raul?

O duque levantou-se e, demonstrando ser o líder do Conselho de Guerra, aproximou-se do príncipe, mordendo um pedaço de carne assada, enquanto sacudia a longa cabeleira presa em um fio, que o tornava um homem de aparência carismática. Com uma ponta de ameaça velada na voz, expressou:

— Não esqueça que fomos nomeados por seu pai, o rei Otávio III, a fim de ajudá-lo a vencer esta batalha da qual estamos voltando vencedores. Sendo assim, devemos ser consultados em suas futuras decisões.

O duque aproximou-se mais um pouco, fitou o príncipe e acrescentou em voz autoritária:

— O Conselho de Guerra deve ser respeitado por Vossa Alteza.

Ricardo fitou o duque e, soltando um profundo suspiro, observou que o restante do conselho retinha o fôlego, porque o duque ousara desafiar o comandante do poderoso exército do Cadal. Com uma rapidez jamais vista, o príncipe havia desembainhado sua espada, que cortou o ar. Quando a baixou, atingiu mortalmente o peito do duque, abrindo um corte profundo que começava no ombro esquerdo e passava pelo musculoso peito do homem, terminando abaixo da cintura.

O duque ajoelhou-se, colocando as duas mãos no peito para tentar estancar o sangue. Respirando com dificuldade, olhou o sangue escorrendo do corte e, fitando o príncipe que se mantinha impassível em posição de defesa, murmurou:

– Eu vou morrer...Vossa Alteza me matou...

– Não o feri para matá-lo, e sim para que todos saibam que aqui quem manda sou eu. Sou o filho do rei, mas aqui sou o comandante desta tropa, portanto exijo respeito absoluto.

Os integrantes do Conselho de Guerra já empunhavam suas espadas, todos em posição de combate.

O príncipe Ricardo, que ainda se mantinha em posição de defesa, fitou-os e disse:

– Sei que posso morrer, mas antes levarei metade de vocês comigo. Agora, se eu viver, todos terão de me obedecer, não porque sou o filho do rei, mas porque sou o comandante deste exército.

– São dois que morrerão; eu também sacrificarei minha vida de Cavaleiro do Rei e lugar-tenente do exército do Cadal em defesa de meu comandante – disse o conde Júlio, sua espada já em posição de combate.

Alguns dos conselheiros embainharam a espada; outros ainda encaravam o príncipe, mas aos poucos foram desistindo de lutar.

Ricardo permaneceu no mesmo lugar, com a espada na mão, e então notou que alguns conselheiros se aproximavam e, individualmente, colocavam um dos joelhos ao solo, fazendo uma reverência de obediência ao príncipe, sendo seguidos pelos demais, que aos poucos também se renderam.

Um grupo de soldados correu e deu assistência ao duque, que estava mortalmente ferido e já havia desmaiado.

O comandante das tropas suspirou profundamente e falou:

— Cuidem do duque Raul, mas, se ele morrer, não o enterrem. Deixem que os abutres deem conta dele.

— Mas... — quis se pronunciar o conde Dante.

— Ele se rebelou contra seu comandante; estou sendo muito complacente deixando que seja socorrido. Nesses casos, o julgamento é imediato, e geralmente o castigo é a morte — disse o príncipe, girando nos calcanhares e caminhando em direção a um descampado.

Ricardo buscava um lugar onde um córrego de águas cristalinas corria livre rumo a algum local desconhecido. Sentou-se às suas margens e inspirou, como se só naquele instante houvesse conseguido relaxar, uma vez que atravessara um momento delicado com seus subordinados.

— Ricardo!

— Aproxime-se, Júlio, e sente-se — disse o príncipe sem se virar, sabendo que seu primo o havia seguido.

Júlio sentou-se e permaneceu em silêncio por alguns minutos, apenas observando as águas do córrego que cruzavam a região como se participassem de uma brincadeira.

— Você sabia que alguns dos membros do conselho vinham tramando em silêncio contra seu comando? — indagou o conde, jogando uma pedrinha no córrego para disfarçar, assim, a gravidade de sua revelação.

— Não tinha certeza; porém, já tinha desconfiado.

Fez-se um silêncio incômodo. O príncipe se levantou e, aproximando-se do córrego, lavou o rosto. Depois, voltou a se sentar.

— Júlio, por que nunca abordou esse assunto comigo? Você, como Cavaleiro do Rei e meu soldado de confiança, deveria ter me revelado que alguns conselheiros combinavam usurparem o comando do exército do rei Otávio III.

O conde jogou outra pedrinha em direção às águas do córrego e respondeu:

— Não tinha certeza do que vinha observando. É muito grave acusar alguém quando não se tem provas. Além disso, duque Raul é muito poderoso e já se ouviu falar que ele é um inimigo perigoso do rei. – Júlio refletiu um pouco, depois acrescentou: – Também não sabia qual seria sua reação.

Ambos ficaram em silêncio por algum tempo, até que o príncipe perguntasse calmamente:

– Qual seria o interesse do conselho, liderado pelo duque Raul, em querer o comando do exército?

Júlio encarou o primo e se levantou. Espreguiçou-se, só para voltar a se sentar, desta vez mais próximo do príncipe. Com voz quase inaudível, respondeu-lhe:

– Quem assumir o comando do valoroso exército do Cadal poderá usurpar o trono de seu pai.

O príncipe ergueu-se de um só pulo, caminhando ao redor do primo. Em seguida dirigiu-se ao córrego, virou-se e encarou o conde.

– É verdade. Não tinha pensado nisso.

Júlio aproximou-se do príncipe e murmurou:

– Cuidado, amigo! Não temos provas disso.

– Mas poderemos observar os acontecimentos a partir de agora.

De repente, ouviram alguém gritar:

– Alteza, Alteza!

– O que houve?

– Acho que o duque Raul está agonizando.

– Se morrer, deixem-no para servir de alimento aos abutres.

– Ele quer falar com Vossa Alteza.

Os homens entreolharam-se. Ambos se entenderam, caminhando para onde o duque estava entregue aos cuidados do pessoal responsável pelos feridos de guerra. Após alguns minutos, o príncipe se inclinava sobre o duque, que o fitava com seus olhos azuis cristalinos.

– Seu pai me fez muito mal... – disse o duque, respirando com dificuldade.

Ricardo mantinha-se em silêncio, apenas ouvindo o duque moribundo. Ele prosseguiu:

– Otávio aliou-se a Felipe com o objetivo de dominar o povo e as regiões do baixo e do alto Cadal, onde estão situados pequenos senhores de terras e povoados, tornando-os seus escravos.

O duque fez uma pausa e, com muito esforço e a respiração difícil, continuou a falar:

– Fui contra esse projeto deles. Não aceito transformar em escravos gente pacífica, que quer apenas viver, trabalhar e cuidar da família.

O príncipe continuava em silêncio, porém começava a ficar curioso para saber o final daquela história.

– Eu tentei controlar o Conselho de Guerra, pois aquele que dominar e liderar os Cavaleiros do Rei também dominará o exército, e quem dominar o poderoso exército será o rei.

Ricardo, que estava inclinado, ficou ereto, com uma expressão séria. Cruzando os braços, murmurou:

– Agora entendo porque você se rebelou contra mim. Queria o comando do exército para em seguida usurpar o trono de meu pai.

– Acertou. Mas a causa era livrar o meu povo do domínio do rei Otávio III.

Raul fez um gesto, pedindo que o príncipe se inclinasse. Ao fazê-lo, o duque murmurou no ouvido do comandante das tropas:

– Cuide de minha filha!

– Quem é sua filha? Nunca ouvi falar nem conheço seus filhos.

– Helena...

– Não conheço essa Helena.

– Helena, a filha de conde Felipe?

Ricardo, sem saber o que dizer, ficou alguns minutos sem fala, surpreso com a revelação. Segurou os ombros do duque e, sacudindo-os com força, murmurou:

– Mas...

– Alteza, o duque Raul morreu – informou o soldado.

O príncipe voltou-se e encontrou o olhar do amigo Júlio. Aproximou-se do conde e, balbuciando, perguntou-lhe:

– Você ouviu a nossa conversa?

– Sim.

O príncipe refletiu um pouco, fitando o cadáver do duque. Depois, olhando para seu lugar-tenente, ordenou:

– Mande cremar o corpo do duque.

– Sim, Alteza.

O príncipe fitou o céu azul e caminhou de novo para o córrego, pensando: "Não acredito que Helena seja filha de Raul".

Naquele exato momento, o espírito Isabel prestava socorro ao espírito Raul. Isabel conhecia muito bem aquela criatura rude que se deixara levar pelo orgulho e pela vaidade, tentando desmoralizar o príncipe diante de seus subordinados.

– Homem de coração bom e guerreiro, mas ingênuo. Deixou que lhe tirassem a vida praticamente sem motivo – murmurou o belo espírito, enxugando as lágrimas.

– Foi um suicídio indireto? – indagou Lívia ao seu lado.

– Não. Não foi um suicídio, porque Raul era homem cheio de vida e tinha motivo para viver e ser feliz – respondeu Isabel.

– Então...

– Ele pagou uma velha dívida, contraída na época em que era cônsul em Roma.

As mulheres ficaram em silêncio, até que Lívia perguntou:

– Vamos conduzir seu amigo à Cidade Espiritual Cordeiro de Deus?

– Querida, ele não está em condições de ser internado no hospital – respondeu Isabel. – Raul está dormindo, mas, quando acordar, não aceitará sua nova condição de espírito, destituído do corpo físico. Por isso, entrará em estado de perturbação.

CAPÍTULO VIII

A FUGA DE HELENA

Após a partida de Túlia, que conduzia o filho recém-nascido da condessa para um lugar desconhecido, Helena gritou como se fosse uma fera ferida. Baixou a cabeça, encostando as costas na parede fria da cela e, aos poucos, foi se agachando, enquanto enxugava as lágrimas que desciam por seu belo rosto, sem conseguir interromper o choro. A condessa se sentia sem nenhum ânimo para enfrentar aquela dura realidade de perder um filho de maneira tão brusca, sem nenhuma piedade, principalmente tendo como algoz o próprio pai.

O espírito Isabel, que havia recebido permissão de seus superiores para visitar a filha, quando viu a real situação da moça, quase entrou em desespero. Contudo, tomou cuidado para não se desequilibrar. Isso poderia fazê-la perder a confiança do coordenador da Cidade Espiritual e lhe ser negada, assim, qualquer tipo de permissão para ajudar seus entes queridos. Aproximou-se de Helena, evitando ao máximo chorar, e, encostando a cabeça dela em seu colo, passou a orar. A moça suspirou profundamente e aos poucos foi se acalmando. Fitando o teto mofado e as palhas que eram colocadas para servir de cama, passou a barra do vestido sujo no nariz, notando que ainda estava suja de sangue do parto. Sentiu dores, sede, fome e, sem saber o que se passava lá fora, disse a si mesma: "Não posso enfraquecer agora. Ainda tenho muito que lutar para conseguir resolver tudo isso que está acontecendo comigo, principalmente para ir ao encontro do meu filho. Aprendi com o sermão dos padres que Deus, o Nosso Pai, jamais abandona seus filhos. Tenho certeza de que Ele vai me ajudar a encontrar meu bebê".

No exato momento em que Helena se referiu a Deus como Pai, um espírito iluminado adentrou a cela sorrindo, pôs a mão sobre a cabeça da jovem e, olhando para o alto como se fizesse uma prece, mantendo-se em silêncio alguns instantes depois, foi desaparecendo, deixando no ar o aroma de um perfume difícil de ser descrito.

Isabel observou o espírito e notou sua elevada hierarquia na escala evolutiva dos seres que caminham para mundos superiores. Baixou então a cabeça e agradeceu.

A condessa passou a andar ansiosa no minúsculo espaço, passando as mãos sujas no rosto. Sentiu um mal-estar e se sentou, mas, demonstrando inquietação, levantou-se de novo. Foi até a grossa porta de madeira da cela que a isolava do mundo e bateu.

Uma pequena janela se abriu, conduzindo um pouco de ar à cela enquanto um soldado lhe perguntava:

– O que deseja, condessa?

– Quero falar com o soldado Aquino, o fiel escudeiro do conde Felipe.

– Um momento.

Após alguns minutos, Aquino ordenou que a porta fosse aberta e atendeu ao chamado da condessa.

– Aquino, preciso sair daqui de qualquer maneira – disse a moça sussurrando.

— Condessa, tenha calma. Túlia nos prometeu que, assim que estivesse em lugar seguro, nos informaria onde encontrá-la com seu filho.

— Eu quero sair daqui agora, soldado. Isto é uma ordem – disse Helena em voz baixa, quase entre os dentes, mas com uma firmeza que não deixava espaço para dúvidas.

— Condessa, tenho ordens do conde Felipe para mantê-la prisioneira até que ele decida o que fazer com a senhora – disse o escudeiro, coçando a cabeça com preocupação.

— Aquino, mande abrir as grades dos corredores e me ajude a fugir, pois sou capaz de fazer o maior escândalo do mundo e dizer ao meu pai que você entrou na cela e abusou de mim – rebateu a moça em um tom duro de quem havia recuperado toda a autoridade de filha do conde Felipe, amigo do rei Otávio.

— E se o conde souber que a senhora fugiu? Eu responderei com minha própria vida.

— E quem disse que você vai ficar aqui?

— Não entendi...

— Aquino, você tem dois caminhos: ficar e morrer, porque me deixou fugir, ou fugir comigo.

— Fugir para onde, condessinha? – perguntou Aquino, torcendo as mãos com visível nervosismo, pois se encontrava em uma situação caótica. "Mas ela tem razão", pensou o soldado, suando de ansiedade.

— Se eu soubesse para onde fugiria, não precisaria da sua companhia, soldado idiota – respondeu Helena, tentando causar com suas palavras temor no escudeiro, para que a obedecesse. – Abra esta cela imediatamente; estamos perdendo tempo.

— Como iremos sair daqui, condessa? Lembre-se de que a senhora está sendo vigiada dia e noite por uma guarda exclusivamente sob ordens diretas de seu pai.

— Aquino, você tem poucos minutos para resolver isso, senão começarei a gritar, e toda a culpa será sua. Meu pai vai querer saber o que está acontecendo, e quem vai responder por isso é você.

– Conheço a senhora desde criança...

– Tire-me daqui com urgência, Aquino, e deixe de choradeira – gritou a moça.

O soldado de plantão que era responsável pela guarda da condessa, quando ouviu um grito, perguntou o que estava acontecendo com a filha do conde Felipe. Nisso, distraiu-se, permitindo que Aquino o atacasse, deixando-o desmaiado.

– Vamos, condessa? Que Deus nos proteja. Não tenho a menor ideia de para onde iremos nem de como sairemos das muralhas deste castelo sem chamar a atenção da guarnição do conde – disse Aquino, apontando os corredores dos calabouços do castelo.

Helena tirou a roupa na frente do soldado Aquino, fazendo-o se virar rapidamente, e vestiu as roupas do soldado desmaiado. Depois de pronta, fitou o escudeiro do pai e falou:

– Vamos, estou pronta!

Aquino não acreditava no que via. Naquele momento, a condessa estava parecidíssima com um soldado. Ambos conseguiram sair do castelo, buscando montaria nas cavalariças. Montaram nos cavalos e, galopando normalmente, atravessaram a ponte levadiça sem causar a mínima suspeita na guarnição, pois o escudeiro do conde era muito conhecido e amigo dos soldados que vigiavam o castelo.

Após várias horas galopando, subindo morros e atravessando florestas, rios e riachos, entraram em uma região onde a floresta era fechada. Apearam e sentaram-se na relva que se formava sob as árvores.

O silêncio se estabeleceu entres eles, pois ambos refletiam que suas vidas nada valiam naquele momento. Felipe, pai de Helena, já devia ter descoberto a fuga dos dois.

– O que faremos para conseguir beber e comer algo? – perguntou Aquino com ar preocupado.

A moça levantou-se decidida e, fitando o soldado, convidou-o a procurar alguma coisa para se alimentarem e também um córrego, com a finalidade de matarem a sede, principalmente a dos animais, que estavam cansados.

– Não tivemos tempo para preparar essa fuga, portanto, vamos lutar por nossa sobrevivência, senão morreremos de fome e sede – disse Aquino lamentando-se.

– Cale essa boca, Aquino! – ordenou a condessa, tentando impor autoridade. – Onde já se viu um soldado acostumado a guerras sangrentas se lamentar pela falta de alimentos e água?

O homem baixou a cabeça com vergonha e, naquele momento, sentiu que a condessa passara a comandar as ações.

– Você pensa em comida e água, e eu penso em encontrar meu filho, nem que tenha que morrer para isso.

– Mas...

– Vamos lutar, soldado! Vamos procurar água e depois caçar um animal qualquer ou algo para matar a nossa fome.

– Mas como iremos caçar um animal se não temos armas para isso? – perguntou o soldado.

– Não acredito que um soldado acostumado a guerras não tenha consigo algum objeto para usar em casos de extrema necessidade, principalmente quando sua vida está correndo perigo – disse a condessa, olhando nos olhos do soldado.

– Um momento! – disse o escudeiro. Ele procurou nos bolsos, depois foi até sua montaria, abrindo uma espécie de bolsa que conduzia atravessada no cavalo, e encontrou faca, cordas e outros apetrechos.

Ambos saíram caminhando em silêncio, improvisando armadilhas para pegar algum tipo de animal que lhes matasse a fome, indo em seguida à procura de água. Encontraram um pequeno córrego, de onde beberam à vontade, matando a sede, e depois aproveitaram para se lavarem, pois estavam imundos.

Após esperar por cerca de uma hora pelo resultado da armadilha, voltaram lá e encontraram presa nela uma ave de tamanho médio. Fizeram fogo usando métodos primitivos e assaram a ave, matando assim a fome.

Os cavalos já haviam se alimentado com a relva que se espraiava sob as árvores, sendo depois conduzidos ao córrego para beber água.

— Condessinha, agora iremos descansar, depois seguiremos viagem – disse o soldado Aquino, espreguiçando-se.

Helena fitou o soldado, pôs a mão na cintura e riu.

— Do que está rindo, condessa?

— Da sua ingenuidade. Acha que temos tempo para descansar? Isso aqui não é uma viagem de lazer.

— Mas...

— Vamos continuar a viagem agora mesmo.

— Mas...

— A essa altura, meu pai já descobriu nossa fuga e mandou vários homens para nos procurar – interrompeu a moça com um sorriso no rosto. – Imagine o que pode acontecer a você!

— E o que faremos?

— Seguiremos viagem, com a finalidade de descontar esse tempo que ficamos parados – respondeu a moça, caminhando em direção aos cavalos. – Não vejo o momento de apertar meu filho nos braços.

— Como vamos encontrar Túlia se não sabemos para que lado ela foi? – perguntou Aquino, preparando-se para montar.

— E quem disse que iremos atrás de Túlia?

— Não entendo mais nada, condessa.

— Iremos em busca do castelo de Ana, minha melhor amiga, no Condado de Letônia. – respondeu Helena pensativa. – Depois procuraremos com calma o lugar para onde Túlia conduziu meu filho.

O soldado Aquino olhou de soslaio para Helena e comentou:

— Não acho boa ideia, porque o conde Felipe já sabe que a senhora é muito amiga da família da condessa Ana, portanto, lá não é um lugar seguro.

— Tenho certeza absoluta de que minha amiga encontrará um meio de nos esconder dos soldados de meu pai.

Os cavalos aos poucos começavam a galopar rumo ao caminho que Helena sabia conduzir ao castelo da condessa Ana.

— Esqueceu que Ana é prima do príncipe Ricardo e sobrinha do rei Otávio III?

– Não, mas...

– Acha que o meu pai vai ter coragem de entrar no castelo dos sobrinhos do rei? Não esqueça também que conde Júlio é o lugar-tenente do exército comandado atualmente pelo príncipe Ricardo.

– Entendi aonde a senhora quer chegar.

– Então, temos que ir até lá antes que a guarda de meu pai nos encontre pelo caminho.

O soldado Aquino pôs a mão em pala e avisou à sua senhora:

– Está amanhecendo.

– Vamos então galopar mais ligeiro, a fim de aproveitarmos mais um pouco a escuridão – disse a condessa. – Pelos meus cálculos, se galoparmos sem parar, antes das oito da manhã estaremos no castelo de minha amiga.

O soldado Aquino se sentiu mais alegre com aquela informação. Nem queria imaginar o que poderia acontecer com ele caso a guarnição do conde Felipe os encontrasse antes de chegarem ao castelo dos sobrinhos do rei Otávio III.

※

Antes das oito horas da manhã, Helena e o soldado Aquino entraram no Condado de Letônia, atravessando em seguida a ponte levadiça do imenso castelo.

As moças se abraçaram, ambas emocionadas com o reencontro, pois havia muito tempo não se viam. O soldado Aquino foi conduzido por um guarda do castelo ao alojamento da guarnição, sendo muito bem tratado, conforme ordens da condessa Ana.

Após os cumprimentos, Ana afastou-se e fitou a amiga por alguns momentos.

– Helena, você está horrível vestida assim com essas roupas masculinas. Parecem até um uniforme de soldado.

Helena sentou-se na primeira cadeira que encontrou, baixou a cabeça e começou a chorar, agora que relaxava, só então dando-se conta do perigo que correra ao fugir da cidade de Messenas.

Ana abraçou a amiga e, sem nada falar, conduziu-a aos seus aposentos, onde ela tomaria um banho e colocaria roupas apropriadas à sua condição.

— Vamos, querida. Depois que tirar essa roupa horrível, nós conversaremos.

Após quase uma hora, a condessa Helena estava pronta. Havia tomado um banho demorado e trocado de roupa. Ela e Ana encaminharam-se então a uma pequena sala conjugada a seu quarto, sentando-se ao redor de uma pequena mesa onde havia vários tipos de alimentos.

— Helena, estou com fome. Fui acordada com a sua chegada, portanto, vamos nos alimentar enquanto conversamos.

Enquanto as moças eram servidas por serviçais da condessa Ana, Helena foi narrando sua história, sem omitir nenhum detalhe, contando inclusive sobre sua gravidez e confessando ser seu bebê o filho do príncipe Ricardo.

Ana começou a chorar, pois se emocionara com a triste história que ouvia da amiga de infância. Levantou-se, aproximando-se de Helena, e a abraçou com força, dizendo:

— Não tema, querida. Aqui você está protegida! — e, virando-se, disse: — Joana!

— Sim, senhora — atendeu uma moça que servia as duas.

— Tudo o que você ouviu, esqueça!

— Sim, senhora. A senhora sabe que sou capaz de dar minha vida por minha ama.

— Vá imediatamente chamar o comandante da guarnição do castelo.

— Sim, senhora.

CAPÍTULO IX

O PRÍNCIPE E OS REBELDES

Amanhecia. As tropas comandadas pelo príncipe Ricardo já marchavam rumo à corte.

Como de costume, o comandante do temido exército ia na vanguarda, protegido por vários soldados que faziam sua segurança. O Conselho de Guerra, composto pelos nobres, tinha sob sua responsabilidade o comando de frações das tropas, mantendo o príncipe informado, além de aconselhá-lo sobre as melhores estratégias com o objetivo de vencer o inimigo.

O sol caminhava em direção ao centro do céu quando o príncipe e os comandantes de frações alcançaram o topo de uma pequena montanha, de onde se podia observar ao longe o movimento de homens, embora tentassem se esconder na floresta, que era densa naquela região.

Ricardo ergueu a mão, sinalizando aos soldados e prisioneiros que fizessem uma parada e se abrigassem, enquanto ele decidia com os nobres do Conselho de Guerra como iriam avançar na área dominada por inimigos da Coroa.

Os rebeldes eram compostos por soldados desertores, fugitivos das prisões, malfeitores e inimigos declarados da Coroa. Viviam em abrigos improvisados no meio da floresta, constituindo uma pequena comunidade que o rei considerava inimiga. Portanto, os homens que engrossavam as fileiras dos rebeldes, caso morressem, não fariam nenhuma falta, a não ser às suas famílias, uma vez que alguns tinham mulheres, filhos, parentes e até mesmo animais de estimação que os acompanhavam.

O sol tentava iluminar a terra, mas lutava contra nuvens cinzentas que, aos poucos, ameaçavam despejar água naquela região, conforme previsão de alguns soldados acostumados com o clima impiedoso daquele lugar. A qualquer momento, cairia uma chuva torrencial.

O príncipe se mantinha sobre o cavalo, que, inquieto, tentava galopar sobre o topo da montanha. Avaliava a situação dos rebeldes que se movimentavam ao longe, enquanto pensava: "Esses homens são guerreiros, portanto, tenho certeza que muitos de meus homens irão perecer tentando atravessar essa região dominada por eles".

Conde Júlio, lugar-tenente do comandante, aproximou-se e ficou em silêncio, apenas fitando o movimento lá embaixo.

Os conselheiros também se mantinham calados, cada um com seus pensamentos, avaliando as possibilidades de sobreviverem àquela batalha com os rebeldes, que, de antemão, sabiam ser sanguinários. Todos eram unânimes no reconhecimento das habilidades daqueles homens com armas de qualquer tipo, além de conhecedores do terreno que haviam escolhido para se esconderem.

Ricardo pensou então em Helena. Levantando a cabeça para o céu, como se fizesse uma oração, balbuciou: "Será que a verei de novo, amor de minha vida?". Depois, fitando o primo Júlio, perguntou-lhe à queima-roupa:

– O que acha desta situação?

– Nosso exército não vai ter nenhuma dificuldade de passar por esse punhado de rebeldes – respondeu o conde, observando o movimento dos inimigos. – Porém, vai haver várias baixas em nossas tropas, porque esses rebeldes venderão caro a própria vida.

– Quantos homens você avalia que estão fechando este caminho?

– Mais ou menos mil e quinhentos homens, porém não esqueça que cada rebelde vale por três dos nossos. Eles são treinados, além de veteranos na arte da guerra e de lutas de toda espécie – respondeu o rapaz, encarando o comandante. – O maior perigo vem dos malfeitores procurados por crimes que cometeram; essa gente nada teme, nem mesmo perder a própria vida.

O príncipe cavalgou um pouco mais sobre o morro, aproximando-se de conde Dante, um dos conselheiros de confiança que comandava homens especializados em se deslocarem no terreno sem serem percebidos.

– Dante!

– Sim, Alteza.

– Prepare seus homens e tente surpreender esses facínoras sem que percebam.

– Alteza, não será fácil surpreendê-los. A essa altura, todos já sabem que nosso exército está prestes a avançar sobre eles, mas suas ordens serão cumpridas.

– Quantos homens compõem sua tropa?

– Mil e duzentos homens em condições de luta.

O príncipe olhou para um soldado ainda muito jovem, de cabelos compridos, alto e com pele queimada de sol, aparentando frieza no semblante. Vestia uma calça de couro e um colete que mostrava sua musculatura, tendo alguns punhais atravessados no peito largo cheio de cicatrizes, além de um arco com flechas a tiracolo. O rosto do homem demonstrava quase sempre um sorriso irônico, mantendo a musculatura da face contraída, como se estivesse atento ao mínimo sinal de perigo. Aproximou-se dele.

– Duque de Alepo!

— Sim, Alteza — respondeu ele, aproximando-se do príncipe e fitando-o com seus olhos claros, frios e firmes, como se desafiassem o próprio tempo. Fez uma reverência em respeito ao comandante e ficou esperando suas ordens.

— Este homem é capaz de matar a própria mãe para defender aquilo que acha certo — murmurou para si o comandante do exército do Cadal. — O difícil é saber o que ele acha certo nesta vida.

— Vossa Alteza falou algo? — perguntou o duque, tentando acalmar seu cavalo.

— Não. Estava falando com meus botões. — O príncipe encarou o duque e ordenou: — Um dos nossos comandantes vai tentar surpreender os rebeldes, enquanto Vossa Excelência, com sua tropa, marchará na retaguarda para acabar com esses facínoras de surpresa. Eles não estão esperando que, após o ataque das tropas comandadas pelo conde Dante, outra apareça de repente, sem lhes dar tempo de preparar a defesa.

Fernando, duque de Alepo, pertencia a uma das famílias mais tradicionais do Cadal. Era influente, Cavaleiro do Rei, e riquíssimo, pois possuía muitas terras. Também era bastante respeitado pelos amigos, principalmente pelo rei, que era amigo de sua família. Falava pouco, mas era um valoroso guerreiro — justo, embora impiedoso com aqueles que considerava inimigos da Coroa e de sua família. Era católico fervoroso. Sempre que partia para as guerras, pedia que os padres o abençoassem e benzessem sua espada com água benta. Senhor do Ducado de Alepo, vivia com sua família e servos, que trabalhavam na terra e na criação de vários animais, suprindo sua gente com alimentos, vestuários e outras coisas. Além disso, cuidava dos filhos dos pequenos senhores de terras, sendo querido por todos.

O cavalo castanho-escuro que conduzia o duque, um puro-sangue, ergueu as patas dianteiras, obrigando-o a acalmá-lo como se fizesse carinho em uma bela mulher.

— Alteza, todo mundo sabe que esses rebeldes são guerreiros veteranos e conhecedores profundos da arte da luta com qualquer tipo de arma – disse duque Fernando, tentando acalmar seu animal.

– O que duque Fernando quer me dizer?

– Que a luta com os rebeldes para deixar o caminho livre, com a finalidade de o exército continuar sua marcha, não será uma simples luta – respondeu o nobre, acariciando o pescoço de seu animal. – Enfrentaremos uma verdadeira batalha, pior do que as que já enfrentamos para usurpar as terras de pequenos reinos e condados.

Conde Dante e o restante dos conselheiros aproximaram-se e rodearam o príncipe, com o objetivo de ouvir o que duque Fernando falava.

Ricardo fitou seus conselheiros, baixando a cabeça por alguns segundos. Depois olhou ao longe, observando a movimentação dos rebeldes, e pensou: "O que será que eles estão armando para nos esperar?".

– De quantos homens Vossa Excelência dispõe em condições de combate? – indagou o príncipe ao duque.

– Mil e quinhentos, Alteza.

– Atenção, meus valorosos soldados do exército do Cadal, não vamos recuar. Avançaremos e liquidaremos esses facínoras que teimam em enfrentar nossas forças – explicou o príncipe em voz alta, a mão erguida e a palma aberta mostrando os dedos, como se quisesse dizer que havia vários caminhos para liquidar os rebeldes.

Beijou um anel que possuía no dedo anular e acrescentou:

– Avante, e que Deus abençoe o Cadal e o rei!

Um soldado que carregava uma bandeira com um desenho esquisito gritou:

– Viva o rei!

Conde Dante e duque Fernando aproximaram-se perguntando:

– Podemos cumprir as ordens, Alteza?

– Sim. Não quero prisioneiros.

– Mas... – quis falar o duque.

– Todos deverão morrer.

Duque Fernando balançou a cabeça como se quisesse discordar do comandante.

– Após a luta, ateiem fogo em tudo. Não quero me lembrar de que nesta área houve uma comunidade que não obedecia ao rei – disse o príncipe.

Um soldado que estava perto do Conselho de Guerra pensou: "Este aí é pior do que o pai. Não tem coração".

As tropas comandadas pelo conde Dante foram se afastando em direção ao lugar em que os rebeldes estavam acampados.

Duque Fernando esperava calmamente que as tropas do conde Dante se afastassem o suficiente para deslocar a sua, que já estava preparada.

O restante do conselho ficou calado, cada um deles refletindo sobre atitudes que o comandante havia tomado. Um conselheiro, quase aos sussurros, comentou:

– Isso é massacre!

– Não acho. Se o príncipe não tomar medidas enérgicas, esses rebeldes irão lutar para acabar com pelo menos parte de nossos soldados – disse outro.

– Sem falar que perderemos muito tempo. Vamos logo acabar com isso liquidando todos – disse um dos conselheiros.

❖

Tinham se passado quase quatro horas de uma batalha sangrenta entre o exército do rei e os rebeldes. Algumas tropas já estavam preparadas para descer a encosta e combater a resistência dos rebeldes, se fosse necessário.

Conde Júlio aproximou-se do primo, inquieto, e comentou com ar de quem estava preocupado:

– Tudo indica que os rebeldes estão vendendo caro suas vidas.

– Acha que será necessário enviar mais homens?

– Vamos esperar que os comandantes enviem mensageiros pedindo socorro – respondeu o conde.

Após mais alguns minutos, o príncipe percebeu ao longe um soldado cavalgando em sua direção. Assim que o soldado se aproximou, gritou:

— A batalha foi horrível, mas vencemos. Mandou avisar o duque de Alepo.

— E o conde Dante?

— Foi ferido em combate, mas nada que preocupe. Já foi atendido e está sendo poupado para evitar esforços – respondeu o mensageiro todo ensanguentado.

— Parece que você também está ferido – comentou o comandante.

— Não, Alteza. Estou bem, apenas com alguns ferimentos leves. Estou em condições de continuar a marcha.

O príncipe fitou o Conselho de Guerra e ordenou:

— Dentro de trinta minutos estaremos marchando em direção ao campo de batalha. Ao chegarmos, resolveremos o que fazer.

Após um tempo de marcha, o exército do rei aproximou-se do campo de batalha. O príncipe, seus comandados e os prisioneiros ficaram mudos ao observarem corpos estraçalhados e inertes, além de alguns gemendo devido aos ferimentos atrozes sofridos durante a batalha.

Duque Fernando estava encostado em uma árvore, todo sujo de sangue, passando a espada nas calças com cuidado para não se cortar. Logo adiante, conde Dante estava deitado, todo ensanguentado, porém com a aparência de quem estava bem. Aqueles soldados não se abatiam com pequenos cortes ou ferimentos; eram feitos de material diferente, passando a ideia de que nada sentiam, como se não fossem humanos. Pareciam mais máquinas que pessoas.

O príncipe aproximou-se de duque Fernando e, em um gesto de agradecimento, estendeu a mão, cumprimentando-o pelo êxito de sua missão, porém sem nada falar, apenas fitando-o nos olhos. Aproximou-se depois de conde Dante, pôs um joelho sobre o solo e apertou contra o peito a cabeça do amigo de guerra, perguntando:

— Como está se sentindo?

— Tudo bem, Alteza. Preciso repousar alguns dias para poder voltar ao normal.

— Não se preocupe, será conduzido em uma maca durante a marcha rumo ao nosso destino.

Após os primeiros momentos, o príncipe notou que havia muitos homens feridos esperando socorro, tanto soldados quanto rebeldes. Fez então um sinal a duque Fernando, pedindo-lhe que se aproximasse.

O homem chegou perto do comandante.

— Às suas ordens, Alteza – falou.

— Minhas ordens não foram cumpridas na íntegra; vejo muitos rebeldes feridos que continuam vivos.

— Suas ordens, Alteza, foram de acabar com os rebeldes e atear fogo em tudo.

— Exatamente!

— Alteza, eu sou um guerreiro, um Cavaleiro do Rei, um cidadão do Cadal. Além disso, sou católico, portanto, respeito o ser humano. Não participo de carnificina com o propósito apenas de satisfazer minha vaidade, nem a de meus superiores. – O duque soltou um suspiro profundo e, aproveitando o silêncio do príncipe, continuou: – Sou um comandante de tropas do exército do rei, não um mercenário. Como duque de Alepo, devo satisfação ao meu povo; além disso, não cumpro ordens descabidas.

Tendo dito isso, o conselheiro pensou: "Sei que vou morrer, por isso devo mostrar ao príncipe que ele não é dono da vida de ninguém".

— Alteza, não voltarei atrás – acrescentou. – Que se faça sua vontade, mas a minha honra de homem e guerreiro vai para o túmulo comigo.

A conversa foi ouvida por alguns conselheiros que estavam presentes. Eles nada comentaram, pois sabiam da força do amigo do conselho e de guerra.

O príncipe Ricardo, então, afastou-se em silêncio acompanhado do primo conde Júlio, indagando-lhe:

– Você ouviu?

– Sim!

– Esse homem deve morrer para que eu preserve minha autoridade ante o exército do rei – disse o príncipe, fitando o vazio como se falasse para si próprio. – Sei que a batalha que venceu desses miseráveis facínoras é relevante, mas, afinal de contas, sou eu o rei aqui nestes confins de mundo.

– Sei que Vossa Alteza, desde adolescente, sempre foi justo, portanto, coloque à prova essa justiça – disse Júlio.

– Quando?

– Agora, esquecendo o que passou e incorporando os doentes e os homens que se renderam como prisioneiros.

O príncipe apertou o punho de sua espada, baixando a cabeça, para depois erguê-la para o céu.

– A chuva parece que não vai parar – comentou.

Conde Júlio nada respondeu; sabia que o primo estava pensando.

Após alguns minutos em silêncio, o comandante das tropas do exército fitou o primo e ordenou:

– Júlio, avise à tropa que, após socorrer os doentes e prepará-los para a marcha, partiremos, se possível amanhã cedo. Hoje não há mais condições de marcharmos. Aproveite para enviar à corte dois homens a fim de avisar a meu pai que deveremos entrar na corte depois de amanhã.

– Sim, Alteza – disse o lugar-tenente, fazendo uma reverência respeitosa.

Depois, o comandante aproximou-se de duque Fernando, demonstrando sua autoridade e força. Contornando a situação que se criara, e mostrando porque comandava as tropas, falou:

– Gosto de homens que honram seus princípios, duque, que sabem o que falam e como falam, colocando sua cabeça a prêmio por um ideal. Você tem meu respeito – disse, afastando-se em seguida e deixando os membros do conselho surpresos.

Enquanto isso, sem serem vistas pelos "vivos", duas mulheres encontravam-se em meio aos mortos, ajudando-os e confortando aqueles que tinham perdido a vida na batalha, pois alguns ainda blasfemavam e lutavam como se estivessem vestidos com os corpos físicos.

Os espíritos Lívia e Isabel, acompanhados por outros amigos do mundo espiritual, não se cansavam de socorrer aqueles filhos de Deus que haviam perdido a vida na luta sangrenta contra o temido exército do rei.

O espírito Lívia aproximou-se do príncipe, que se encontrava sentado sobre uma pedra, pensativo, talvez meditando no comportamento do duque que lhe desobedecera ou pensando na amada Helena. Ao chegar perto dele, fez um carinho em sua cabeleira.

— Você continua o mesmo — disse ela. — Será que seu coração não vai encontrar a paz que tanto procura durante vários séculos? Você já voltou ao mundo material várias vezes, tendo deixado uma folha extensa de maldades!

Ricardo passou as mãos no rosto, sentindo uma tristeza inexplicável no coração, após receber fluidos aplicados por Lívia, que o beijou na testa.

— Ele já melhorou bastante, minha querida. Imagine que já ama Helena de coração e a respeita como sua verdadeira alma afim — disse Isabel aproximando-se.

Lívia fitou a amiga, sorriu e, erguendo os olhos para alto como se orasse, exclamou:

— Que Deus o abençoe!

CAPÍTULO X

À PROCURA DE HELENA

Antes que os raios do sol invadissem os aposentos do conde, ele foi avisado de que a filha havia conseguido fugir da prisão.

O homem, antes de esboçar qualquer reação, ficou pálido, tentando controlar o tremor das mãos. Depois se sentou, levantando-se em um pulo. Caminhou até uma mesa, ficando alguns minutos em silêncio. Inspirou profundamente, como se quisesse acalmar o vulcão que fervilhava dentro de si. Porém, não conseguiu, estourando em uma crise de raiva, enquanto gritava com os soldados da guarda do castelo, chamando-os de incompetentes e ameaçando executá-los, já que não entendia como a filha poderia ter fugido e somente àquela hora ele era avisado.

— Senhor, o carcereiro foi atacado violentamente na cabeça e somente agora despertou – explicou um dos guardas.

— Esse imprestável deveria ter morrido, porque, se uma mulher fugiu de uma cela pela qual ele era o responsável, então não serve para nada – rebateu o conde, inquieto e nervoso.

— Senhor, a condessinha foi ajudada em sua fuga por seu escudeiro, o soldado Aquino. Ele também fugiu com ela – disse outro.

— O quê? Aquino fugiu com minha filha?

— Sim, senhor.

Felipe desembainhou a espada que estava ao alcance de sua mão e saiu destruindo o que encontrava pela frente. Após o acesso de ira, sentou-se em uma cadeira e pediu vinho, sendo logo servido.

— Alguém tem ideia de para onde minha filha fugiu? – perguntou o conde, levantando-se e andando impaciente pelo amplo recinto.

O silêncio foi a resposta dos homens que estavam presentes.

— Alguém sabe onde Túlia mora? – perguntou, pois tinha esperança de que a filha houvesse ido para a aldeia dela por causa do recém-nascido.

Novamente, a resposta dos guardas foi o silêncio.

O conde não parava de andar no amplo ambiente da antessala de seu quarto. O nobre aproximou-se de um homem que se mantinha em posição marcial, como se fosse alguém que tivesse poder sobre os demais soldados, ordenando:

— Envie vinte homens com o objetivo de encontrar minha filha até o final do dia.

— Senhor, não tenho a menor ideia de para onde enviar esses homens; o destino tomado pela condessa é ignorado – disse o comandante da guarda.

O conde se deteve, colocando a mão na testa. Depois, voltou-se para o homem:

— Existem vários caminhos que saem de Messenas com destino a condados, ducados, aldeias, povoados e outros, portanto, envie quatro homens para cada itinerário desses com a ordem de trazer de volta a condessa e Aquino, antes que o sol deixe de brilhar.

Enquanto o comandante da guarda do castelo distribuía ordens, o conde pensava. Após alguns minutos, Felipe aproximou-se de seu comandante da guarda e ordenou:

— Preciso de seis soldados que me acompanhem ao castelo do conde Júlio e de sua irmã, a condessa Ana, no Condado de Letônia. A condessa Ana é muito amiga de Helena; não me custa seguir essa minha intuição.

Dentro de alguns minutos, vários soldados deixavam o castelo do conde Felipe partindo em várias direções. Felipe e seis dos homens deixaram o castelo por último, em direção ao castelo de conde Júlio e de sua irmã Ana.

※

Ana procurava um meio de esconder sua amiga Helena, pois sabia que o pai dela não tardaria a chegar. Ele era um homem muito perigoso; não podia facilitar as coisas, senão poria em risco a vida da amiga de infância.

Helena estava mais calma e descansada. Tinha se alimentado e trocado de roupa, e sentia-se mais leve para enfrentar os problemas que surgiriam no futuro, principalmente se o pai descobrisse que ela estava no castelo dos sobrinhos do rei.

— Meu Deus, por onde andará meu bebê? Meu querido filho, sua mãe lutará por você até o fim desta vida! – pensava em voz alta Helena, enxugando as lágrimas que desciam por seu belo rosto.– Será que seu irmão Júlio sabe do romance que eu e o príncipe Ricardo mantemos em segredo? – quis saber a condessa de Messenas, voltando-se para a amiga.

Ana sorriu. Baixando a cabeça, aproximou-se da moça e fez um carinho em seu rosto, respondendo então à pergunta dela:

— Sabe sim, querida. Mas não se preocupe; ninguém mais sabe do namoro de vocês, a não ser Júlio. Você sabe que ele, além de meu irmão, é como se fosse meu pai. Portanto, não posso esconder nada dele.

— Eu entendo, Ana. Por isso devemos nos preparar para qualquer eventualidade. Tenho absoluta certeza de que meu pai vem me procurar aqui.

— Mas eu também tenho certeza de que ele respeitará os nossos domínios, pois o rei Otávio III é nosso tio, nascido e criado aqui, até que foi nomeado rei, após a morte do rei Eslobão II. Ele herdou a coroa como seu sucessor legítimo. Além disso, é tutor de nossos interesses.

— Minha querida, você não conhece o meu pai! – comentou em voz baixa a condessa. – Mesmo sendo um tirano, é um cavaleiro fiel e confidente do rei Otávio III.

As moças ficaram em silêncio por alguns minutos. Depois, Ana pôs a mão no ombro da amiga e disse:

— Vamos procurar um esconderijo para você.

— Minha querida Ana, não estou pensando em mim – comentou a condessa. – Minha preocupação é com Aquino. Meu pai não vai perdoá-lo por ter me acompanhado na fuga.

— Não se preocupe, já pensei nisso também. Ele não ficará aqui e já avisei à guarda do castelo que aquele que denunciar vocês pagará com a própria vida.

As moças tomaram o caminho de um lugar que parecia ser um pequeno cemitério. Havia vários túmulos ali, todos muito bem cuidados. Ana entrou em uma pequena capela e, olhando para a amiga, explicou:

— Este lugar é o cemitério dos nossos antepassados. Aqui estão sepultados os corpos de condes, duques, reis, rainhas e outros. Os restos mortais daqueles que por vários séculos dominaram essa região dormem o sono dos justos nesta singela capela.

Helena observava tudo com surpresa; ainda não conhecia aquele cemitério.

Ana segurou o braço da amiga e dirigiu-se a uma das paredes da capela, tocando-a. Sob esse toque, a parede se moveu, aparecendo uma porta confeccionada de madeira camuflada à parede, pois era da mesma cor que ela. Essa porta se abriu em seguida. As moças desceram então alguns degraus e encontraram-se em um lugar que mais parecia um recinto de descanso.

— Minha amiga, isto aqui é um paraíso.

— Sim. Atualmente apenas três pessoas que ainda estão vivas conhecem este paraíso, pois para nós funciona como um esconderijo nos momentos de necessidade como este – comentou Ana. — Nosso povo é conhecido por ser conquistador, e essa conquista é feita através de guerras e batalhas; portanto, nos momentos críticos, este é o local que protegeu muita gente da perseguição e da ira de seus inimigos.

— E quem são as pessoas que conhecem este esconderijo?

— Eu, meu irmão e o rei – respondeu a moça. – E, agora, você.

— Obrigada, querida amiga, pela confiança!

— Nada tem a me agradecer. Sei que Júlio faria a mesma coisa, porque você é como uma irmã para mim, enquanto Ricardo é como um irmão para ele.

Ambas ficaram em silêncio, que Ana interrompeu ao dizer:

— A partir de agora, quando for necessário, você virá esconder-se aqui. Tudo que precisar virei trazer, inclusive suas refeições. Por enquanto, acho prudente você se instalar aqui, até que seu pai venha procurá-la neste castelo.

Helena abraçou a amiga e beijou-lhe as mãos, agradecendo-a por tudo.

— Não precisa agradecer, querida. Meu povo tem por lema morrer para ajudar aos seus e amigos, e, além de nossa amiga, você é também mãe do futuro rei deste país – disse Ana, enxugando as lágrimas que desciam por sua bela face.

— E quanto a Aquino?

— Não se preocupe, seu amigo já está bem longe daqui.

— Obrigada, querida! – agradeceu Helena novamente. – Espero que isso termine logo. Pretendo viajar o mais rápido possível para procurar meu filho, senão o pai, quando chegar da guerra, vai me matar.

— Não se preocupe com a criança. Neste momento, alguns homens de nossa confiança já estão disfarçadamente procurando-a em todos os lugares.

Helena ajoelhou-se aos pés da amiga e chorou, emocionada por tanta bondade.

Duas horas depois de Ana haver escondido sua amiga, o comandante da guarda do castelo apareceu na ampla sala onde a condessa Ana conversava com sua ama.

– O que houve, Gentil?

– O conde Felipe pede permissão para adentrar o castelo e falar com a senhora.

– Mande-o entrar, e cuide dos animais e dos homens que o acompanham – ordenou a moça, levantando-se. – Espero que você não tenha esquecido das minhas ordens.

– Não se preocupe, senhora – disse Gentil. – Pelos meus senhores, darei a vida.

Após alguns minutos, conde Felipe entrou na sala e, depois do protocolo entre os nobres, sentou-se e foi direto ao assunto:

– Estou procurando minha filha.

Ana fitou o homem e calmamente perguntou:

– O que aconteceu a minha amiga Helena?

O conde encarou a condessa Ana, notando que estava sendo enganado, pois teve certeza de que sua filha estava naquele castelo.

– A senhora deve saber mais do que eu.

– Não entendi, conde Felipe.

Felipe percebeu que a moça tinha se ofendido, pois imediatamente colocou-o em seu lugar, tratando-o pelo título.

Ana fez um gesto firme com a mão, indicando a porta de saída.

Prontamente, o comandante Gentil tomou posição marcial junto ao conde, ficando em condições de acompanhá-lo até a saída.

– Desculpe-me, senhora, se a ofendi – rebateu o conde rapidamente, tentando desfazer a ofensa, mas era isso mesmo que a condessa esperava: ser ofendida, para evitar mais intimidades e perguntas.

– Por favor, o senhor se retire de meu castelo, a não ser que queira que eu envie um mensageiro ao meu tio Otávio, informando-o de que o senhor ofendeu sua sobrinha Ana.

Felipe levantou-se e de seus olhos verteram lágrimas de raiva. Naquele momento, teve o ímpeto de degolar aquela mulher que o humilhava daquela maneira em seus domínios. Alisou a espada, mas encontrou o olhar firme da moça, que também tinha sangue de um povo guerreiro.

Gentil, o comandante da guarda do castelo, aproximou-se do nobre e, sem nada falar, apontou novamente a saída do castelo.

– Acho que ainda nos encontraremos nesta vida – disse o conde, espumando de raiva. Aproximando-se da condessa, murmurou de modo que apenas ela o ouvisse: – Não me custa nada acabar com a senhora, seus escravos e toda a sua guarda.

– Faça isso; tenho um soldado pronto fora do castelo com ordens para galopar sem parar até a corte e informar ao rei Otávio III o que o senhor fez com sua sobrinha, se for esse o caso.

Felipe ficou pálido. O sangue buscou um lugar desconhecido para se esconder ao ouvir as palavras da condessa Ana. Foi se afastando de costas até a porta.

"Maldita", pensou Felipe, quase perdendo a cabeça. "Acho que vale a pena morrer se for para esmagar a cabeça de uma cobra como esta."

Ao sair do castelo, o conde apertou as esporas nas ilhargas do cavalo e galopou como alguém que havia perdido a razão.

– Vou direto a Otávio contar tudo o que sua sobrinha me fez. Se ele não tomar providências, eu me tornarei seu inimigo até que minha honra seja reparada – monologava em voz alta.

– O senhor falou algo? – perguntou um dos soldados.

O soldado não obteve resposta.

O sol já havia se escondido para buscar seu berço no universo. A noite havia chegado quando Felipe atravessou as muralhas do Castelo Real. Ao entrar, foi escoltado por vários soldados e conduzido à presença do rei Otávio III.

Otávio era um homem alto e corpulento, de olhar inteligente e inquieto; tinha cabelos longos presos no alto da cabeça por uma presilha confeccionada de madeira, e possuía barba e bigodes aparados. Vestia uma bata confeccionada com seda da Índia, presa pela cintura por um cinto dourado, do qual pendia um belo punhal cravejado de pedras preciosas. A bata era enfeitada por duas cruzes: uma que se formava no peito e outra que ficava desde a parte superior até embaixo, nas costas da bela vestimenta. Um par de botas confeccionadas de material desconhecido completava sua indumentária.

Estava sentado em uma cadeira folheada a ouro, forrada com uma almofada da mesma cor. Ao lado havia uma grande mesa onde se podiam observar vários instrumentos de guerra, desde espadas e lanças até punhais e mapas, além de uma tiara de ouro cravejada de diamantes que lhe servia de coroa, símbolo de seu poder, e de um copo de vinho ao alcance de sua mão.

O conde, ao aproximar-se do soberano, fez uma reverência e ficou mudo, fitando o rei com um misto de admiração e medo.

Otávio fez um gesto ao amigo, convidando-o a subir os degraus que o aproximavam de amigos ou pessoas para quem desejava passar informações discretas, devidamente vigiados por vários guardas, responsáveis por sua segurança. Levantou-se e abraçou o conde sorrindo, convidando-o a tomar um copo de vinho consigo.

– Meu amigo, estou feliz; aliás, muito feliz.

Felipe notou que algo que ignorava ocorria na corte, por isso, desconfiado, perguntou:

– O que faz Vossa Majestade tão feliz assim?

– Recebi dois mensageiros de meu filho Ricardo avisando que dentro de no máximo dois dias ele estará aqui. Venceu todas as batalhas, inclusive uma última com os rebeldes.

Felipe sentiu que sua vista escurecia, mas se manteve firme, embora não encarasse o rei. Baixou a cabeça e, em rápidos segundos, seus pensamentos voaram em todos os sentidos, como se buscassem uma solução que não conseguia encontrar. "Tenho de tomar uma decisão, senão serei triturado quando o príncipe Ricardo chegar à corte", pensou o homem.

– O que houve, meu amigo Felipe? Não gostou da notícia?

– Não haveria notícia melhor do que esta, meu rei! Fico feliz em saber que Sua Alteza Real, o príncipe Ricardo, venceu todas as batalhas e volta ao lar com vida e saúde.

CAPÍTULO XI

O RETORNO DO PRÍNCIPE

As tropas que formavam o temido e poderoso exército aproximavam-se da cidade de Messenas, corte de Otávio III.

Ela fora projetada estrategicamente com a finalidade de suportar o ataque dos inimigos, pois abrigava dois imponentes e importantíssimos castelos, um que pertencia à família tradicional do conde Felipe e outro que ficava na região central, esse construído com o objetivo de servir como residência oficial de Sua Majestade Real, que tinha como sua força maior seu exército, composto por mais de cem mil homens espalhados pelo reino.

Suas leis eram constituídas e aprovadas pelos nobres, principalmente pelos Cavaleiros do Rei, que davam força ao exército sanguinário e aos soberanos, estes senhores absolutos daquele belo país.

O Soberano, nobres e senhores de terras eram os donos da vida, da morte e de tudo que ali existia, até mesmo do povo que habitava e trabalhava naquela terra para seu sustento e para manter a corte.

A população do Cadal tinha orgulho de apoiar a tirania dos nobres, obedecendo-lhes cegamente. O povo entendia que a guerra era a única maneira de se defender de outros povos bárbaros que viviam tentando usurpar o trono do rei Otávio III. O rei, por sua vez, não conhecia a piedade quando resolvia eliminar seus inimigos.

Um dia antes de chegar à corte, o príncipe Ricardo reuniu o Conselho de Guerra e o dispensou – os soldados pertenciam a condados, ducados e cidades adjacentes, lugares de origem de seus comandantes.

– O que faço com os homens que eram comandados pelo duque de Córsega, morto em combate? – perguntou duque Fernando, que, após a morte do amigo, assumira o comando de suas tropas.

– Fernando, duque Raul não foi morto em combate. Eu o matei por haver se rebelado contra seu comandante – rebateu o príncipe, aproximando-se do cavaleiro.

– Que seja, Alteza Real, mas continuo confirmando para a minha consciência que meu amigo Raul foi morto em combate – disse duque Fernando, sustentando com firmeza o olhar do príncipe.

O príncipe Ricardo caminhou em círculo. Pensou, olhou para o céu, depois aproximou-se do conselho e, mantendo seu orgulho preso no fundo d'alma, respondeu a duque Fernando, que se mantinha em silêncio esperando uma resposta do comando-geral do exército:

– Passe o comando dos homens de duque Raul ao comandante imediato, até que cheguem em Córsega. Lá eles deverão resolver o que fazer – respondeu o príncipe.

– Bom, iremos nos dispersar aqui para seguirmos destinos diferentes, que nos levarão aos nossos lares? – indagou conde Dante, segurando no ombro de um amigo para manter o equilíbrio. Aos poucos, recuperava-se dos ferimentos da batalha contra os rebeldes. E tentava esfriar os ânimos entre o príncipe e duque Fernando.

O príncipe fitou conde Dante e, com voz calma e contida, confirmou:

— Exatamente, aqui nos separamos, e as tropas se dividem, tendo as frações comando total e independente do rei, até que sejam novamente convocadas; continuarei em direção à corte com meus soldados e os prisioneiros que serão entregues ao rei.

O príncipe Ricardo cumprimentou os Cavaleiros do Rei que formavam o Conselho de Guerra. Ao despedir-se, acrescentou:

— Em breve nos encontraremos na corte, onde prestaremos conta do que o exército fez durante sua longa campanha.

Em questão de minutos, as tropas comandadas pelos Cavaleiros do Rei foram se dispersando rumo a seus lares. O príncipe aproximou-se de seu amigo e lugar-tenente no comando do exército dizendo entre os dentes:

— Ainda vou me encontrar livre de guerras com duque Fernando. Aprendi a lutar tanto quanto ele; treinamos na mesma escola.

— O que quer dizer com isso, primo?

— Que um de nós vai perecer. Neste mundo, não existe lugar para nós dois – respondeu o príncipe. – Afinal de contas, eu sou o herdeiro do trono do Cadal; não posso alimentar alguém que me odeia ou não quer cumprir minhas ordens.

Conde Júlio fitou o príncipe, refletiu por alguns instantes e, com muito cuidado para não ofender o primo, evitou falar no assunto ao dizer:

— Bem, primo, daqui em diante seguirei com meus homens rumo ao meu castelo, enquanto Vossa Alteza seguirá para a corte.

O príncipe Ricardo, em um gesto de agradecimento e amizade, abraçou o primo.

— Espero que você descanse muito bem. Tenho umas ideias, mas depois conversaremos sobre isso. Aproveito a oportunidade para enviar um forte abraço à prima Ana.

Ambos fizeram um gesto de saudações protocolares reais e seguiram destinos diferentes. As ruas de Messenas, sede da corte, estavam enfeitadas por bandeirolas com o símbolo do Cadal, enquanto o rei não cabia em si de alegria ao saber que a qualquer momento o filho entraria com seus homens, vencedor de mais uma guerra em favor do país.

A rainha Ruth também não cabia em si de alegria; compreendia que tinha pouco tempo de vida, mas ainda veria seu amado filho. Tinha mandado preparar o castelo, em particular os aposentos do príncipe, desejando proporcionar-lhe um repouso merecido.

– Será que meu filho está bem? – perguntava a rainha a uma de suas servas.

– Claro, senhora! O príncipe é um homem forte e saudável, além de ser um guerreiro vencedor de mais uma batalha. Tenho certeza de que Sua Alteza Real volta da guerra gozando de ótima saúde – respondeu uma das servas que era íntima da rainha.

A rainha fez um gesto à sua serva pedindo que ela se aproximasse, no que foi imediatamente obedecida.

– Você sabe como vai passando a condessa Helena, muito amiga de meu filho?

A serva olhou para os lados, pensou um pouco e depois respondeu:

– Faz muito tempo que não se ouve falar da condessa aqui na corte.

– Será que ela viajou? O conde Felipe, pai dela, nunca falou a respeito da filha, por isso não sabemos por onde anda Helena – comentou a rainha.

As servas que estavam próximas à rainha entreolharam-se, mantendo-se em silêncio. A rainha notou a troca de olhares desconfiados entre servas e escravos.

– Estão sabendo de algo que não sei? – perguntou a realeza.

Uma das servas aproximou-se da Soberana e sussurrou:

– A notícia que corre de boca em boca, aqui na corte, é de que a condessa Helena engravidou.

– O quê? – espantou-se a rainha, levantando-se. – Isso só pode ser uma calúnia; não tenho conhecimento de que

Helena se casou, tampouco fomos convidados para a festa de casamento.

– É verdade, Vossa Majestade Real – confirmou a serva particular da rainha.

– O que sabe a respeito disso, Quitéria?

A mulher fitou as demais e narrou o que sabia sobre a condessa Helena, inclusive os rumores a respeito de sua fuga para um lugar desconhecido, omitindo apenas o nome do pai do filho dela.

Fez-se um silêncio incômodo, que deixou a rainha pensativa enquanto caminhava por seu amplo aposento. Ela se sentou, levantou-se de novo, foi até a janela e vislumbrou ao longe ruelas enfeitadas com bandeiras coloridas, depois virou-se e se sentou perto de Quitéria.

– Quem é o pai do filho da condessa Helena? – a rainha perguntou à queima-roupa à sua serva de confiança.

Fez-se de novo um silêncio que se tornou irritante; parecia que alguém dominava os pensamentos daquelas mulheres, que corriam em todas as direções.

– Não adianta me enganar; sei perfeitamente que vocês sabem de tudo que acontece na corte – disse a bela rainha, tentando se manter calma.

Quitéria era uma linda mulher, embora se notasse que era gente do povo, pois não possuía a elegância das mulheres nobres. Ainda assim, transitava livremente na corte. Ela olhou de soslaio para a rainha e baixou a cabeça, depois se curvou aos pés da Soberana e, em um sopro, revelou:

– Majestade, é o príncipe Ricardo... Seu filho é o pai do filho da condessa Helena.

– Isto é mentira – disse a rainha levantando-se. – Meu filho jamais mancharia o nome da condessa Helena, principalmente uma moça filha de nosso melhor amigo, o conde Felipe.

As servas estavam curvadas e em silêncio. Quando a rainha recorria ao protocolo de seus direitos como Soberana, todos deviam se curvar, pois somente ela era a dona da verdade.

Após se acalmar, a rainha se sentou, ficando alguns minutos em silêncio e pensativa, enquanto seu peito arfava, talvez sentindo o peso da notícia que para ela era a morte. Não aceitava o fato de seu querido filho ter manchado o nome de uma família nobre como a do conde de Messenas.

A Soberana se sentiu subitamente cansada e pediu que as servas a deixassem a sós, pois precisava pensar.

– Se esta conversa que tivemos aqui em meus aposentos se espalhar pela corte, vocês pagarão com a vida – alertou a rainha Ruth, pondo a mão no peito.

Quitéria aproximou-se e perguntou:

– Minha rainha não está passando bem. Posso ficar aqui?

– Fique e me dê os remédios que acalmam meu coração.

Quitéria correu e trouxe alguns frascos com vários tipos de líquidos, de variadas cores, colocando algumas gotas na boca da rainha. Após um instante, a rainha falou:

– Estou melhor.

A serva já se preparava para deixar a rainha a sós quando a Soberana perguntou:

– Como souberam que a condessa Helena estava grávida de meu filho?

– Majestade, desde o momento em que ela se confessou com padre João Pedro até a fuga dela da prisão do castelo com o escudeiro do conde, o soldado Aquino.

– Meu Deus, então é verdade tudo o que ouvi!

– Sim, Majestade, é verdade.

– Alguém sabe para onde ela fugiu?

– Não, ninguém sabe.

– E agora? O que vamos falar ao meu filho?

– Não sei.

– Quitéria, você sabe o que significa isso?

– Sim. O príncipe Ricardo vai ficar sabendo e declarará guerra contra o conde Felipe – respondeu a serva. – Afinal de contas, ele vai querer saber para onde foi o filho, que é neto do conde.

— Nem me lembre disso, Quitéria. O que será feito dessa criança? Meu Deus, muito sangue vai correr. Ricardo não hesita em tirar de seu caminho qualquer inimigo — comentou a rainha, segurando as mãos da serva. — Ele é igual ao pai... ou pior.

Fez-se um silêncio cortado apenas pelo ruído do vento que batia no castelo, resvalando para o mar.

— Se Otávio souber de tudo isso, não posso nem imaginar a tragédia que poderá ser desencadeada na corte!

A rainha se dirigiu a um nicho que fora feito na parede de seus aposentos, ajoelhando-se ali. Depois ergueu as mãos para o céu e fez uma prece, encomendando os pedidos a uma imagem que estava no pequeno altar, sua santa de devoção.

— Minha santa, ajude-me. Não sei o que irei fazer para evitar um derramamento de sangue na corte, estando meu filho, o rei e nosso melhor amigo, conde Felipe, envolvidos.

Sua serva Quitéria, que se mantinha em silêncio observando a rainha fazer suas preces, previa desgraça no reino de Otávio III.

A rainha voltou-se para sua serva e, fitando-a nos olhos, falou em um sussurro:

— Logo agora que meu filho volta da guerra, conduzindo a satisfação no semblante, a alegria dos guerreiros vitoriosos... Meu Deus, por que conde Felipe foi fazer isso com sua filha? O rei não vai perdoá-lo — disse a rainha, murmurando para si e benzendo-se.

— Nem o príncipe Ricardo — completou a serva de cabeça baixa.

— Principalmente ele, Quitéria! Se souber que seu filho foi desterrado para um lugar desconhecido, haverá uma luta de vida e morte entre meu filho e Felipe.

De repente, uma corneta tocou, o som ecoando pela corte e informando ao povo que algo importante estava acontecendo.

A rainha correu para a janela, afastando uma pesada cortina, e viu o filho montado em seu cavalo negro entrar com sua tropa marchando garbosamente, o queixo erguido e uma lança na mão esquerda, enquanto com a direita segurava as rédeas do animal, vislumbrando as janelas do castelo. Vinha sem o capacete de guerra, dando liberdade aos cabelos para que esvoaçassem ao sabor do vento que vinha do mar, impressa em seu rosto a marca daqueles que imaginam ser os donos do mundo, afinal de contas, comandava o maior exército que já existira naquelas regiões.

    A rainha afastou-se da janela, sentando-se em seu luxuoso leito. Então baixou a cabeça e começou a chorar.

    – O que houve, Majestade?

    – Alegria por ver meu filho vivo e vitorioso, mas, ao mesmo tempo, prevendo o que poderá acontecer quando ele souber que teve um filho, mas não sabe por onde ele anda.

CAPÍTULO XII

TORMENTO DO CONDE FELIPE

    Felipe, após deixar o castelo do rei Otávio III, galopou como um louco até chegar aos seus domínios. Assim que entrou em seu castelo, começou a gritar pelo comandante da guarnição. Subiu correndo os degraus que o levavam à sua sala particular, que ficava no terceiro piso da imponente fortaleza. Estava inquieto; passava a mão toda hora nos cantos da boca, limpando a baba que se formava devido à saliva produzida pela raiva que levava em seu coração. Desembainhou a espada e começou a gritar como um louco, respirando com dificuldade, enquanto caminhava em círculos, sem saber o que fazer. Estava completamente descontrolado diante da notícia de que o príncipe estava a caminho da corte.

    – Eu mato esse sujeito!

    – Que sujeito é esse, meu senhor? – perguntou um homem alto, de modos grosseiros e cara de quem não tinha medo de nada, pois se notava que demonstrava desprezo por aqueles que não lhe obedeciam. Abínio era jovem, porém, para os padrões de beleza da época, era feio e antipático. Uma cicatriz marcava seu rosto, tornando-o repulsivo e cruel.

– Ninguém. Você está ouvindo demais. Cuidado, senão quem vai morrer é você – rebateu conde Felipe.

Fez-se um silêncio irritante, quebrado apenas pela respiração alterada do nobre, que não parava de caminhar pela ampla sala cheia de armas e artefatos de guerra. O comandante da guarnição do castelo mantinha-se em posição marcial, como se esperasse uma ordem que deveria cumprir imediatamente.

– Aproxime-se, Abínio! – ordenou o Cavaleiro do Rei com um gesto brusco.

– Pronto, senhor!

– Quero ver imediatamente o monge Petrúcio.

– Meu senhor, não sei mais se ele está vivo, pois a ordem foi matá-lo – comentou de cabeça baixa o comandante da guarnição do castelo. – Ele foi preso na pior cela, com direito apenas a uma pequena porção de alimentação e água por dia. Talvez tenha morrido ou esteja agonizando aos poucos. Quem sabe já tenha morrido e não fui comunicado? O senhor sabe que a vida dessa gente não nos interessa...

– Cale a boca, soldado! – ordenou o conde aos gritos. Aproximando-se do guarda, controlou-se para não matar o homem ali mesmo. Esmurrou as paredes com ódio e depois perguntou:

– Quem mandou matá-lo? Falei que aguardassem; possivelmente, eu mesmo o decapitaria.

Com um rápido movimento, saltou sobre seu soldado e o jogou na parede, segurando-o pelo pescoço.

– Se o monge estiver morto – continuou –, você assinou também sua sentença de morte. Sendo assim, quero o monge Petrúcio aqui nesta sala, e vivo.

O guarda, após ser solto, correu em direção às temidas celas do castelo do conde. Após alguns minutos, Felipe ouviu ruídos e notou que algo acontecia. De repente, a porta se abriu e foi jogado ao solo o corpo de um homem que tudo indicava se tratar de um cadáver, uma vez que seu aspecto era indescritível. Não se sabia como aquele farrapo humano ainda se mantinha vivo. Era semelhante a um esqueleto, e não parecia haver sangue correndo naquelas veias. As vestes eram rotas, indicando que um dia haviam sido um hábito de monge.

– O que é isto? – quis saber o conde enquanto se afastava, com nojo e medo de contrair alguma doença.

– O monge Petrúcio!

– Ele está vivo?

– Ainda não morreu; continua respirando – respondeu o guarda com um suspiro, talvez aliviado do peso de ter sido o mandante da morte do monge.

– Leve-o daqui. Quando ele se alimentar e trocar essas roupas, tragam-me este traste imediatamente.

O prisioneiro foi retirado do ambiente, deixando o conde impaciente em sua sala, entregue a seus pensamentos enquanto caminhava de um lado para o outro.

– Tenho certeza absoluta de que o príncipe Ricardo, assim que chegar, vai se inteirar dos fatos que causaram a fuga de Helena para um lugar desconhecido – pensava ele em voz alta, enxugando o suor que teimava em molhar seu rosto. – Ele vai saber que teve um filho e que a mãe dele ficou presa até dar à luz o garoto.

O conde, em um arroubo de ódio, começou a gritar e chutar tudo o que encontrava pela frente.

– Se Otávio souber disso, estarei acabado. Ele não me perdoará – continuou refletindo em voz alta. – Serei condenado a morrer como um cão sem dono, ou terei que enfrentá-lo em um duelo mortal. Não tenho medo. Se for aquele diabo do príncipe, poderei até me despedir desta vida. Ele é jovem e treinado desde criança nas batalhas que o reino travou durante esse tempo de conquista de povos e terras. Além disso, todos dizem que ele é sanguinário, que faz questão de matar os inimigos com requintes de crueldade. Logo, será uma morte honrada. Sinto que estou caindo em um abismo sem fundo e que nada posso fazer. Acho que mereço; lutei para salvar a honra de meus antepassados e até mesmo o nome da família real, mas parece que foi pior – rematou o conde para si mesmo.

Encostando a cabeça na beirada da mesa, estendeu os braços e começou a chorar, não sabia se de arrependimento ou de raiva por não poder resolver aquele problema a seu modo. Tomado por um impulso, desceu as escadas do castelo correndo, montou em seu cavalo e cavalgou sem parar. Sentia que o animal jogava a cabeça para trás, como se quisesse respirar, mas não conseguia, pelo menos até ter chegado a seu destino. Apeou então e buscou a igreja, que estava com a porta aberta. Caminhou em direção ao altar com passos trôpegos, até cair de bruços próximo à imagem do Cristo Crucificado.

O padre João Pedro, que ainda estava acordado, foi avisado pelos monges da chegada do conde e caminhou até o lugar onde ele se encontrava prostrado. Ficou observando aquele homem com tanto poder, mas que, naquele momento, estava totalmente desorientado. Ali estava ele, um guerreiro temido por todos no reino, aos pés do Cristo, dando-se conta de que seu poder nada valia diante daquele que morrera na cruz para salvar a humanidade.

O padre vislumbrou o teto da nave, depois foi resvalando o olhar por tudo o que preenchia o espaço da Santa Madre Igreja, sentindo um frio esquisito ao notar ali algo que não sabia explicar. O silêncio, os bancos vazios, a solidão... Os santos pareciam se entreolhar. Ouviu o bater de asas de um pássaro que alçava voo; e o vento soprou forte, sacudindo a copa de uma grande árvore que ficava nas proximidades, como se alguém o avisasse de que não estava a sós, mesmo que não vislumbrasse o movimento de pessoas.

O sacerdote ajoelhou-se atrás de conde Felipe, fitando o Cristo Crucificado, e percebeu que Ele o fitava – talvez uma ilusão de ótica, mas uma imagem que ficou plasmada em sua mente. Desviando o olhar, pensou: "Acho que está errado fitar o Filho de Deus diretamente, afinal de contas, ele nos deu a vida para nos ensinar que Seu reino não é deste mundo".

— Senhor, interceda junto ao Pai por esse nosso irmão que ainda não conhece Suas leis, mas que também é Seu filho. O irmão que está prostrado aos seus pés é uma criatura que só conhece a lei da sobrevivência, porque ainda não compreende a verdadeira lei, aquela que veio nos ensinar que somos filhos do mesmo Pai, informando-nos de que todos somos irmãos – disse o padre em prece, conversando com a imagem.

Observou que conde Felipe se levantava, sentando-se na primeira cadeira, os olhos voltados para a bela escultura de Cristo, coberto apenas com um pequeno pano, a cabeça baixa e uma coroa de espinhos encravada em sua fronte, com pingos de sangue escorrendo-lhe pelo rosto. Ele fitou uma chaga aberta em um dos flancos de Jesus, depois os pés e as mãos cravados na cruz, que prendiam seus membros.

O padre aproximou-se do conde, sentando-se ao seu lado sem nada falar. Limitou-se a ouvir a respiração descontrolada do nobre, como se tentasse dominar o inferno que ia à sua alma.

— O senhor soube que o príncipe Ricardo voltou da guerra? – perguntou o conde em um sopro, sem fitar o sacerdote.

— Sim.

— E agora, o que farei?

— A verdade.

Fez-se um silêncio estarrecedor após o padre responder à pergunta do conde. O nobre se levantou, dirigindo-se à porta da igreja. Fitou o céu estrelado, respirando o ar da madrugada que chegava àquele pequeno povoado, enquanto segurava o punho frio da espada. Voltou e sentou-se no mesmo lugar.

— Não tem mais jeito, senhor – respondeu o conde. – Minha verdade está manchada de sangue; muita gente vai morrer, inclusive Helena e seu filho.

O padre permaneceu em silêncio; a discrição o aconselhava a não responder nem fazer perguntas.

— Padre, o senhor acha que eu errei? Responda; preciso saber a resposta a essa pergunta.

– Meu filho, eu não sei responder a essa pergunta. A resposta de cada homem está dentro de si – respondeu o sacerdote com precaução.

– Explique-se, senhor!

– Um filho sempre será um filho, tanto aos olhos do homem quanto aos olhos de Deus. O Senhor do Universo e de todos os seres nos coloca nos braços essas criaturas com a finalidade de serem educadas e orientadas por nós.

– Padre, a honra dos nobres vale mais do que qualquer coisa que exista neste mundo – disse Felipe, fitando a imagem do Cristo. – Portanto, não me arrependo de nada, porque tenho certeza de que agi com minha consciência tranquila e justa.

O sacerdote baixou a cabeça e sentiu que não adiantava ajudar o conde naquele assunto; estava em seu sangue a noção de honra como orgulho e soberba, defeitos que a humanidade ainda vai demorar a entender. A honra está nos corações puros e conscientes, independentemente de religião, casta ou segmentos da sociedade criados pelo homem.

– O senhor não vai mais falar, padre João Pedro? – perguntou o conde, fitando o sacerdote.

– Não, pelo menos a respeito desse assunto. O senhor tem sua opinião formada, e eu devo respeitá-la; nada mais posso fazer.

Conde Felipe levantou-se e, aproximando-se do sacerdote, segurou-o pelos ombros e perguntou:

– Sou católico, portanto peço-lhe que me dê um conselho.

– Qual?

– O que fazer para evitar uma guerra de proporções desconhecidas com o rei e seu filho?

– A verdade.

– O senhor está repetindo o que já me disse.

– Só existe essa opção, senhor conde Felipe.

– E se eu descobrir onde minha filha se escondeu com seu filho e depois apresentá-los ao príncipe? – perguntou o conde, passando a mão pelo rosto.

– É uma saída, mas não esqueça que antes disso o rei e o príncipe descobrirão tudo o que aconteceu, e por isso não o perdoarão.

Conde Felipe foi novamente até a porta e olhou para céu, notando que a madrugada havia chegado, pois o horizonte clareava. Voltou e, fitando o padre, disse-lhe:

– Acho que só há uma opção a escolher, meu velho padre.

– Qual?

– A guerra.

– Como o senhor vai desafiar o rei se o exército pertence a ele?

O conde fitou o padre.

– Tenho muitas influências entre os cavaleiros que compõem o Conselho de Guerra.

– Mas o comando-geral pertence ao rei e, depois dele, ao filho.

– Tenho motivos suficientes para declarar guerra ao rei.

– Se o rei souber disso, amanhã mesmo sua cabeça estará sendo velada em uma bandeja – disse o sacerdote, segurando o braço do conde.

– Mas, antes disso, o senhor estará no inferno – foi a resposta do nobre.

O sacerdote entendeu que, caso isso acontecesse, o conde iria concluir que o padre o traíra.

Conde Felipe caminhou em direção ao seu cavalo e desapareceu no caminho que o conduzia ao seu castelo.

CAPÍTULO XIII

LÍVIA E ISABEL

Amanhecia na Cidade Espiritual Cordeiro de Deus.

Vários espíritos que prestavam serviços em diversos setores da cidade, mormente no hospital, antes de iniciar as atividades do dia, caminhavam pelas alamedas que convergiam na bela praça próximo ao hospital espiritual, preparando-se para o trabalho de um novo dia.

Alguns irmãos conversavam, outros caminhavam em silêncio, como se estivessem orando. Porém, a maioria observava o belíssimo sol nascer, bem como a alegria das flores, das árvores e dos pássaros, que sempre se encontravam brincando, como se fossem crianças, naquele belo jardim que circundava a praça. Todos se cumprimentavam com um sorriso alegre estampado no rosto, demonstrando a satisfação em servir ao próximo.

– Bom dia, queridos irmãos – acenava uma irmã simpática que passava.

– Que Deus nos abençoe – respondeu um jovem em um uniforme branco com detalhes azuis, identificando-se como enfermeiro ou médico que trabalhava no nosocômio.

Esses abnegados espíritos cuidavam com desvelo dos irmãos sofredores que haviam desencarnado e estavam em tratamento, especialmente aqueles que necessitavam de cuidados diferenciados, recém-saídos de regiões umbralinas, onde tinham passado vários anos sofrendo o expurgo de energias fluídicas malsãs, acumuladas durante anos de existência em mundos inferiores, e que, depois dos sofrimentos pós-desencarne, eram enviados àquela belíssima cidade espiritual.

Os espíritos Isabel e Lívia também caminhavam em silêncio, as duas parecendo preocupadas.

– Lívia, estou bastante preocupada com o que está acontecendo na corte do rei Otávio – disse Isabel, parando e fitando a amiga, enquanto segurava com carinho seu braço.

– Querida, acho que sua preocupação não é maior do que a minha. Meu coração está inquieto – comentou Lívia, acariciando a mão da amiga que segurava seu braço.

Sentaram-se em um banco próximo à pérgula do jardim e permaneceram em silêncio por alguns momentos, admirando a beleza daquele amanhecer na bela Cidade Espiritual.

– Já não sei o que fazer para impedir que haja um combate mortal entre Felipe e Ricardo – disse Isabel, pousando a mão na perna de Lívia como se quisesse chamar a atenção da amiga para aquele assunto.

– Qual é sua maior preocupação, Isabel?

– Que o príncipe Ricardo provoque o desencarne precoce de Felipe através de um combate mortal – respondeu Isabel pensativa.

Lívia passou a mão no rosto e, com ar de quem estava angustiada, levantou os olhos para céu e balbuciou:

– Senhor, por favor, abrande o coração do Seu filho Ricardo, que, apesar de haver progredido moralmente, continua com sua memória perispiritual impregnada dos defeitos inerentes aos mundos inferiores, principalmente quando se acha com seu orgulho ferido, defeito que ainda faz questão de manter vivo.

Isabel olhava diretamente nos olhos da amiga e também fazia seus pedidos a Deus, em silêncio.

Lívia voltou-se para Isabel e perguntou:

– O que podemos fazer por essas criaturas à beira de um abismo que a própria matéria que as domina lhes preparou?

– Sinceramente, não sei responder a essa sua pergunta, pois o livre-arbítrio deles deve ser respeitado – respondeu Isabel. – A não ser que minha filha Helena receba nossas instruções por intuição e convença o príncipe Ricardo a evitar se bater com o conde Felipe.

– Tenho acompanhado de perto os passos de Ricardo, e noto que ele mudou seu modo de pensar a respeito de Deus. Ele já pede silenciosamente à Divindade Maior que o ajude a discernir o certo do errado – comentou Lívia, fitando um ponto invisível.

– Querida, pela sua observação, Ricardo já se curva perante o Nosso Criador. Antes ele não pensava em Deus? – indagou Isabel curiosa.

– Não.

– Então, o que ele achava de Deus?

Lívia levantou-se, caminhando até onde havia uma rosa. Admirou-a e aspirou seu aroma, voltando depois ao mesmo lugar para responder à pergunta da amiga:

– Ricardo, quando reencarnou em Roma, se autoproclamou o próprio Deus.

Isabel fitou com surpresa a amiga, mantendo-se em silêncio.

– Quando Ricardo conheceu Jesus, tornou-se inimigo do Mestre, mas, depois de várias encarnações sofrendo dores terríveis, está aprendendo a amar o Mestre Jesus – comentou Lívia, levantando-se e dando a mão à amiga para retornarem ao hospital.

– Já conversou com nossos superiores sobre o príncipe? – indagou Isabel.

— Sim. Eles me disseram que ele quer ir a Jerusalém defender o Santo Sepulcro – respondeu a amiga. – Informaram-me que vai haver guerra quando ele decidir ir para o Oriente.

— Então...

— Então, querida, isso vai acontecer somente em sua nova reencarnação, se ele não se comprometer demais nesta existência com o mal – disse Lívia, interrompendo Isabel.

As amigas caminhavam em direção ao hospital quando Isabel se deteve e perguntou:

— Querida, quem foi Ricardo quando reencarnou em Roma?

— Meu marido.

Isabel fitou a amiga, abrindo os olhos além do normal, e, como se estivesse assustada, indagou:

— Querida, posso saber quem foi ele?

— César.

— Qual deles?

— O pior da dinastia dos Césares.

— Meu Deus! Então ele deve amá-la muito – comentou Isabel, refletindo sobre as palavras da amiga.

— Não. Ele amou somente uma mulher.

— Quem?

— Helena, que foi várias vezes sua esposa em diversas de suas reencarnações.

Isabel levou as mãos aos olhos e enxugou algumas lágrimas, pois agora entendia aquele amor pela sua amada filha, que Ricardo defendia com unhas e dentes.

Lívia aproximou-se da amiga e, sem fazer perguntas, segurou-lhe o braço e a convidou a voltar ao hospital.

CAPÍTULO XIV

O PRÍNCIPE E O REI

    O príncipe Ricardo, acompanhado de seu escudeiro, que corria ao lado do cavalo, conduzindo os apetrechos de guerra de Sua Alteza Real, atravessou a ponte levadiça que se estendia sobre o fosso no entorno do castelo, ao mesmo tempo servindo de portão da imponente fortaleza pertencente ao Soberano do Cadal. O jovem guerreiro afastou uma mecha de cabelos que teimava em cair em seus olhos, sentindo uma emoção diferente ao atravessar com sua tropa as muralhas de seu lar. Ergueu a cabeça e fitou o povo que corria atrás de si, enquanto trotava lentamente no belo e inquieto cavalo negro.

– Viva o príncipe! – gritava parte do povo, em verdadeira adoração por aquele que havia vencido a guerra contra o país inimigo e outras pequenas batalhas, conduzindo ao reino ainda mais riquezas.

– Viva!– gritava a outra parte, erguendo os braços em movimentos sincronizados.

Ricardo mantinha um sorriso discreto nos lábios com ar de ironia, ou até mesmo crueldade, igual ao de seu pai. Enquanto se encaminhava para a entrada do palácio real, pensava com seus botões, satisfeito: "Acho que não vou esperar meu pai morrer para assumir o trono. O povo precisa de um soberano jovem, destemido e que lhe dê segurança, pois a qualquer momento pode aparecer uma pessoa ambiciosa querendo assumir o comando de nosso exército e, consequentemente, do governo".

Antes de chegar à entrada do castelo, ele saltou do cavalo em movimento. Virou-se, acenando para o povo, e, lentamente, com passos firmes e orgulhosos, foi subindo os degraus da escadaria que terminava no amplo salão onde ficava o imponente trono do Soberano. Este era guarnecido por um verdadeiro exército, que agora dava-lhe espaço, abrindo uma ala por onde o príncipe passava. Faltando alguns degraus para chegar ao trono, deitou-se de bruços ao solo e beijou-o em uma reverência protocolar, antes de falar com o rei.

Otávio III levantou-se com um ar de superioridade incontestável, de quem era o senhor absoluto do mundo. Desceu os degraus que o separavam do filho e estendeu as mãos, enquanto, com orgulho estampado no semblante, disse:

— Erga-se, meu filho, e me dê um abraço!

O príncipe levantou-se e se jogou nos braços do pai, recebendo um forte abraço em resposta, enquanto o soberano se desmanchava em elogios ao filho único e guerreiro. Ricardo afastou-se e fitou o amplo e rico salão com suas esculturas, mormente onde se localizava o trono do soberano, sendo observado pelo pai, que lia seus pensamentos como se fossem concretos. Depois sorriu e pensou: "Só espero que não queira a coroa antes do tempo".

O filho avistou sua querida mãe, a rainha Ruth, sentada em uma cadeira ao lado do trono. Correu até ela e, abraçando-a, ergueu-a no ar, dando-lhe beijos e sorrindo de felicidade ao apertá-la ao peito.

— Minha mãe, porque não veio abraçar seu filho na chegada?

— Esquece que o rei tem prioridade quando se trata de cumprir o protocolo real?

O rei sorriu com o elogio da rainha. Caminhou para o trono, satisfeito com tudo o que estava acontecendo.

– Vinho! – gritou ele.

De repente, apareceram duas canecas contendo vinho, e pai e filho as ergueram e gritaram enquanto batiam uma caneca na outra:

– Viva o Cadal!

– Saúde e vida longa ao rei! – gritou o príncipe.

– Viva o príncipe Ricardo, meu querido filho e herdeiro! – gritou o rei, entornando de uma só vez o vinho contido na caneca e depois limpando com as costas da mão o líquido que escorria pelos cantos da boca.

A rainha observava de pé, apertando as palmas das mãos, visivelmente nervosa. "Nem quero imaginar a tempestade que vem por aí", pensava.

– Mãe, venha brindar conosco!

– Filho, você sabe que não posso beber vinho. Sou uma mulher doente – comentou a rainha com um sorriso estampado em seu belo rosto.

Após pai e filho conversarem mais um pouco, a rainha aproximou-se do príncipe e, carinhosamente, afagou-lhe o peito largo, enquanto dizia sorrindo:

– Agora você vai passar uma semana dentro de uma tina, até sair o último cheiro da guerra, e depois ficará alguns dias de repouso em seus aposentos para recompor as forças.

– Mãe, assim que repousar um pouco, irei ao castelo de Helena. Estou com saudade de minha amiga – disse o príncipe, os olhos brilhando, o que não passou despercebido a sua mãe. – Temos muitos assuntos para pôr em dia.

– Isso mesmo, filho. Mas, antes, faça como a sua mãe aconselhou – disse o rei, abraçando o príncipe.

"Meu Deus, o que farei para diminuir esse impacto que meu amado filho vai sentir quando souber o que aconteceu com sua amada Helena, mormente ao saber que é pai de um filho que se encontra desaparecido?", pensou a rainha, sentando-se com cansaço. Era doente e não suportava grandes emoções.

Ricardo fez um gesto de reverência aos pais e se virou para seus homens, que o esperavam no fundo do imenso salão. Levantou os braços e, fazendo um gesto com ambas as mãos que parecia ser um sinal entre eles, gritou:

– Deus é o nosso guia! Vocês estão liberados.

Em seguida, correu para os seus aposentos, afastando-se dos guerreiros e dos pais orgulhosos.

Otávio aproximou-se da rainha, colocando a mão em seu ombro e apertando-o ligeiramente. Depois, foram se encaminhando também aos seus aposentos.

– Satisfeita com o nosso filho, minha rainha? – indagou o marido, sentindo algo diferente no ar.

– Muito.

– Querida, sabe que sou um homem da guerra, conhecedor profundo do ser humano. Portanto, quero lhe fazer uma pergunta.

Ruth sentiu o coração pular dentro do peito e rapidamente se preparou para a indagação que lhe seria feita.

– Há algo oprimindo seu peito? – indagou o rei, antes de a rainha se recolher aos seus aposentos.

– Por que a pergunta, meu rei?

– Sinto e vejo em seus olhos que houve uma mudança em você, principalmente alguns dias antes de o nosso filho chegar – respondeu o marido, fitando o rosto da mulher.

A mulher baixou o olhar e pensou: "O certo seria eu falar tudo o que sei, pois, se ele souber por boca de outros o que conde Felipe fez com a filha e nosso neto, minha vida nada valerá. Porém, ainda tenho esperança de contornar esse problema".

– Acho que é impressão sua, meu rei.

– Minha rainha sabe que nosso filho matou Raul, duque de Córsega, por haver conspirado contra o rei.

– Vossa Majestade já me informou a esse respeito. Os mensageiros disseram que o príncipe matou o duque porque ele pensava em usurpar o trono do Cadal – confirmou a rainha Ruth, fitando o solo.

– O duque era muito importante, sendo uma das maiores autoridades do reino.

— O que meu rei vai fazer?

— Pedir que Ricardo vá até o ducado de Córsega e explique aos seus familiares o motivo que o levou a matá-lo.

— Acho que compramos um poderoso inimigo. A família do duque Raul vai querer vingança — comentou a rainha pensativa. — Apesar de não haver deixado nenhum filho.

O rei fitou a parede do castelo e, por alguns momentos, permaneceu em silêncio. Não comentou a observação da rainha, mas, se alguém o observasse, notaria que o soberano estava preocupado. Ele tentou disfarçar:

— Minha rainha, não esqueça que estarei ao seu lado para ajudá-la a tirar essa preocupação de seus olhos — comentou o marido, beijando as pontas dos dedos da esposa, afastando-se depois como se fosse um verdadeiro Deus rumo a seus afazeres, a barra do manto de seda arrastando no piso do castelo.

"Ricardo gritou dizendo que Deus era seu guia. Será que ele se referiu a mim, que sou o dono e senhor absoluto de tudo isto?", foi pensando o rei enquanto entrava em sua sala de trabalho. "Tenho de conversar com Ricardo sobre a morte do duque de Córsega. Isso ainda vai nos causar grandes aborrecimentos."

※

A rainha, ao ouvir as palavras do marido, sentiu um calafrio esquisito, que ia da ponta dos pés até a nuca, espalhando-se pelos ombros. "O que farei, minha santa?", pensava a Soberana, pedindo ajuda à sua santa de devoção. "Sei que o rei não me perdoará se ficar sabendo do que aconteceu com o neto. Ele sempre mencionou o desejo de ter um neto." Ela fitou as costas do marido, que se afastava a passos rápidos, e concluiu seu pensamento: "Vai haver uma guerra aqui mesmo na corte. Otávio vai entender que os fatos que não lhe foram narrados são uma traição".

No castelo de conde Júlio, um soldado com cara de quem tinha visto uma assombração adentrou a sala onde conversavam as condessas Ana e Helena, fazendo-as se levantarem de um salto, surpresas e preocupadas com a maneira como o guarda havia entrado no recinto.

– O que houve, Jofel? Estamos sendo atacados? – A condessa Ana queria saber o motivo daquela correria do guarda.

– Condessa, meu senhor conde Júlio está chegando. Neste momento, talvez já tenha atravessado a ponte com sua tropa – respondeu o guarda nervoso.

– O quê? Júlio voltou da guerra?

– Sim, minha senhora.

Ana olhou para a amiga e, por um momento, ambas ficaram caladas, lembrando-se dos últimos acontecimentos pelos quais Helena havia passado.

Antes que ambas se recompusessem, um homem de gestos imponentes, uniformizado com a indumentária dos nobres identificada por uma cruz bordada no peito e outra nas costas, entrou no salão, correndo em direção à irmã. Beijando-a, rodopiou com ela como se dançassem.

Ana chorava nos braços do irmão, enquanto Helena se mantinha em silêncio a um canto, com o objetivo de não atrapalhar os irmãos que matavam a saudade de vários meses de ausência.

Quando Júlio soltou a irmã, notou a presença de Helena. Aproximando-se dela, abraçou-a e lhe pediu desculpas por ainda estar com o cheiro de vários dias sem tomar banho.

– Sua Alteza Real, o príncipe Ricardo, meu primo, já deve ter chegado à corte – informou sorrindo o simpático conde, com ar de quem passava um recado.

Helena baixou a cabeça e se entregou ao pranto, não se sabe se de alegria ou de medo, pensando no que poderia acontecer na corte. Começou a tremer, mas se conteve, a fim de o nobre não notar o quanto estava emocionada.

— Por que ela está chorando? — perguntou o conde à irmã.

— Vá tomar um bom banho, trocar esses trapos e vestir-se como um verdadeiro nobre, e depois conversaremos — disse Ana com seu jeito prático de resolver os problemas. — Vamos, meu irmão, que o acompanharei aos seus aposentos.

A moça olhou para a amiga Helena e acrescentou com alegria:

— Aguarde um instante, querida, que logo voltarei. Vou levar este porco para se lavar; deve ter sujeira de anos acumulada aí.

— Acho que deveria ter ficado onde estava. Aguentar uma irmã com ares superiores é a pior coisa deste mundo — disse o conde, rindo às gargalhadas, pois amava aquela irmã como a própria vida.

Antes que a condessa o deixasse, ele, que já havia observado o castelo, perguntou-lhe:

— Aconteceu algo por aqui que não estou sabendo?

— Depois conversaremos. Temos tempo para isso. Agora, vá para dentro de uma tina até sair toda essa sujeira.

O irmão começou a tirar a roupa e, antes que a irmã deixasse os aposentos, ficou sério e disse em tom de ordem:

— Espero que não me esconda o que aconteceu durante o tempo em que estive fora, principalmente se foi ofendida. Quem fez isso não viverá por muito tempo.

"Meu Deus, acho que ele já notou que dobrei a guarda do castelo. Ele sabe que, para ter tomado essa medida, seria preciso um motivo muito sério", pensou a moça enquanto caminhava rumo ao salão onde a amiga a esperava.

Assim que a condessa Helena viu a amiga, jogou-se nos braços dela chorando.

— Calma, querida! — disse Ana, afagando os cabelos da amiga.

— E agora, o que faremos? Júlio vai saber o que aconteceu. Além disso, Ricardo com certeza ficará sabendo também — disse Helena, abraçada à amiga.

– Devemos pensar em uma maneira de evitar um enfrentamento entre conde Felipe e o príncipe Ricardo – disse Ana, sentando-se e baixando a cabeça, como se nem ela acreditasse nas próprias palavras.

– Você ainda não entendeu. Se Ricardo declarar guerra a alguém, Júlio, que é seu lugar-tenente no exército, também ficará do lado dele.

– Entendi, querida Helena.

– Então...

– Isso poderá virar uma guerra interna, de tempo indeterminado – comentou a condessa Ana.

– Como...

– O Conselho de Guerra tem como seu comandante-geral e soberano o rei Otávio III, todavia, o príncipe por enquanto é quem manda.

– Ainda não entendi.

– Querida, você já pensou que o conselho pode se dividir?

– Já.

– Se o conselho se dividir, teremos uma guerra no reino – disse Ana, fitando a amiga.

– Será que o rei vai deixar isso acontecer?

– Querida, o príncipe atualmente é quem manda no conselho; o rei está deixando tudo isso nas mãos do filho, principalmente depois que ele demonstrou capacidade para comandar o poderoso exército do rei.

– Ana, o que me deixa nervosa é saber que Ricardo vai ficar sabendo que teve um filho, e que esse filho foi desterrado pelo próprio avô – disse Helena.

– Essa Ricardo não vai perdoar de jeito nenhum. Eles vão lutar.

– Quem vai lutar? – indagou Helena, a mão no peito.

– Meu primo Ricardo e seu pai – respondeu Ana com um ar sério.

– E meu pai morrerá.

– Não sei se seu pai morrerá, pois conde Felipe é um exímio lutador e conhece de perto a morte, tendo já lutado em várias guerras na conquista do Cadal – comentou Ana. – Além disso, seu pai é amigo de batalha do rei. Acho até que eles têm pacto de sangue.

Ambas ficaram em silêncio, cada uma refletindo nas várias possibilidades do que poderia acontecer quando o príncipe soubesse o que acontecera com seu filho.

Ana aproximou-se da amiga e, quase sussurrando, perguntou-lhe:

– Como é o nome do seu filho?

– Ricardo!

Ana pôs as mãos no rosto e chorou.

– Ricardo?

– Sim. Ricardo, em homenagem ao meu grande amor desta vida.

– Ainda não esqueceu o príncipe?

– Querida, jamais esquecerei o homem que me deu vida, que formou um ser tão amado em meu ventre, que alegra o meu pobre coração e me enche de vontade de viver todo dia, principalmente de viver outras vidas, se isso for possível – respondeu Helena, enxugando as lágrimas que desciam por seu belo rosto como se estivesse em êxtase. – Parece que já conheço esse homem há muito tempo, e não falo desta época em que vivemos. Não sei explicar isso.

A condessa Ana baixou a cabeça, aproximando-se da amiga. Então a abraçou, apertando-a contra o peito.

– O que houve, querida? – perguntou Helena.

– Estou me lembrando de alguém que me é muito caro.

Helena sorriu, porém não fez nenhuma outra pergunta.

CAPÍTULO XV

JÚLIO E A HISTÓRIA DE HELENA

Algumas horas se passaram. Aos poucos, a noite cobria aquela bela região com seu manto negro.

Helena e Ana foram surpreendidas por um belo homem de longos cabelos castanho-claros, ainda úmidos. Trajava roupas cobertas por uma túnica de seda branca que lhe ia até os joelhos, com uma cruz vermelha bordada no peito e em tamanho maior nas costas, presa à cintura por um cinto do qual pendia uma bainha com uma reluzente e longa espada, transformando-o, talvez, na imagem de alguém que pertencesse a uma irmandade, conhecida apenas por ele próprio.

Ana correu e abraçou o irmão, beijando-o no rosto. Então se afastou um pouco e o observou com um lindo sorriso bailando nos lábios.

– Sua aparência melhorou bastante – disse a irmã, rindo. – Mas precisa tirar esse ar de relaxamento. Você é um Cavaleiro do Rei; além disso, é o segundo homem na sucessão do comando do exército.

O rapaz riu, fitando a irmã. A condessa fez um gesto de anuência com as mãos, mas se manteve em silêncio.

– Vamos para a sala, lá nos espera uma bela mesa cheia de iguarias, que há muito tempo você não vê – a bela condessa convidou o irmão, que se mantinha sorrindo. – Não esqueça que somos sobrinhos do rei, portanto, pertencentes à linhagem real.

O conde Júlio abraçou a irmã e se encaminhou para o lugar onde ela havia preparado uma homenagem à sua chegada.

– Condessa Helena, temos o maior prazer em hospedá-la em nossos domínios, que também são seus. Tudo o que pertence ao meu primo pertence à senhora – disse Júlio, fazendo uma reverência.

Helena ficou desconfiada. Sabia que não era digna de tamanha deferência real, a não ser que o conde soubesse de seu envolvimento amoroso com Ricardo. Ela olhou de soslaio para a amiga e lhe fez um sinal imperceptível, dando a entender que conde Júlio já sabia de seu namoro com Sua Alteza Real.

Ana, segurando o braço do irmão, caminhava brincando com ele, satisfeita por estar se sentindo segura, embora apreensiva por causa da história da amiga Helena.

Em poucos minutos, Júlio entrou em um belo salão iluminado por candelabros e tochas, dispostos de maneira que a luz das velas tornasse aquele ambiente agradável e alegre. O pessoal presente se sentia como se vivesse um conto de fadas, afinal de contas, o castelo era conhecido por seu luxo, imponência e fama de haver sido o berço de muitos nobres, guerreiros e heróis, e até mesmo reis e rainhas, antes mesmo de existir o Cadal.

– Júlio, tomei a liberdade de convidar alguns de seus amigos que sempre estão com você, entre eles, seus guerreiros mais fiéis e ricos senhores do condado, para participarem da comemoração de seu retorno dos campos de batalha – disse a irmã, erguendo-se na ponta dos pés e beijando-o na face.

Júlio, Ana, Helena e os amigos se divertiam, deliciando-se com vários tipos de alimentos e bebidas colocados à disposição dos participantes que homenageavam o Cavaleiro do Rei, lugar-tenente do exército e considerado um herói.

O conde, sempre educado e solícito, principalmente quando se tratava dos amigos de batalha que estavam no banquete, caminhava entre os convidados sorrindo e brincando com alguns de seus homens, pertencentes ao exército do rei.

Em certo momento, Júlio caminhou em direção à irmã Ana, que se encontrava sentada fazendo companhia às senhoras do condado. Aproximou-se, cumprimentou as senhoras e fez um sinal para ela de que desejava falar-lhe em particular. Ana levantou-se e trocou um olhar significativo com a condessa Helena, acompanhando depois o irmão. Em uma pequena sala, Júlio fitou a irmã e, como se algo o atormentasse, falou:

— Estou muito cansado, portanto, irei me recolher. Por favor, apresente aos convidados minhas desculpas por não permanecer por mais tempo na bela homenagem que você me fez.

O rapaz aproximou-se, abraçou a irmã e beijou-lhe os cabelos, acrescentando:

— Obrigado pela homenagem que me fez por ocasião de meu retorno ao lar.

A moça abraçou-o, colocando a cabeça em seu peito largo, e, com um belo sorriso iluminando seu rosto, sussurrou:

— Prometi a mim mesma que daria por você, se preciso fosse, a minha própria vida. Não consigo ter paz quando observo que algo o atormenta. — Ela se afastou, fitando o rosto do irmão. Segurando as mãos dele, indagou: — O que houve, querido?

— Ana, o que houve em nossos domínios na minha ausência? Fui informado de que a guarnição de nosso castelo foi reforçada — respondeu o irmão com outra pergunta.

— Nada que deva preocupá-lo.

— Ana, sei que a condessa Helena é o amor da vida do nosso amigo e primo, o príncipe Ricardo.

Ana empalideceu. Levou as mãos à boca em um gesto puramente feminino, desviando o olhar.

– Soube que ela está hospedada há vários dias em nosso castelo, por isso estou apreensivo – disse o irmão, segurando os ombros da irmã.

– Júlio, amanhã conversaremos, assim que você acordar, sobre tudo de que está desconfiado – disse a irmã com ar sério.

– É grave?

Ana baixou a cabeça e fez um movimento com o pé, como se quisesse ganhar tempo para responder à pergunta do irmão.

– Juramos um dia que jamais esconderíamos algo um do outro, portanto, você saberá de toda a verdade – disse a irmã, fitando Júlio.

– É grave, Ana? – perguntou novamente o conde, as feições transformadas, como se ali estivesse outro homem.

– É.

O conde ergueu a cabeça para o alto e passou as mãos nos cabelos, depois fitou a irmã.

– Eu sabia que havia algo diferente no ar, mas não sabia o quê.

– Calma, Júlio, você é um homem da guerra, acostumado a lutar e ver o perigo no rosto do inimigo. Por isso, não saia de seu estado normal – a irmã murmurou.

O conde ensaiou alguns passos e fez menção de deixar a sala em direção à escada que o levaria aos seus aposentos, mas, antes disso, voltou-se e perguntou:

– Quem quis invadir nossos domínios?

– Ninguém!

– Por que você mandou reforçar a guarda do castelo?

– Por causa de Helena.

O conde, que já se aproximava da escada, parou. Fitando novamente o alto, segurou com firmeza o punho da espada e comentou para si: "Então é grave!"

O irmão voltou a se aproximar de Ana e, em um tom que não deixava dúvida sobre ser aquela uma ordem, falou:

– Assim que os convidados deixarem nosso palácio, estarei esperando-a em minha sala particular. Quero saber de tudo o que aconteceu em minha ausência. Não demore.

– Amanhã...

– Ana, não me aborreça. Quero conversar e saber de tudo isso ainda hoje. Não vou dormir sabendo que houve algo grave, envolvendo a condessa Helena, em nossos domínios – disse o conde, encaminhando-se em seguida para os seus aposentos, visivelmente alterado.

– Vou mandar preparar um chá para você – gritou a irmã.

– Não sou homem de tomar chá, Ana. Sou um guerreiro, que vê os olhos do inimigo antes de morrer.

A moça pensou com o peito arfando: "Meu Deus, como Júlio mudou! Tornou-se uma verdadeira fera. É o sangue dos guerreiros de nossos antepassados".

Quando voltou para o grande salão, encontrou esperando-a a amiga Helena, que segurou em seu braço e disse:

– Ouvi um pouco da conversa de vocês. Desculpe-me, mas não pude deixar de escutar.

Entreolharam-se, e Helena passou discretamente um lenço em algumas lágrimas que desciam por seu lindo rosto.

– Amanhã cedo deixarei o castelo!

Ana arregalou os olhos, abraçou a amiga e disse em tom firme:

– Você não vai a lugar algum. Respeitamos nossos convidados e hóspedes até a morte, se for o caso.

– Mas...

– Não aceito desculpas, querida.

– Então...

– Então, nós vamos enfrentar esta situação de pé, ao lado de meu irmão Júlio – disse Ana, fitando a amiga.– Após os convidados deixarem o castelo, Júlio quer saber de tudo que houve em sua ausência.

– Você disse nós.

– Sim, quando me dirigir ao lugar onde conversaremos com meu irmão a respeito desse assunto, você irá comigo.

– Querida Ana, eu serei obrigada a narrar a Júlio tudo o que aconteceu comigo, inclusive sobre o filho de Ricardo, que me foi tirado – comentou a condessa, fazendo gestos nervosos com a mão.

– É exatamente para isso que conversaremos com meu irmão – confirmou Ana, segurando o braço da amiga. – Diremos toda a verdade, e isso é gravíssimo, pois trata-se de uma história envolvendo o filho e o neto do rei Otávio III.

Após os convidados deixarem o castelo fazendo recomendações a conde Júlio, as moças se entreolharam, e Ana perguntou:

– Vamos enfrentar a fera em sua toca?

※

Júlio caminhava inquieto em sua sala particular, conjugada a seus aposentos de dormir. Sentava-se, levantava-se, sem conseguir se manter quieto. Seus pensamentos não paravam de fervilhar um instante sequer; não sabia mais o que pensar. Pensava na guerra, nas batalhas sangrentas, nos homens que tinha matado com seus instrumentos de guerra, principalmente os que haviam padecido sob sua mortal espada. "O que terá acontecido com a condessa Helena? Se foi algo grave, o primo não vai perdoar", pensava, suspirando profundamente. Passou a mão no rosto e viu que suava, apesar do frio. Foi até a sacada da janela do quarto e, fitando o céu azul, viu que algumas nuvens escureciam, preparando-se para despejar água naquela região. "Tenho de saber o que aconteceu com a amada de Ricardo; ele deve conhecer todos os fatos também. Devo a ele fidelidade, portanto, darei a minha vida para defender seus interesses; serei seus olhos e ouvidos, pois é isso que devemos fazer quando juramos em nome de Deus", continuava a pensar o conde. "Afinal de contas, Ricardo é filho de nosso Soberano", rematou o jovem.

Júlio ouviu discretas batidas na porta de sua sala e gritou:
– Entre!

De repente, viu diante de si não somente sua irmã, mas também a condessa Helena. Apressou-se em vestir a túnica branca, que havia tirado, e fez as reverências protocolares que deviam ser prestadas quando diante de uma nobre, principalmente quando se tratava da escolhida de seu primo.

– Por favor, entrem e se acomodem. Não esperava que a condessa Helena acompanhasse minha irmã – disse ele, fitando Ana com ar de reprovação.

– Não adianta me reprovar. Convidei Helena para conversarmos os três porque somente assim resolveremos esse problema, que não é fácil como se possa pensar – rebateu a irmã, sabendo que o irmão desaprovava a presença de Helena no ambiente.

– Se estou incomodando, eu me retirarei. Podemos conversar depois – disse Helena.

– De jeito nenhum. Você fica. É necessária a sua presença. Agora quem exige isso sou eu – disse Ana, segurando com carinho a mão da amiga.

Após os ânimos se acalmarem, o conde sentou-se e, fitando a irmã, disse:

– Estou esperando as explicações que você me prometeu, Ana, quando combinamos este encontro.

Ana levantou-se, sentando-se mais perto de Helena.

– Quem vai explicar tudo isso é a minha amiga.

Helena, mulher de fibra, pertencente a uma família de guerreiros e conquistadores, não se intimidou com a presença do lugar-tenente do príncipe. Ajeitando-se na cadeira, passou a mão pelo riquíssimo vestido e passou a narrar tudo o que acontecera consigo, mencionando o filho do príncipe Ricardo, sua prisão no castelo, a contrariedade de seu pai, a confidência de sua gravidez a padre João Pedro e, por último, sua fuga.

– Foi isso – rematou a condessa.

Ana notou que o irmão estava com o semblante impassível, mas poderia se observar que uma palidez mortal havia se espalhado por seu rosto, deixando-o à beira de uma crise de ira. Somente Deus sabia o que podia se passar naquele coração que, apesar de bom, não hesitava em sacrificar a vida em detrimento da verdade, principalmente ao defender seu amigo e superior.

— Por isso, eu mandei reforçar a guarda do castelo, temendo uma invasão do conde Felipe — acrescentou Ana às informações da amiga.

Júlio havia se levantado, tentando sufocar seus vários sentimentos, que colidiam naquele momento, enquanto as mulheres se mantinham em silêncio, sem saber o que fazer para acalmar o coração daquele homem acostumado a resolver tudo na lâmina da espada.

Júlio caminhava pela sala esfregando as mãos nas vestes, talvez para enxugar o suor. De repente, tomado por uma súbita decisão, desceu a escadaria de dois em dois degraus, chegando ao grande salão que dava para o pátio do castelo. Pediu a seu escudeiro que lhe trouxesse um cavalo em condições de passar a noite correndo, montou e desapareceu na poeira da estrada que o levava à corte.

As duas moças, ao vê-lo sair, entreolharam-se, e Ana comentou:

— Ele foi se encontrar com o príncipe.
— Meu Deus! Será que agimos certo?
— Só Deus sabe responder a essa pergunta.

Os pensamentos de Júlio fervilhavam enquanto cavalgava em direção à corte. "Está amanhecendo. Significa que deverei chegar ao Castelo Real quando o sol estiver no meio céu."

CAPÍTULO XVI

A VISITA DE JÚLIO AO PRÍNCIPE

Chovia torrencialmente naquele início de uma tarde fria, envolvida por uma neblina que dava um ar triste à corte.

O príncipe quase não descansara e já observava alguns mapas de regiões distantes estendidos em uma grande mesa. Apontou um ponto no mapa e falou para si:

– Este pequeno reino é muito rico, mas fortemente protegido por seu exército, que, segundo informações, é constituído por mais de dez mil homens espalhados por várias cidades e aldeias ao seu redor.

Sentou-se e ficou pensando por alguns momentos em seu grande amor, a belíssima Helena: "Acho que Helena já sabe que voltei da guerra, portanto, chegou a hora de correr para os seus braços! Ainda hoje irei conversar seriamente com meu pai e minha mãe sobre ela; já decidi que ela é a mulher de minha vida e anunciarei meu casamento para breve. Não suporto viver mais escondendo esse amor. Não sei se meu pai vai aceitar o meu casamento, mas isso não me interessa; minha decisão já está tomada".

Levantou-se e se espreguiçou.

– Vou arranjar um belo traje e correr para o castelo de conde Felipe – disse em voz baixa –, porque estou pensando em fazer uma surpresa a Helena. Vou pedir a minha mãe uma sugestão sobre o traje que devo vestir para visitá-la. Essas coisas de gosto de mulher são complicadas.

Voltou a observar o grande mapa sobre a mesa, pensando: "Se, por minha conta, eu conquistasse esse reino, seria minha libertação do jugo de meu pai". Ouviu batidas à porta e gritou:

– Entre!

O guarda da segurança pessoal do príncipe entrou e observou que Sua Alteza estava ocupado com a leitura daquele mapa complicado.

O príncipe fitou o guarda e, sem muito interesse, baixou a cabeça, continuando a observar o mapa.

– O que houve, Zaturi?

– Conde Júlio quer falar com Vossa Alteza. Ele está retido na sala de guarnição, esperando sua permissão para subir.

– O quê? O que diabos Júlio quer falar comigo a essa hora, principalmente após a chegada recente de uma guerra? Muito esquisito isso. Mande-o entrar imediatamente; não pode ser coisa boa o que ele quer falar comigo.

– Sim, Alteza.

O rei estava sentado em seu trono, pensativo, bebericando seu vinho e tentando entender porque o filho havia tirado a vida de um dos homens de maior confiança de seu exército, o duque de Córsega, embora o considerasse seu inimigo mortal. "A morte de Raul ainda vai nos criar sérios problemas", pensava o rei. "Ele não tinha herdeiros que continuassem usando seu título, mas tinha muitos amigos, principalmente dentro do meu exército."

A guarda do Castelo Real se mantinha atenta, afinal de contas, o rei do Cadal era odiado e ao mesmo tempo amado; ninguém sabia quem era amigo verdadeiro da corte. Seus súditos aparentemente eram fiéis, inclusive seu Conselho de Guerra, mas não podia exagerar na confiança, uma vez que seus domínios eram vastos e riquíssimos, cobiçados por muita gente, dentro e fora do reino, até mesmo por alguns de seus cavaleiros. As ordens que a guarda real recebia era de que ninguém poderia falar com Sua Majestade sem passar por ela, mormente por aqueles que ficavam de sentinela na porta de entrada do grande salão onde ficava o trono real.

De repente, um dos guardas, com ar de quem estava apressado, abriu a porta e, fazendo as reverências protocolares, pediu permissão ao Soberano para se aproximar. O rei fez um gesto de enfado com a mão, permitindo sua entrada no Salão Real. O guarda aproximou-se, curvou-se e, de cabeça baixa, informou:

— Majestade, o comandante da guarda do castelo tem novidades.

— Adiante com a notícia. Levante a cabeça e fique à vontade – disse o rei sem muito interesse.

— Conde Júlio subiu para falar com o príncipe.

O rei fitou calmamente o guarda. Depois, levantou-se e, descendo alguns degraus que deixavam o trono distante, aproximou-se e perguntou-lhe:

— O conde disse o que veio fazer, além de falar com o príncipe?

— Não, Majestade.

O rei caminhou até uma janela, suspirando profundamente. Em seguida, fitou o guarda e o dispensou:

— Pode ir.

O guarda fez novas reverências e deixou o Salão Real.

— Daria qualquer coisa para saber o que meu sobrinho Júlio veio falar com Ricardo – falou o rei entre os dentes. – Não posso fazer uma visita aos aposentos de meu filho sem avisar, pois o protocolo não permite tamanha indiscrição.

"Júlio chegou a seu condado ontem, e hoje já está aqui querendo conversar com Ricardo", prosseguiu em pensamento o rei, caminhando inquieto pelo amplo salão. "Minha intuição me diz que o assunto do qual ele veio tratar é importantíssimo; não posso esperar que Ricardo compartilhe comigo esse assunto secreto. Foi educado para ser um rei, e um rei não pode se envolver com boatos do reino."

– Já sei o que farei – disse o rei para si, e saiu quase correndo rumo aos aposentos da rainha.

A rainha permitiu que o Soberano entrasse em seu amplo quarto, dispensando imediatamente suas servas.

– O que houve, meu rei?

Otávio sentou-se em uma cadeira na antessala dos aposentos da rainha e ficou pensando por alguns minutos.

A rainha sentou-se ao seu lado, refletindo: "Otávio tem algo muito grave para me dizer; ele procede assim quando um assunto muito importante o incomoda".

Olhando para a esposa, ele narrou que seu sobrinho, conde Júlio, estava naquele momento conversando com o príncipe Ricardo.

À medida que a rainha Ruth ouvia a narração do marido, ficava pálida e ganhava ares de nervosismo.

– E então, Ruth, o que me diz sobre isso? – indagou o Soberano, notando o embaraço da esposa, embora se mantivesse discreto.

A mulher tomou um pouco de água de um recipiente que estava ao seu alcance, como se quisesse ganhar tempo, depois respondeu:

– Deve ser um assunto íntimo entre eles, talvez coisas do coração.

– Não. Não é isso – rebateu o rei prontamente, levantando-se.

– Então não sei sobre o que eles conversam – comentou a rainha, tomando água outra vez.

"Júlio já sabe o que aconteceu em seu castelo e com a condessa Helena; deve estar colocando o amigo e comandante a par de tudo. Fiel como é, não poderia deixar para contar depois esse fato", pensava a rainha.

O rei sentou-se, inspirando profundamente, e aproximou sua cadeira da rainha. Segurando as mãos dela, beijou-as e comentou em voz baixa:

– Se estiverem tratando de algo que você sabe, é lamentável dizer que não tolero traição; as consequências virão.

– Sobre o que podem estar conversando, meu rei? Vossa Majestade tem medo do quê?

– Não é medo; é a certeza de que o comandante do meu exército e seu lugar-tenente estão tratando de algo muito perigoso neste momento.

– Uma coisa, como mãe de Ricardo, posso lhe afirmar: traição não é. Meu filho não é homem de trair ninguém, muito menos o próprio pai – rebateu a rainha, levantando-se. – Seu filho ainda vai lhe cobrar o domínio do reino do Cadal, mas é pela força, e não por atos de um verme traidor.

O rei deu um pulo e fitou a rainha, sentindo o sangue fugir de seu rosto. Trêmulo, aproximou-se dela, segurando-lhe os braços, e gritou:

– Ele que não se atreva a me cobrar a soberania do trono antes do tempo.

– Então, qual é o motivo da preocupação de ele estar conversando com o amigo e primo?

– Não sei!

– Acalme-se, meu rei. Vossa Majestade precisa estar com o coração calmo para enfrentar o que vem por aí – disse a rainha, aproximando-se do marido e beijando-o no rosto.

– O que está prevendo, minha senhora?

– Guerra!

– O quê? Terminamos de vencer uma, e já está prevendo outra?

– Esta é diferente.

– Diferente como?

A mulher segurou o braço do marido e o conduziu até a porta. Despediu-se dizendo:

– Você diz que não acredita em Deus; afirma que Deus é você!

– O que quer dizer com isso, Ruth?

– Que o rei morre, e Deus, que é o criador de tudo, jamais morrerá. – Após dizer isso, fechou a porta e encostou-se na parede com o coração aos pulos.

Otávio ficou alguns segundos parado à porta dos aposentos da rainha, tentando se acalmar. Depois, caminhou rumo aos seus aposentos pensando: "Tenho certeza de que Ricardo e Júlio conversam sobre um assunto muito perigoso para o reino do Cadal".

Enquanto isso, a rainha correu para sua cama e deitou-se. Porém, antes pediu que sua serva de confiança entrasse e lhe trouxesse seus frascos com poções, enquanto se indagava, preocupada: "Meu Deus, será que devo falar com meu filho?"

– O que houve, minha rainha? Vossa Majestade está pálida – quis saber Quitéria, a serva preferida da rainha, entregando-lhe um copo com água e gotas de algumas poções misturadas.

A rainha sentou-se, tomou o remédio e, fitando a serva, respondeu:

– Conde Júlio, neste momento, está conversando com meu filho.

Quitéria se manteve em silêncio, fitando a rainha Ruth com um sorriso bailando nos lábios.

– Você ainda sorri, criatura!

– Claro, minha rainha. Sei que todos no castelo querem saber o que eles estão conversando.

– Então você sabe sobre o que conversei com o rei?

– Não ouvi, mas posso imaginar o que ele queria saber. Fui informada pelo comandante da guarda real de que conde Júlio chegou todo molhado e muito cansado, querendo falar com o príncipe Ricardo – respondeu a serva com voz séria, fitando o solo.

Fez-se um instante de silêncio entre as duas mulheres, causando incômodo na rainha, que se levantou e caminhou até uma das janelas. Depois voltou a se sentar na cama, pedindo que Quitéria se acomodasse a seu lado.

Quitéria ficou à espera do que a rainha queria.

– Tem como você saber o que conde Júlio veio falar com meu filho? – indagou a rainha, sussurrando as palavras ao ouvido da serva.

Quanto maior o sigilo, maior seria o perigo, principalmente quando se tratava de assuntos comentados dentro do castelo e na corte. Não se sabia como, mas eles se espalhavam com rapidez por todo o reino.

Naquele momento, o rumor principal na corte era que conde Júlio conversava a portas fechadas com Sua Alteza Real, o príncipe Ricardo.

A rainha sussurrava no ouvido da serva com a finalidade de envolver aquele assunto no mais absoluto sigilo. Mesmo assim, sabia que sua serva não guardaria aquele segredo, porém arriscava sua integridade e autoridade de rainha a fim de saber o conteúdo daquela conversa entre os jovens. Acreditava que a vida do filho corria perigo.

Quitéria levantou-se, dirigindo-se à porta. Ficou atenta, tentando escutar se ouvia a respiração de alguém ali fora. Depois se sentou mais perto da rainha e respondeu:

– Eu já sei! Quer dizer, ouvi uma pequena parte da conversa.

– O quê? Você sabe?

– Mais ou menos.

– O que você sabe, Quitéria? – indagou a rainha entre os dentes.

– Quando saí dos aposentos de Vossa Majestade, por ocasião da visita do rei, fui chamada pela Alteza Real para servir vinho ao conde Júlio, e nesse ínterim eu o ouvi dizer que tinha algo grave para relatar.

A rainha deu um salto na cama, colocando a mão na boca de Quitéria, como se quisesse dizer: "Cale essa boca! Se alguém a escutar, estamos perdidas".

Ruth baixou a cabeça e começou a chorar. Pensou no que poderia fazer antes de o rei tomar conhecimento do que acontecia na corte envolvendo o nome do príncipe e da condessa Helena, filha do melhor amigo dele.

※

Otávio III caminhava inquieto em seus aposentos enquanto refletia: "Afinal de contas, eu sou o rei do Cadal; nada me impede de fazer o que quero. Vou fazer uma visita ao meu sobrinho". Chamou seu escudeiro e mandou que ele fosse até a sala do príncipe e o avisasse de que estava a caminho de uma visita a conde Júlio.

Quitéria, que havia deixado os aposentos da rainha, voltou preocupada.

– O que houve? – indagou a rainha, desconfiada do procedimento da serva.

– O rei ordenou que seu escudeiro avisasse à Sua Alteza Real de que lhe fará uma visita.

– O quê? Isso não pode estar acontecendo. O que faremos agora? – perguntou a rainha, fitando sua fiel serva.

– Quitéria, vá avisar ao meu filho que farei uma visita a conde Júlio imediatamente.

Quitéria, que estava à janela do castelo, voltou-se e, fitando o solo, disse à rainha:

– Não adianta mais!

– Por quê?

– Veja Vossa Majestade com os próprios olhos.

A rainha foi até a janela e observou o filho e o conde cavalgarem rumo à ponte levadiça, indicando que ambos deixavam o castelo em direção ignorada.

CAPÍTULO XVII

CONVERSA ENTRE RICARDO E JÚLIO

A sala em que o príncipe analisava o mapa era um grande salão adornado com vários troféus, a maioria cabeças de caças empalhadas, além de haver nele diversas armas – vários instrumentos que tinham sido usados nas guerras de seus antepassados, assim como nas atuais, das quais participara com o pai. A sala era ligada aos seus amplos aposentos, protegidos por uma guarda pessoal. Quando recebeu a informação de que seu primo, conde Júlio, viera falar com ele, o príncipe se mantivera em silêncio, continuando a fitar o mapa, embora sem se concentrar no que fazia, pois tentava entender o que seu lugar-tenente queria. "Ele deve estar muito cansado, pois, pelos meus cálculos, chegou ontem ao seu castelo. Acho que assunto é mesmo muito importante", pensava o príncipe.

Ouviu então seu guarda de confiança anunciar que conde Júlio pedia permissão para entrar na sala.

– Que entre imediatamente, e mande a primeira serva que passar trazer vinho.

— Sim, Alteza!

Neste momento, seu primo entrou e, em um gesto automático, abraçou o príncipe, passando as mãos no rosto depois, como se quisesse se manter firme e dono de suas faculdades, pois estava exausto e sonolento.

Após os cumprimentos de praxe, o príncipe se afastou e comentou assustado:

— O que houve, Júlio? Você está horrível!

Júlio sentou-se e aceitou a caneca de vinho que uma das servas do castelo ofereceu, entornando-a de um só gole. Sentia muita sede. Passou as mãos na boca em seguida, limpando o excesso de vinho que escorria pelo canto dos lábios e, sem nada falar, apenas fitou seu primo Ricardo.

— Diga logo o que veio fazer aqui! Parece-me que está mais morto do que vivo — disse o príncipe com ar preocupado.

Júlio olhou de soslaio, sondando o ambiente, e se aproximou de Sua Alteza Real.

— Vamos sair daqui; é grave o que tenho a revelar — sussurrou.

— E para onde iremos?

— Vamos sair galopando por aí, até encontrarmos um lugar onde poderemos conversar em paz.

— O que você quer me contar é mesmo grave? — quis saber o príncipe, caminhando ao redor do conde.

— Gravíssimo!

Ricardo franziu a testa e pensou: "Estou muito curioso para saber o que é". Jogou uma capa para o conde e vestiu outra, pois além da neblina o tempo estava bastante frio, e saíram em direção aos cavalos, que já estavam prontos. A pedido do primo, Ricardo dispensou seus guardas, pois o assunto de que iriam tratar era extremamente sigiloso. Um soldado, que parecia ser o comandante da guarda pessoal de Sua Alteza Real, aproximou-se e perguntou:

— Não seria melhor avisar ao rei que Vossa Alteza está deixando o castelo com destino ignorado e sem conduzir sua guarda pessoal?

– Não será necessário. Vamos apenas passear um pouco e tentar espairecer por aí – respondeu Ricardo, olhando de soslaio para o primo, obtendo confirmação deste por um leve aceno de cabeça.

O guarda pôs a mão no queixo e ficou pensando: "Aí tem coisa! Nunca vi ninguém passear com chuva e num frio desses. Vou imediatamente avisar o pai dele. O rei vai achar isso interessante".

Em poucos minutos, o guarda estava no Salão Real narrando o que havia visto e ouvido do príncipe Ricardo. O rei Otávio III, que estava sentado em seu trono, não fez nenhum movimento; manteve-se completamente impassível, sem mexer nenhum músculo do rosto. O soberano fitava algo invisível na direção de uma bela espada pendurada na parede do castelo como se fosse uma coisa muito importante – e realmente era, pois havia pertencido ao seu antecessor, que morrera em combate. Fez um movimento de enfado com a mão esquerda, dispensando o guarda, e continuou fitando a espada.

❃

A rainha, quando soube que o filho havia deixado o castelo em direção ignorada, não parava de andar em seu quarto, indo até a antessala com passos inquietos e causando preocupação em sua serva Quitéria. "Essa mulher vai terminar morrendo de algum problema no coração. Além de ser doente, está muito preocupada com algo que conde Júlio vai contar ao filho", pensava.

Otávio III resolveu fazer outra visita à esposa. Caminhava a passos rápidos para os aposentos da rainha e, assim que entrou, perguntou:

– Já sabe que seu filho saiu do castelo com Júlio?

As servas deixaram rapidamente os aposentos, porque eram proibidas de ouvir qualquer conversa entre o rei e a rainha.

— Sim, e acho normal. Meu rei sabe muito bem que, se eles falarem entre as paredes deste castelo, dentro de poucos minutos o assunto está na boca de toda a corte.

— Eu ainda sou o rei! – gritou o monarca, praticamente perdendo a compostura.

— E Ricardo é nosso filho e príncipe, comandante do exército.

— Quem é o comandante do exército sou eu, rei Otávio III – disse o marido em voz baixa, segurando com força o braço da rainha.

A rainha desvencilhou-se da mão do marido, afastando-se um pouco. Encarando-o, disse:

— Tome cuidado, meu rei, senão nosso filho usurpará o trono do Cadal; tudo indica que ele quer a soberania total. Lembre-se de que Vossa Majestade ainda não lhe tirou os poderes de comando do exército; até que faça isso em solenidade, na presença do Conselho de Guerra e dos representantes dos guerreiros do reino, ele ainda é, oficialmente, o comandante do poderoso exército de nosso país.

O rei pulou, segurou o pescoço da rainha e a fitou, mas nada disse, sentindo que havia perdido a noção de como se comportava um soberano. Acalmou-se, caminhando pelo quarto, e, fitando a mulher em silêncio, deixou seus aposentos. "Ainda mato esta mulher. Ela está doente, porém é muito forte e não morre", pensava o Soberano enquanto caminhava para o Salão Real. "Mas é fácil acabar com ela; já não posso dizer o mesmo do meu filho."

Sentando-se ao trono, continuou a refletir: "Como poderei descobrir o assunto de que meu filho está tratando neste momento com Júlio? Preciso de alguém que me ajude a raciocinar sobre isso, senão vou enlouquecer". Fez então sinal ao guarda que estava de plantão à porta do Salão Real.

Ao aproximar-se, o guarda fez as reverências protocolares e, antes que se pronunciasse, o rei falou:

— Deixe outro em seu lugar e vá imediatamente ao castelo do conde Felipe. Diga que ordeno que ele esteja aqui dentro de poucos minutos.

— Sim, Majestade.

Horas depois, conde Felipe estava inquieto em seu castelo quando recebeu a visita do guarda que conduzia a ordem real. Felipe levou um choque, demorando a voltar ao estado normal.

– Diga a Sua Majestade que ainda hoje estarei na corte.
– Senhor, Sua Majestade, o rei Otávio III, ordenou que fosse falar com ele imediatamente.

"O que estará acontecendo com o rei Otávio?", pensou o conde, franzindo a testa.

– Ele recebeu alguma visita?
– Não. Quem foi visitar Sua Alteza Real foi o conde Júlio.
– O quê? Ele chegou da guerra ontem e já está no castelo?
– Senhor, conde Júlio não está no castelo.
– E onde está ele?
– Ele e o príncipe Ricardo deixaram o castelo com destino ignorado.

Felipe sentou-se, refletindo um pouco enquanto entornava uma caneca de vinho. Depois, limpando a boca com a manga da camisa, disse:

– Vou matá-lo.
– O senhor falou algo?
– Não. Estou só pensando com meus botões.

Felipe foi até seus aposentos e começou a chutar o que encontrava pela frente, enquanto, com ar irado e quase tendo uma apoplexia, resmungava:

– Maldito! Destruiu a honra de minha filha e ainda vai tentar acabar comigo. Mas ele está enganado; vou dar um jeito de acabar com ele antes de morrer como um cão danado.

Dentro de poucos minutos, o conde Felipe galopava rumo ao Castelo Real, tentando se acalmar. Falar com o rei Otávio III era colocar o pescoço na forca. "Será que o rei já sabe o que aconteceu com minha filha? Será que ele sabe que ela teve um filho, e que eu o mandei para bem longe daqui?", refletia o conde ao atravessar a ponte levadiça do castelo. "Se ele já sabe, não sairei vivo daqui", continuava a pensar o conde enquanto subia os degraus rumo ao Salão Real.

Assim que entrou no salão, foi recebido com alegria pelo rei Otávio, que sorriu e comentou:

– Ainda bem que você veio. Estou tentando resolver algo que está me atormentando.

Conde Felipe se mantinha de pé, ao lado de uma grande mesa cheia de mapas e com uma jarra de vinho.

– Tome vinho; precisamos nos acalmar para tentar resolver esses problemas que estão atravessando meu caminho. Não consigo saná-los sozinho – disse o Soberano, enchendo uma caneca de vinho e entregando-a ao amigo. – Acho que estou ficando velho. Em outros tempos, já teria resolvido isso à minha maneira.

– Que maneira? – indagou Felipe, com ar de quem queria saber o que estava acontecendo, porém sem demonstrar muito interesse.

– Matando todos os que estão me causando aborrecimentos.

Envolveu o conde um frio esquisito, que se iniciava na nuca e descia pelas costas, causando-lhe pequenos choques elétricos e fazendo-o se sentar, obrigando-o assim a permanecer calmo, já que acreditava poder perder a vida ali mesmo.

– Felipe, conde Júlio, meu sobrinho, esteve aqui e saiu do castelo com meu filho, ambos dizendo que iriam dar um passeio – disse o rei, enquanto tirava a longa espada da bainha e a colocava sobre a mesa. – Dispensou até sua guarda pessoal.

Felipe levantou-se, enchendo novamente seu caneco de vinho, e o entornou de um só gole.

– Parece-me que você está nervoso – insinuou o Soberano, arqueando as sobrancelhas.

Ambos fizeram uma pausa em silêncio enquanto pensavam.

Os pensamentos de conde Felipe corriam atrás do príncipe, de conde Júlio, da condessa Helena, da condessa Ana e de seu neto renegado, sem chegar a nenhum lugar.

O Soberano aproximou-se de seu amigo e, falando com voz calma e já um pouco enrolada pelo efeito do vinho, perguntou:

— Você sabe o que conde Júlio veio conversar com meu filho?

Felipe deu um salto na cadeira, fitando o rei, e resvalou o olhar pelo Salão Real, notando que havia uma guarnição inteira pronta para entrar em ação. "Não pode ser; devo estar sonhando. Meu amigo Otávio jamais me mandaria matar a sangue-frio", pensou rapidamente, baixando a cabeça. "Acho que já estou tonto pelo efeito do vinho."

— Não tenho amigos — disse o rei, como se adivinhasse os pensamentos de conde Felipe.

— Majestade, somos amigos desde a época em que éramos jovens e guerreiros lutando em batalhas.

— Um rei não tem esposa, nem filho, nem neto, tampouco parentes e amigos; a Coroa está acima de tudo isso — comentou o Soberano, aproximando-se do conde.

— O que Vossa Majestade quer saber não tenho condições de responder. Não sei absolutamente nada envolvendo conde Júlio e Sua Alteza Real.

O rei caminhou até a porta do Salão Real, pensou um pouco, depois voltou, colocando-se diante do conde e indagando-lhe à queima-roupa:

— Nunca mais vi sua filha, a condessa Helena.

Felipe sentiu o coração pular dentro do peito. Fitou Otávio e pensou: "Se eu lutar com esse bêbado, acabo com ele".

Olhou ao redor, notando mais uma vez que os guardas do rei estavam preparados para entrar em ação. Felipe sorriu sem graça e pensou: "Se eu esboçar uma pequena ofensa que seja ao Soberano do Cadal, serei um homem morto".

— Estou esperando a resposta à minha pergunta.

— Ela viajou, mas já deve estar chegando — respondeu conde Felipe, baixando a cabeça.

— Meu filho tinha dito que, assim que descansasse, iria visitá-la — comentou o rei, encarando o amigo. — Acho que ele não vai gostar de saber que ela viajou.

"Será que Otávio sabe do que se passava entre Helena e Ricardo?", pensou. "Não gosto nem de pensar nessa possibilidade."

– Será uma honra muito grande para nós receber em nosso modesto castelo o príncipe Ricardo – disse Felipe pensativo.

O rei Otávio III aproximou-se da espada que estava sobre a mesa, acariciou seu punho e pensou com seus botões: "Voltei à estaca zero. Felipe não sabe de nada".

CAPÍTULO XVIII

A VERDADE CHEGA AO PRÍNCIPE

Após alguns minutos cavalgando e atravessando córregos, subindo e descendo morros, os jovens se entreolharam, vendo um campo florido que se abria à frente. Ambos apearam e ficaram admirando a beleza que a natureza apresentava aos seus olhos.

— Acho que aqui está bom para conversarmos longe dos olhares e ouvidos indiscretos da Corte Real – disse o conde, afagando o pescoço de seu cavalo.

O príncipe olhou para o céu, como sempre gostava de fazer. Afastando uma mecha de cabelos do rosto, murmurou:

— Tenho que me apressar. Ainda preciso visitar minha adorada Helena.

Ao ouvir o primo dizer isso, Júlio sentiu um frio esquisito tomar conta de seu corpo. "Meu Deus", pensou, "como vou começar esta conversa? Não sei se meu primo deve mesmo saber de tudo. Será que estou certo em cumprir minha obrigação de Cavaleiro do Rei, sendo fiel ao meu comandante?".

Ricardo observava o terreno. Dando alguns passos para um lado e para o outro, tirou a espada com a bainha do cinto e sentou-se em um montículo de terra, permanecendo em silêncio, mas inquieto.

Júlio timidamente se sentou ao lado do príncipe e balbuciou algo, como se fizesse uma prece. Lembrou-se de sua mãe quando ela o obrigava a orar: "Meu filho, jamais esqueça de honrar esta cruz que leva em seu vestuário de guerra". O conde passou a mão pelo rosto, respirando profundamente, e sentiu grande bem-estar, antes de ensaiar as primeiras palavras:

– Ricardo, não estamos em guerra. Sendo assim, vamos encarar o assunto sobre o qual falarei com muito cuidado.

O príncipe tirou as luvas e, como se não tivesse ouvido o primo, soprou as mãos e comentou:

– O tempo está muito frio.

– Você ouviu o que eu disse? – perguntou conde Júlio, encarando o amigo e parente.

– Não sou diplomata, meu primo.

– Mas...

– Júlio, quem resolve os problemas na área da diplomacia é o nosso Conselho de Guerra, quando estamos em guerra, ou o Conselho do Cadal, quando estamos em tempos de paz – interrompeu o príncipe, fitando o rosto do conde.

Júlio baixou a cabeça e sentiu o suor lhe descer pelo rosto, apesar do frio que castigava a região. "Não tem jeito", refletiu. "Se ele souber de tudo o que aconteceu em sua ausência com a condessa Helena, vai haver, para dizer o mínimo, diversas mortes na corte, isso se não houver uma insurreição."

– Espero que o assunto que tenha a me falar seja importante. Notei que os meus pais já sabem de sua visita à corte – comentou Ricardo, jogando uma pedra ao longe.

Uma brisa fria corria pelos campos floridos e, quando passava por eles, Júlio se arrepiava, não se sabe se de medo ou de cansaço. Ainda não havia repousado o suficiente.

– Helena está hospedada em meu castelo – disse Júlio rapidamente, antes que se arrependesse.

O príncipe sentiu um choque, mas nada falou. Apenas fitou o primo e perguntou:

– Ela foi visitar a minha prima Ana?

– Ela fugiu do castelo.

Fez-se um silêncio incômodo, durante o qual se podia ouvir perfeitamente o barulho dos habitantes das florestas.

Ricardo levantou-se, como se tentasse se controlar para não obrigar o primo a narrar toda a história de uma vez. "Isso não está me agradando", pensou, enquanto caminhava ao redor do primo.

– Por que Helena haveria de fugir de seu castelo?

– Ela teve um filho.

– O quê? – O príncipe o encarou com exasperação, dando um salto repentino e segurando a gola do casaco do primo, enquanto o erguia com violência, quase se transformando em uma fera. Visivelmente perturbado, rosnou:

– De quem é esse filho?

– Seu – respondeu Júlio, inquieto, desvencilhando-se do príncipe enquanto tentava manter as emoções sob controle.

O rosto do príncipe iluminou-se. Ele ergueu os olhos para o céu e murmurou algo ininteligível. "Então era esse o grande segredo", pensou. "Pelos meus cálculos, ele deve estar com três ou quatro meses. Será que ela foi expulsa por seu pai? Bem, isso é normal. Depois falarei com ele e acertarei tudo." Soltando um profundo suspiro, aproximou-se do primo novamente e o abraçou com ar de quem estava bastante feliz.

– Vou buscá-la imediatamente. Se o problema é o escândalo que a fez fugir, não haverá mais esse problema, porque vou me casar ainda hoje e levarei meu filho para o Castelo Real. Depois pensamos em fazer a festa – disse o príncipe sorrindo. – Tenho certeza de que, mesmo que meu pai tenha restrições, a rainha receberá com gosto seu neto nos braços. Após, veremos o que fazer. Enquanto isso, já vamos acertando os detalhes.

– Calma, Ricardo!

– Ainda tem mais?

– Sim. O pior vem agora.

– Então fale logo. Vá em frente; nada neste mundo vai atrapalhar a minha união com minha amada Helena. Seremos felizes ao lado de nosso filho – disse o príncipe, com a felicidade estampada no rosto.

– Por favor, primo, sente-se. A história é longa.

Ambos se sentaram. O príncipe ficou preocupado, sentindo que o que estava por vir era grave. "O que Júlio ainda tem para me revelar? Não estou vendo nada que não se possa resolver na paz", refletiu, procurando proteger as mãos do frio.

O homem pensa que pode tudo e esquece que somente o Criador do Universo é que pode qualquer coisa.

– Quando partimos para a guerra, Helena notou que estava grávida, então procurou padre João Pedro para pedir um conselho – continuou conde Júlio...

Daí em diante, o primo narrou tudo o que houve envolvendo a condessa Helena, filha de conde Felipe.

– Foi quando ela fugiu e buscou refúgio em nosso castelo – disse o primo, encerrando o assunto com um suspiro.

O príncipe se manteve em silêncio e imóvel, como se estivesse elaborando algo terrível. Durante a narração, Ricardo havia lutado para controlar as emoções, tendo projetado em sua mente imagens do sofrimento de Helena para cada fato descrito. Seus olhos se fechavam, vislumbrando agonias terríveis, mas não interrompeu em momento algum o primo. Entretanto, agora, o herdeiro do trono do Cadal tinha se levantado e soltado um grito, que ecoou pelos campos. Depois, havia corrido e montado em seu cavalo, saindo em disparada rumo à cidade.

Júlio não perdeu tempo em reflexões. Correu e também montou em seu cavalo, partindo atrás do primo, enquanto refletia: "Sabia que ele não iria aguentar saber de tudo isso sem reagir. Nem sei o que pode acontecer agora".

Ao entrar na cidade, o príncipe manteve o cavalo galopando em direção ao castelo de conde Felipe, sendo seguido por seu fiel primo. Ao chegar lá, o príncipe ordenou à guarda do castelo que a ponte levadiça fosse baixada, a fim de que pudesse passar. A guarda não discutiu, afinal de contas, tratava-se do todo-poderoso comandante do exército.

Assim que adentrou as muralhas, Ricardo saltou do cavalo em movimento e subiu os degraus do castelo com a espada fora da bainha, desembocando em um luxuoso e amplo salão, ornamentado com troféus de guerra.

Conde Felipe estava sentado em palestra com duque Fernando, mas, quando viu o príncipe, pulou da cadeira já com a espada em ponto de combate.

– Defenda-se, assassino! – gritou o príncipe, os olhos injetados de sangue pelo ódio que o dominava.

– Calma, Alteza!

Ricardo respondeu com uma estocada de espada, defendida com brilhantismo pelo conde. O príncipe saltou sobre uma cadeira e fitou Felipe com ironia e espanto ao mesmo tempo.

– Calma, Alteza! Não posso lutar contra Vossa Alteza Real – disse o conde com uma ponta de sarcasmo na voz.

– Canalha! – rebateu o príncipe, enquanto partia para cima do conde. – Uma questão com gente como você eu mesmo resolvo; não preciso pedir ao meu pai para condená-lo à morte.

O príncipe partiu para cortar o conde ao meio, porém, encontrou firme resistência. Felipe também era um exímio lutador, além de um velho guerreiro, tendo já participado de várias batalhas e guerras.

"Esta é a oportunidade de acabar com o herdeiro do Cadal; tenho testemunha de que foi ele quem me desafiou em meu castelo", pensava conde Felipe com um ar de satisfação estampado no rosto.

O príncipe era jovem e sabia usar a espada e o punhal como ninguém. Ele avançou para acabar com o adversário, sem dar tempo para o conde pensar em se defender.

Felipe pulou sobre mesa e cadeiras, até ser atingido por golpes nos braços, no peito e um mais profundo, no flanco esquerdo, porém não tão grave que lhe deixasse fora de combate.

A noite chegava. As tochas e velas dos candelabros que sustentavam a iluminação do castelo começaram a criar sombras dos dois homens que lutavam.

Duque Fernando mantinha os braços cruzados, fitando de viés conde Júlio enquanto pensava: "O que terá acontecido? Se eu me meter, Júlio também vai entrar na luta, e aí haverá morte".

※

O rei conversava com a rainha quando um guarda entrou sem avisar, quase gritando:
– Majestade!
– Acho bom você ter um motivo muito importante para entrar nos meus aposentos dessa maneira – disse o rei, olhando de soslaio para a rainha.
– Sua Alteza Real está lutando com o conde Felipe no castelo dele.
– O quê?
O rei tirou bruscamente a bata real que vestia e saiu correndo rumo à saída do castelo, montando antes em seu cavalo e partindo em disparada.

※

Quando o príncipe Ricardo arrancou a espada da mão do conde Felipe e já se preparava para cortar o pescoço do adversário, ouviu um grito:
– Pare, Ricardo! Não comece uma guerra na corte. Abaixe essa arma!
O príncipe hesitou um pouco ao escutar a voz do pai e, irritado, tirou o pé do peito do conde, passando as mãos no rosto para enxugar o suor. Depois, pôs a mão sobre o braço

esquerdo, pois estava ferido e ensanguentado. Fitou o conde e, em um sussurro, disse-lhe:

– Reze muito para eu encontrar meu filho com vida. Se tiver acontecido algo de ruim com ele, nem o rei conseguirá salvá-lo. Nem que seja a última coisa que eu faça nesta vida, porque não me importo de morrer, você irá para o inferno comigo. – Então fitou o pai e saiu acompanhado por conde Júlio, descendo os degraus do castelo com a mesma rapidez com que os subira antes.

A um canto, encostado na parede, conde Felipe ainda recuperava o fôlego. Estava bastante cansado, e suas servas cuidavam dos ferimentos feitos a espada e punhal no combate quase mortal que travara com o príncipe. Com muito esforço, Felipe levantou-se e caminhou, cambaleante, até largar-se em uma cadeira cheia de almofadas disposta na sala.

O rei Otávio III assumiu sua autoridade de Soberano do Cadal. Naquele momento, estava rodeado de guardas que faziam sua segurança. Aproximou-se do amigo e perguntou:

– Algum ferimento grave?

– Não, Majestade. Acho que consegui me defender das estocadas mortais do príncipe.

– Temos muito que conversar. Aguardo sua visita, conde.

Conde Felipe baixou a cabeça, e duque Fernando aproveitou o momento para se aproximar dele.

O rei lançou um último olhar ao conde, demonstrando que não havia aprovado aquela luta, e saiu do castelo apressado, para tentar conversar com o filho antes que ele deixasse a corte.

Quando o rei voltou ao castelo real, subiu imediatamente aos aposentos do príncipe. Encontrou-o deitado, enquanto uma serva fazia-lhe alguns curativos, também enfaixando seu braço, que fora ferido no combate.

A um canto do quarto, o primo Júlio encontrava-se em silêncio, esperando que o príncipe voltasse ao estado normal e conversasse sobre o assunto.

– Algum ferimento perigoso, filho?

– Não. Não se preocupe, está tudo bem.

O rei olhou de viés para o sobrinho, que observava uma arma pendurada na parede do quarto, e perguntou a Ricardo:

– Posso falar com você em particular, meu filho?

– Pai, nada tenho a esconder de Júlio. Além disso, ele é seu sobrinho.

O rei ficou pálido, notando que o filho não queria que ele soubesse sobre o perigoso assunto que o levara a desafiar o amigo conde Felipe para uma luta mortal.

– Ricardo, acho que não devemos desafiar assim o Felipe. Você sabe muito bem que ele será elevado à categoria de duque – disse o pai, falando em um tom de voz aparentemente calmo.

O filho fez um gesto para dispensar a serva. Fitando o pai, levantou-se e, olhando para o primo Júlio, falou:

– Sei que está cansado. Além disso, já é noite. Mas preciso chegar até o amanhecer ao seu castelo.

– Então vamos nos apressar, senão não chegaremos a tempo – concordou Júlio com um aceno de cabeça, olhando de soslaio para o tio.

O rei aproximou-se do sobrinho, pôs a mão no ombro dele e ordenou:

– Quero saber o que está acontecendo.

O príncipe saiu em defesa do primo:

– Pai, quando eu voltar, teremos uma longa conversa. Mas, por enquanto, prefiro manter Vossa Majestade longe desses problemas.

– Filho, eu sou o rei. Tenho o direito de saber tudo o que acontece em meu reino.

O príncipe vestiu sua capa, pôs a espada e um punhal na cintura, aproximou-se do primo e o convidou:

– Vamos! – E, voltando-se para o pai, falou em voz baixa: – Vossa Majestade é o rei, mas não é dono de ninguém. Portanto, me respeite como filho e comandante do exército do Cadal.

– O quê?

– Acalme-se, meu rei!

O rei olhou para a porta e viu a rainha entrando.

— Deixe nosso filho resolver seus problemas; depois saberemos o resultado — continuou ela.

O rei trincou os dentes, tentando se controlar. Tinha a mão na espada, sendo observado com um olhar irônico pelo filho.

Ricardo aproximou-se da mãe, beijando-a, e em seguida partiu com conde Júlio rumo ao castelo do primo.

CAPÍTULO XIX

A FÚRIA DE CONDE FELIPE

Após a saída do rei, conde Felipe começou a quebrar o que via pela frente, em um acesso de fúria que deixou duque Fernando surpreso, pois jamais havia visto seu amigo fora de si, desequilibrado e entornando copos de vinho um atrás do outro.

A luz que iluminava o salão naquele começo de noite mostrou o conde com sua espada brilhando na mão, sua sombra refletindo na parede como se fosse a força da justiça abatendo-se sobre aquele castelo. Forças ocultas pareciam cobrar algo que se mantinha impune nas trevas das consciências que ainda não haviam sido iluminadas pelo brilho das mensagens do Mestre Jesus, conforme os padres pregavam na igreja da corte do rei Otávio III.

Duque Fernando mantinha-se sentado, impassível e em silêncio, apenas observando o estado de espírito precário do amigo, enquanto pensava em quais seriam os motivos que haviam conduzido o príncipe e o conde a se baterem em um duelo mortal.

As vestes do conde estavam manchadas de sangue e apresentavam vários cortes causados pela espada perigosa e rápida do príncipe, que, além de excelente guerreiro, era um hábil lutador e praticamente imbatível com uma espada na mão, infligindo assim medo e respeito nos demais guerreiros.

"Um dia terei de enfrentar esse rapaz, apesar de ser Cavaleiro do Rei. Não posso deixar que Sua Alteza Real me desmoralize perante os guerreiros do reino do Cadal, como fez com Felipe, sob pena de perder para sempre o respeito de minha gente e de meus homens", refletia o duque, tomando um gole de vinho, enquanto fitava conde Felipe com ar irônico.

Após o acesso de fúria, Felipe havia se sentado perto do amigo Fernando e, com a respiração entrecortada por pequenos soluços, causados pelo torpor do vinho, perguntou ao nobre à queima-roupa:

– Fernando, de que lado você está?

O duque sentiu o sangue tomar conta de seu rosto, deixando-o corado além do normal. Com um leve tremor nas mãos e a face queimando, manteve-se frio, sem contrair nenhum músculo, a não ser a mão, que apertou o punho da espada.

– Estou esperando sua resposta – disse o conde aborrecido.

Fernando, homem acostumado às batalhas e às intempéries, além de ser de uma família tradicional pertencente ao reino, levantou-se e caminhou ao redor da grande mesa repleta de mapas, onde se observava uma longa espada, pertencente ao conde. Aproximou-se do nobre e falou em voz baixa:

– Ainda não sei do que se trata sua divergência com Sua Alteza Real e comandante do exército.

Conde Felipe notou que o duque era honesto e fiel ao rei, portanto, deveria tomar muito cuidado, senão estaria comprando uma briga com os nobres de Alepo. Ele pensou: "Fernando ainda não sabe o que aconteceu entre minha filha e o príncipe; não irei me apressar".

– Esqueça, Fernando! Esqueça que um dia lhe perguntei de que lado você está – disse o conde, chamando um de seus guardas. – Desculpe-me amigo, mas, irei me recolher. Preciso repousar para evitar que esses ferimentos infeccionem.

O duque, com sua calma habitual, porém enganosa, aproximou-se do amigo e, encarando-o, disse-lhe:

– Se o príncipe Ricardo veio ao seu castelo tomar satisfação, desafiando-o para um duelo como o que se deu aqui, deve haver um motivo muito sério.

O conde fitou-o e nada respondeu, pois a maneira com que o duque havia falado o deixara gelado. Ter aquele nobre como inimigo não era aconselhável, principalmente para quem queria permanecer vivo por mais tempo neste mundo.

– Amigo, antes de deixar seu castelo, devo alertá-lo de que o rei lhe salvou a vida – disse Fernando, vestindo uma longa capa de veludo fechada na altura do pescoço por um broche, que era o timbre do brasão dos senhores de Alepo. – O príncipe Ricardo é um homem perigoso e que não teme nada, mormente quando tem a espada na mão.

O conde Felipe abriu a boca para falar algo, mas nada disse, como se tivesse se arrependido.

O duque fez a reverência protocolar dos Cavaleiros do Rei, despediu-se e partiu do castelo, deixando Felipe bastante preocupado. Assim que Fernando se foi, o conde mandou chamar imediatamente o comandante da guarnição do castelo. Dentro de poucos minutos, um soldado apareceu na antessala dos aposentos do conde, fez suas reverências ao seu senhor e se manteve em posição marcial.

– Aproxime-se, Abínio!

O soldado chegou mais perto, cauteloso. Sabia que o conde era temperamental e não lhe custava nada matar alguém.

– Pronto, senhor!

– O monge continua vivo?

– Ele foi entregue aos cuidados das servas e conseguiu sobreviver – respondeu o truculento soldado. – Encontra-se bem e já pode responder às perguntas de meu senhor.

– Ótimo! Quero vê-lo imediatamente!

— Sim, senhor — o soldado confirmou a ordem, girando nos calcanhares e partindo em busca o monge Petrúcio.

Após alguns minutos, o monge estava diante do conde Felipe, de cabeça baixa.

— Sei que vocês são pessoas bem informadas e ficam sabendo de tudo o que acontece no reino — disse o conde, aproximando-se do monge e erguendo o queixo dele com o punho da espada.

— O senhor é quem ordena, conde Felipe — balbuciou o monge.

— Quero saber os possíveis lugares que minha filha escolheria para se esconder, caso fugisse da corte.

— Não tenho a menor ideia de onde a condessa possa estar neste momento — disse o monge, constatando que sua vida não valia absolutamente nada naquele instante.

O conde desembainhou a espada e, com os olhos injetados de sangue, vociferou:

— Monge, o senhor não me interessa mais, e tudo aquilo que não me interessa eu mando para o inferno.

— Calma, senhor! — gritou o monge, apavorado ao ver a espada do conde subir e traçar um movimento no ar, apontando para o seu pescoço.

— Fale logo. Não tenho tempo para perder com um traidor, que não passa de um porco imundo — disse o conde com um ar de loucura em seu semblante. — Você não poderá viver; tudo o que aconteceu neste castelo envolvendo o nome de minha filha não deve jamais sair daqui.

— Ouvi várias vezes os monges dizerem que a condessa Helena é amiga fiel da condessa Ana, irmã de conde Júlio, o lugar-tenente de Sua Alteza Real — disse o monge, atropelando as palavras, com medo da reação do conde.

Felipe afastou-se um pouco, deixando que uma de suas servas tentasse estancar o sangue que escorria de um dos ferimentos em seu flanco esquerdo. Depois, aproximou-se do monge e disse:

– Já procurei a minha filha nesse condado, e a condessa Ana disse que Helena não havia aparecido por lá.

– Soube que no castelo de conde Júlio e de sua irmã existe um lugar secreto que pouquíssimas pessoas conhecem.

"Já desconfiava desse lugar secreto, mas não tinha certeza. Agora me resta obrigar o conde Júlio e a condessa Ana a devolverem minha filha", pensou o conde, fazendo um gesto com a mão para retirarem o monge da sala e o encarcerarem novamente. O homem sentou-se em sua cama, enquanto a serva terminava de cuidar dos ferimentos.

– Não tem como tirar Helena do castelo de conde Júlio, a não ser à força, à custa de derramamento de sangue – murmurava, tentando se manter firme, enquanto os ferimentos eram tratados. O suor tomava conta de seu rosto, quase levando-o a desmaiar, mas guerreiros, principalmente, os Cavaleiros do Rei, achavam-se acima da dor, da vida e da morte.

– O que o senhor falou? – perguntou a moça que fazia os curativos nos ferimentos deixados pela perigosa espada do príncipe Ricardo.

Em vez de responder, o conde entornou um grande gole de vinho, cerrando os dentes, e se deitou. Não se sabia se havia adormecido ou desmaiado. A mulher que cuidava dele correu e chamou seu guarda de confiança, que veio saber o que havia acontecido.

Abínio notou que seu senhor estava febril e deu ordens para que fossem feitas imediatamente algumas infusões de plantas, a fim de combater o estado febril.

Enquanto isso, Felipe sonhava que corria loucamente em seu cavalo, enquanto sua espada parecia haver adquirido vida, destruindo tudo o que encontrava pela frente. Sentia um grande prazer quando as cabeças rolavam sob a inclemência do fio da perigosa arma. Observou também que se encostava em uma casa confeccionada de pedra e deitava-se ali, tremendo de frio, quando notou que alguém se aproximava, deitando a cabeça dele em seu colo. Entre um carinho e outro, a pessoa perguntou:

– Será que você não vai se unir nunca ao Nosso Criador?

Era o espírito Isabel, que, em lágrimas, levantava os olhos para o alto pedindo a Deus por aquela criatura que tinha o coração e a alma em fogo, querendo sangue e vingança, em nome das convenções imperfeitas do homem que ainda habita este mundo inferior.

A mulher mantinha a cabeça do conde no colo. Falava suavemente:

– Sempre estarei com você. Quando queria acabar com a vida de Helena, eu tentei dissuadi-lo daquela monstruosidade e, graças a Deus, consegui. Não sei até quando estarei com você; nosso superior já me disse que você, a cada dia que passa, compromete-se mais com o lado negativo da existência que Deus lhe deu.

A mulher fez uma pequena pausa e, sorrindo, acrescentou:

– Meu querido, em um futuro bem distante entenderemos tudo o que está acontecendo. Os espíritos enviados por Jesus serão responsáveis pela elaboração de uma belíssima doutrina que não vem destruir as que já temos, mas sim dará continuidade aos ensinamentos divinos.

O guerreiro abriu os olhos, notando que o frio havia passado, e ficou pensativo, observando que fora atendido por uma bela senhora. Olhou para o lado e viu seu cavalo deitado próximo a ele. Então montou e cavalgou rumo à batalha que se desenrolava naquele momento, gritando:

– Acabarei com todos vocês.

– Calma, senhor! A febre já passou.

O conde Felipe abriu os olhos e, com um ar apavorado, tentou levantar-se, mas não conseguiu. Sentia-se fraco e suava bastante.

– O que houve?

– O senhor desmaiou e quase não acorda mais. Um dos ferimentos infeccionou, causando-lhe uma febre quase incontrolável, que o levou ao outro mundo, como dizem os padres.

– Tive um sonho horrível – murmurou o conde, enquanto as servas enxugavam o suor do nobre.

– Senhor, tome cuidado, senão poderá morrer. Já esteve aqui o rei, e ele disse que, assim que o senhor acordasse, era para avisá-lo – disse seu guarda de confiança.

– Há quanto tempo estou aqui deitado?

O soldado olhou para a moça que o tratava, e ela respondeu:

– Há dois dias, senhor.

– O quê? Não pode ser verdade.

Abínio baixou a cabeça e ficou em silêncio; não poderia confiar naquele homem.

O conde levantou-se e, ainda sentindo-se fraco, olhou através da janela do castelo e percebeu que amanhecia. "Se eu me apressar, antes do entardecer estarei no castelo de conde Júlio."

– Prepare imediatamente uma guarnição. Farei uma visita a conde Júlio – disse Felipe, fazendo um grande esforço para se manter de pé. – Antes de partir, porém, vou atender à ordem de Sua Majestade.

– Senhor!

– O que houve?

– Sua Alteza Real está hospedado no castelo de conde Júlio.

Conde Felipe sentiu a vista ficar turva. Sentou-se na cama, sendo logo atendido pelas servas que o tratavam.

– Senhor, acho mais prudente tentar se fortalecer primeiro. Do jeito que está fraco, não conseguirá viajar – disse o soldado, entendendo o que havia acontecido quando informara que o príncipe estava hospedado no castelo de conde Júlio.

"Então, ele deve saber de tudo. E também já deve ter se encontrado com aquela minha filha ingrata. Vou acabar com a vida daquele desgraçado", pensou conde Felipe.

– Senhor, acalme-se! Se viajar nesse estado, não chegará com vida – insistiu o soldado, notando a agitação do conde e olhando de soslaio para a serva que enxugava o suor da testa do nobre.

CAPÍTULO XX

O ENCONTRO ENTRE O PRÍNCIPE E HELENA

Caía uma chuva fina e irritante, enquanto o sol aos poucos desaparecia no horizonte.

Ao sair do castelo, o príncipe fitou o tempo e, olhando de viés para o primo, perguntou:

– Será que essa chuva vai aumentar?

– Não tenho dúvidas. Poderemos adoecer se cavalgarmos a noite toda sob essa chuva e esse frio – respondeu conde Júlio, pulando sobre uma poça d'água no pátio do castelo. – Além disso, não sei se conseguiremos vencer esse péssimo tempo a fim de chegarmos ao nosso destino. Vamos mandar preparar a carruagem real, atrelada por quatro ou seis bons cavalos, e, antes do amanhecer, estaremos entrando no condado – acrescentou o conde, sabendo de antemão que o príncipe não aceitaria.

– Júlio, lembre-se de que já vencemos situações piores quando em batalha. A noite está mais clara, pois tem lua, o que nos ajudará a enxergar o caminho com mais clareza.

Além disso, estamos agasalhados – disse o príncipe. – Andar dentro de uma carruagem puxada por animais não é coisa para guerreiros como nós, que terminamos de vencer uma guerra. – Ricardo pensou por alguns instantes e, fitando o primo, rematou sua resposta com firmeza: – Quando se quer vencer, não existem obstáculos que atravessem o caminho sem ser retirados.

– Mas...

– Uma carruagem chamará muito a atenção dos curiosos da corte – cortou o príncipe.

– Não esqueça que você está ferido – alertou o primo. – Felipe é um ótimo guerreiro.

O príncipe encarou o conde, refletiu um instante e inspirou profundamente, antes de comentar:

– Os dias dele estão contados.

Dois belos cavalos de origem árabe aguardavam os jovens, sendo cuidados por seus escudeiros. O comandante do exército ainda ficou parado por alguns minutos em frente ao castelo, antes de, em um rompante, saltar sobre o cavalo e gritar:

– Vamos, Júlio?

O príncipe galopou rumo à saída das muralhas da Fortaleza Real, acompanhado de seu fiel amigo e primo Júlio.

– Que Deus nos proteja, primo! – gritou Júlio. – Cuidado com as armadilhas que poderemos encontrar neste caminho escuro.

– Conhecemos esse caminho como a palma de nossas mãos.

Depois de algumas horas galopando, a chuva cessou. Os cavaleiros apearam, deixando os animais descansarem, beberem água em um córrego e também se alimentarem com a relva, abundante naquela região.

– Ricardo, acho que o dia está chegando – comentou Júlio, observando o horizonte.

– Antes de amanhecer, chegaremos ao castelo – disse o príncipe, a ansiedade transparecendo em suas feições.

Os rapazes ficaram em silêncio, fitando o céu, enquanto o sol lutava contra as trevas para iluminar a terra.

– Helena eu já sei que se encontra em seu castelo, mas e quanto ao meu filho? – indagou o príncipe, passando as mãos no rosto para enxugar a água da chuva.

Júlio foi surpreendido por aquela pergunta, pois não sabia o que responder. Sentiu-se emocionado ao pensar no filho do primo.

– Ela disse que foi obrigada a entregar o filho para uma serva de confiança de conde Felipe – respondeu o primo, narrando o que havia ouvido da própria Helena. – Depois que o recém-nascido saiu das muralhas do castelo do conde, ela não sabe qual foi o destino dele.

O príncipe apertava involuntariamente o punho da espada, enquanto pensava: "Se eu não encontrar meu filho, não tenho alternativa a não ser matar Felipe sem piedade".

– Cuidado com os pensamentos, Ricardo – alertou Júlio, como se adivinhasse o que se passava na cabeça do príncipe.

– Todo mundo tem de se responsabilizar por seus atos – comentou o príncipe. – Além disso, não acredito que o Deus dos padres passe a mão na cabeça de gente covarde como conde Felipe.

Ricardo encarou o primo e, sem falar mais nada, saltou sobre seu animal e gritou:

– Vamos, Júlio!

"Acabo com Felipe, nem que eu tenha que morrer junto com ele. Vamos juntos para o inferno", pensava Ricardo, apertando sem sentir as ilhargas do cavalo, fazendo-o relinchar de dor enquanto disparava em uma corrida desenfreada, acompanhado por conde Júlio.

Amanhecia. A guarda foi avisada de que dois cavaleiros se aproximavam do castelo em desabalado galope, como se fugissem de um inimigo muito próximo.

A condessa Ana, que não havia conseguido dormir desde a partida do irmão, observou um guarda abrir bruscamente a porta de sua sala particular e, antes de a moça perguntar qualquer coisa, foi logo informada de que dois cavaleiros se aproximavam do castelo.

– Você conhece os cavaleiros?

– Um deles é meu senhor, conde Júlio.

– Abaixe imediatamente a ponte levadiça – ordenou a condessa, visivelmente nervosa.

O guarda voltou e transmitiu as ordens ao comandante da guarda do castelo. A ponte foi abaixando, enquanto os cavaleiros se aproximavam, atravessando-a depois ao ritmo do galope dos cavalos. Os rapazes então saltaram dos animais em movimento, enquanto o conde caía emocionado nos braços da irmã, que os esperava diante do castelo. A moça chorava emocionada.

– O que houve, irmã?

– Nada. Somente emoção e felicidade por saber que você voltou.

O príncipe Ricardo mantinha-se em silêncio, observando discretamente os irmãos se cumprimentarem. Após os abraços, Ana fitou o rapaz forte, queimado de sol e com os cabelos soltos ao vento com um olhar penetrante e enérgico.

– Ricardo, como você está diferente – disse Ana com reserva, afinal de contas, ele era o príncipe. – Seja bem-vindo, Alteza – disse a condessa, fazendo as reverências protocolares.

O rapaz aproximou-se sorrindo e abraçou a prima.

– Quando eu for rei, vocês vão morar no Castelo Real comigo.

Ana sentiu um calafrio, percebendo que a intenção do príncipe era controlar o Cadal.

– Espero que tio Otávio tenha longa vida – disse a prima, correspondendo ao abraço de Sua Alteza Real.

– Eu também. Não quero perder meu pai muito cedo, porque ele é quase tudo para mim – comentou o príncipe com um sorriso. – Mas, minha querida Ana, todos nós vamos ter que morrer um dia.

O príncipe olhou para os lados como se procurasse alguém, depois fitou a prima, perguntando-lhe algo com o olhar.

– Se estiver procurando Helena, não vai encontrá-la. Ela deve estar dormindo – comentou a prima, agora mais à vontade em frente daquele rapaz com o qual era acostumada a brincar quando era um rapazinho na corte. Agora, havia se tornado um homem de porte imponente, que não escondia sua autoridade como comandante do exército do Cadal. – Ela está muito fragilizada; fiquei com pena de acordá-la tão cedo.

O príncipe sentiu uma forte emoção ao saber que Helena estava tão perto dele. A prima, sem desconfiar de seus sentimentos, segurou o braço dos dois rapazes dizendo:

– Agora vão se lavar e trocar essas roupas molhadas por outras mais decentes e enxutas, ou adoecerão.

– Vamos, Ricardo! – convidou o primo. – Depois você encontra Helena com mais calma.

Ambos subiram para seus aposentos. No castelo dos condes havia aposentos destinados ao rei, para quando este fizesse alguma visita. Todos os castelos localizados no Cadal, por lei, pertenciam à corte, embora seus donos de origem fossem respeitados.

Os rapazes trocaram de roupa e subiram ao último pavimento, onde estava preparada uma mesa com várias iguarias.

– Sirvam-se à vontade! Devem estar com fome – disse Ana, apontando a mesa posta.

Após alguns minutos, que duraram um século para Ricardo, ansioso que estava para falar com sua amada e abraçá-la, Ana, com ar maroto, aproximou-se sorrindo e, com o semblante demonstrando guardar algum segredo, soprou no ouvido do príncipe e primo:

— Helena acordou e, como de costume, está orando na capela. Gosta de se confessar quando o nosso capelão vem nos visitar.

— Como você sabe?

— Ao acordar, ela me cumprimentou e foi em direção à capela – respondeu a prima. – Ela perguntou se Júlio já havia chegado.

— O que você respondeu?

— Que sim, e que depois contaria o que houve na corte, mas não disse que você estava aqui.

O príncipe riu e beijou a face da prima.

— Obrigado, querida. Sempre fazendo das suas.

Ana falou em voz baixa:

— Ricardo, cuidado com o que vai falar com ela! Lembre-se de que Helena sofreu bastante, principalmente para manter firme o propósito de ter seu filho, portanto ela se encontra bastante frágil com toda essa história, da qual não gosta de se lembrar.

O príncipe, enquanto pensava, cerrava o maxilar como se quisesse conter algo que ia dentro de si, ao mesmo tempo fitando um ponto distante ao ouvir a prima. "Uma cobra tem de morrer e, depois, sua cabeça deve ser cortada, senão não adianta nem perder tempo", pensava o rapaz, passando a mão no rosto.

— Não se preocupe, Ana. Sei de tudo o que aconteceu.

— Tio Otávio já sabe o que aconteceu, envolvendo seu melhor amigo, o conde Felipe?

— Não. Porém, tudo indica que ele desconfia de algo, embora ainda não tenha exposto abertamente suas desconfianças – respondeu o rapaz, apertando o punho da espada.

A moça fitou o solo, procurando palavras adequadas para articular sobre o filho do príncipe.

— Onde será que Túlia escondeu o pequeno príncipe?

— Ainda não pensei no assunto – respondeu o primo, passando as mãos no rosto, querendo esconder assim a tristeza que essa lembrança lhe causava. – Depois de conversar com Helena, iremos nos dedicar a procurar nosso filho.

– Acho que Túlia e Aquino devem saber o destino da criança – comentou a condessa com ar preocupado.

O príncipe soltou um profundo suspiro, pôs a mão no punho da espada e, encarando a prima, falou:

– Aquino, Túlia, Felipe e os guardas que mantiveram Helena presa, todos eles pagarão se por acaso eu não encontrar meu filho.

– Calma, Alteza!

– Mandarei decapitá-los em praça pública, para servirem de exemplo àqueles que não respeitarem a Coroa – disse o príncipe, o rosto transformado em um ricto de ódio.

Após se acalmar, ele segurou os ombros da condessa Ana e acrescentou:

– Sabe dizer se Helena já pôs nome no nosso filho?

– Sim. Mas quem vai lhe dar essa informação é sua própria amada. – O príncipe ficou em silêncio. – Vamos, Ricardo! Vou lhe mostrar o lugar onde Helena sempre gosta de ficar perdida em seus pensamentos – disse, segurando o braço do primo e encaminhando-se para um local onde se podia observar o contorno de uma bela capela.

※

A capela era pequena, com uma cruz de madeira que se destacava à frente e no alto da graciosa construção. Feita de pedra, era erigida em meio a pequenas árvores frutíferas e belíssimos jardins, que a enfeitavam, tornando-a aprazível. Antes de entrar na capela, havia um caminho adornado por pequenas pedras e uma vegetação rasteira e florida, que ornamentavam a majestosa alameda.

– Ana, ainda não tinha visto esta capela.

– Você nunca se interessou por religião – comentou a prima com um sorriso. – Quando passava uma temporada aqui no castelo, seu esporte preferido era caçar e explorar a floresta que, às vezes, serve de esconderijo para bandidos procurados pela corte.

O príncipe sorriu, lembrando-se de algo importante da época em que era um adolescente.

– Não esqueça que você e o Júlio causaram muitos problemas aos nossos pais, principalmente à minha mãe, pois os rebeldes que se escondiam dentro desta floresta queriam raptá-los e cobrar do nosso pai um pesado tributo.

– Nunca esqueci que o tio passou vários dias nos procurando enquanto a gente brincava com os rapazes, filhos dos rebeldes – disse a moça, rindo.

– Eu era uma criança, mas lembro que minha mãe quase ficou louca com o desaparecimento de vocês.

Ambos de repente ficaram em silêncio; a porta da capela estava próxima.

Ana beijou a face do primo e comentou:

– Entre e logo verá sua amada ajoelhada na primeira fileira de bancos, próximo ao altar.

– Obrigado, querida, por tudo o que fez por nós.

Ana começou a voltar para o castelo, enquanto o príncipe caminhava rumo à capela.

Ricardo, ao chegar à porta, fitou o teto da bela capela, lugar onde os nobres do condado, conhecidos por serem católicos, faziam suas orações. Apesar de a pequena ermida estar com as janelas abertas, sendo seu interior claro, o príncipe teve de ir acostumando a visão, até que enxergou uma mulher ajoelhada, o rosto voltado para uma grande cruz folheada a ouro, que retratava a crucificação de Jesus, posta no alto da parede onde ficava o pequeno altar.

A cabeça do Cristo pendia, enquanto o sangue, pintado na escultura, parecia respingar no solo de tão real. Era essa a cena que se apresentava aos olhos do poderoso comandante do exército. Ele pôs um dos joelhos ao solo e baixou a cabeça em respeito, depois se levantou, tirando do cinto a espada junto com a bainha e colocando-as em um dos bancos. Manteve-se de pé, os braços cruzados, e ficou alguns minutos observando a bela silhueta de sua amada. Seus olhos assumiram um brilho diferente e ansioso; parecia que tudo havia adquirido mais vida e mais cor.

Helena, além de linda, era elegante e tinha um porte altivo. Trajava um belo vestido longo azul-celeste, justo ao corpo, com amplas mangas que desciam até o punho, bordadas com um tipo de renda dourada; na cintura, preso ao vestido, um cinto de ouro formando um V dava graciosidade à peça. Na frente da vestimenta, com um corte em V, a jovem usava um broche de ouro com um grande rubi preso no final do decote. Tinha os cabelos presos para trás por uma bela tiara de pedras preciosas. Ricardo, de longe, escrutinava a nobre, sentindo todo o amor que nutria por ela. Seus lábios se abriram em um sorriso sincero e, pela primeira vez desde que chegara, sentiu-se relaxar. Um bem-estar envolveu seu coração, dando lugar a uma felicidade genuína.

Helena, sem saber da presença do amado, levantou-se e benzeu-se, colocando sobre o vestido um véu cor-de-rosa. Depois ajeitou suas luvas e já se encaminhava para a saída da bela capela do castelo, quando de repente sentiu algo diferente, notando então um homem em silêncio, de braços cruzados, no meio da pequena ermida, encarando-a. A luminosidade que irrompia porta adentro a impedia de ver o rosto do homem.

– Quem será? Deve ser alguém que veio fazer suas preces – murmurou a bela condessa, e continuou em seu caminho de cabeça erguida, os olhos fixos na porta.

O espírito Isabel, que havia pedido permissão aos superiores para presenciar o encontro da filha com o príncipe, emocionou-se. Sentiu vontade de abraçar Helena, porém aquietou-se, apenas aguardando.

CAPÍTULO XXI

UM GRANDE AMOR

À medida que se aproximava da porta da capela, Helena sentia um estranho frêmito pelo corpo. Cruzou o corredor formado pelos bancos, relanceando o olhar para o homem ao longe, sentindo o coração pular dentro do peito, as mãos tremerem, a vista ficar turva, e gotículas de suor inundaram seu belo rosto. O sopro de uma suave brisa fez seus cabelos esvoaçarem, caindo-lhe pelos ombros. "Meu Deus! Não posso acreditar no que estou vendo", pensou. Parou, pôs a mão no peito e tentou respirar, mas a emoção foi mais forte, e o ar não fez seu trajeto normal. "Acho que vou morrer..." A cabeça ficou pesada. A capela parecia rodar com todos os seus santos, bancos, vitrais e teto. Sem suportar o impacto daquele encontro tão desejado, caiu ao solo.

O príncipe permanecia calado, com um olhar penetrante, parecendo hipnotizado pela bela visão da amada, só despertando quando a viu desabar ao solo. Correu apreensivo e a tomou nos braços, conduzindo-a imediatamente ao castelo.

A condessa Ana ficou apavorada diante daquela visão; não podia imaginar que aquele reencontro fosse causar tamanho choque na amiga, muito menos a ponto de lhe causar um desmaio.

– Calma, Alteza, ela apenas desmaiou devido à surpresa de vê-lo novamente – disse a condessa Ana, observando seu irmão, conde Júlio, paralisado, sem nada poder fazer.

Após alguns minutos e procedimentos postos em prática por Ana, a amiga aos poucos foi voltando ao normal.

– O que aconteceu? – perguntou a condessa Helena, tentando se localizar ao voltar a si.

– Nada! Apenas um pequeno desmaio.

– Eu vi meu príncipe no meio da capela.

O príncipe estava de braços cruzados, caminhando inquieto na sala ao lado, a pedido da prima. Ana fitou a amiga e sorriu, enquanto trocava olhares de cumplicidade com o irmão.

A condessa Helena sentou-se na cama, ajeitou os cabelos e o vestido, levantando-se em seguida. Ao se voltar para a amiga, não a encontrou mais no quarto, tampouco conde Júlio. Ouviu alguém bater à porta e, pensando ser uma das servas, ordenou:

– Entre!

O príncipe entrou devagar, tomando muito cuidado para não ocasionar outro choque na jovem. Fechou a porta atrás de si e cravou seus olhos na figura sensível e bela de Helena. Seus olhos brilhantes e orgulhosos traziam no íntimo a saudade e o amor que sentia pela bela jovem.

Helena pôs a mão no peito, sentando-se. Seus lábios abriram-se em um sorriso de fascínio, a voz inicialmente abafada pela emoção ao ver o homem que tanto amava. Contudo, aquela reação não durou muito tempo. Suspirando, piscou algumas vezes e balbuciou:

– Então é verdade? É você mesmo?

O príncipe nada falou; apenas caminhou em direção à moça e a abraçou com toda a sua força, como se quisesse fundir seu corpo no da mulher amada, enquanto murmurava em seu ouvido:

— Você é o maior presente que já recebi nesta vida após voltar com vida de uma guerra.

A moça sentiu os braços fortes do pai de seu filho em volta de si e, naquele momento, todos os medos e angústias desapareceram, e lágrimas quentes rolaram por sua bela face, um pranto alimentado por um sentimento forte e verdadeiro.

Aconchegou-se mais ao peito do amado e distribuiu pequenos beijos em todo o entorno. Os lábios quentes dele tomaram os dela em um beijo ardente e demorado, traduzindo toda a necessidade de meses de espera. O tempo deixou de existir e, em vez de avançar, apenas girava, em uma doce repetição de minutos.

O amor é um sentimento tão nobre e belo, que nem os poetas de todos os tempos conseguiram descrever nem viver esse sentimento tão bem quanto Jesus, o Mestre Divino. O amor não nasce; ele já existe, pois é eterno, e somente o que é eterno pertence a Deus.

Ricardo afastou-se, um pouco ofegante, e, fitando a moça, conduziu-a para a sala ao lado. Então se sentaram, permanecendo em silêncio por longos minutos. Uma serva colocou sobre uma mesa ao lado vários quitutes e saiu, porque a ordem da condessa Ana era deixá-los em paz, uma vez que ambos tinham muitas coisas a conversar. Aos poucos, os jovens foram voltando ao estado normal, deixando para trás toda aquela surpresa. Passaram a falar sobre o longo tempo em que haviam estado longe um do outro.

Helena segurou a mão do príncipe e carinhosamente o conduziu até um belo jardim localizado no interior do castelo, rodeado por várias passagens em forma de arco, por onde passavam o vento e a luz solar, tudo construído com a finalidade de manter as flores vivas e vibrantes, adornando com alegria aquele pedaço do belíssimo castelo. O jardim fora construído com a intenção de manter uma área de lazer íntima, onde aquela família secular pudesse conversar longe dos olhares indiscretos de servos, escravos e inimigos. O local era guarnecido por soldados cujo objetivo era manter a segurança dos nobres.

A moça, abraçada ao príncipe, indicou um banco rodeado por petúnias para se sentarem. Em um movimento tipicamente feminino, colheu uma flor e a beijou sorrindo, depois a colocou no bolso da túnica do amado.

O rapaz tirou a pesada espada e a colocou em outro banco, abraçando a condessa pela cintura. Com um sorriso e gestos delicados, fez com que se sentasse em seus joelhos, beijando-a na testa, nos olhos e, por último, nos lábios novamente. Ambos se entregaram aos carinhos dos enamorados que se amam sob o manto de Deus. O amor tem luz, que ilumina apenas aqueles que estão em sintonia com tudo o que é eterno.

Permaneceram em silêncio por alguns minutos, entreolhando-se como se estivessem com medo de falar e deixar aquele momento mágico escapar.

Ricardo sentou-a no banco, levantou-se e foi até uma das passagens do jardim, por onde se podia observar uma bela paisagem que ia além das muralhas do castelo. Vislumbrou ao longe um caminho que conduzia ao sopé da montanha, pois a fortaleza fora erguida sobre uma rocha, ficando assim protegida das investidas de aventureiros e inimigos dos nobres que habitavam aquele castelo.

Helena observava sutilmente os movimentos do príncipe enquanto pensava: "Ele não sabe como iniciar as perguntas. A essa altura, Júlio já o informou de tudo o que aconteceu comigo em sua ausência". Levantou-se e foi até o lugar onde ele fitava a estrada, única via de acesso ao castelo, e o abraçou pelas costas.

Ele envolveu as delicadas mãos da moça em sua cintura por alguns segundos, depois virou-a e beijou-lhe as mãos:

— Minha querida, estou esperando que me narre o que aconteceu com você durante a minha ausência – comentou ele, sem olhar para a condessa, tirando uma túnica que vestia por cima dos trajes normais, ficando assim com parte da musculatura acima da cintura à mostra, podendo ser vistas as cicatrizes adquiridas nas batalhas.

A moça vislumbrou o tronco do namorado e, com os dedos, começou a acariciá-lo, até notar uma atadura que cobria um ferimento.

– Querido, que ferimento é este que ainda não sarou? – perguntou a moça preocupada. – Os ferimentos da batalha já deviam estar curados.

– Este ferimento é novo, mas já está quase cicatrizado. Não se preocupe com isso.

– Quem fez este corte que ainda precisa de cuidados?

– Seu pai – respondeu o príncipe. – O velho conde é um ótimo lutador – rematou ele com um sorriso irônico nos lábios.

A condessa sentiu as pernas tremerem enquanto refletia: "Meu Deus, ele já sabe de tudo, inclusive já se bateu com meu pai". Abraçou o príncipe para não cair. Ele apertou-a, segurando-a de encontro ao peito, e a conduziu ao banco, notando seu quase desfalecimento. Ajudou-a a se sentar, segurando sua mão, e se sentou também, aguardando o que ela tinha a dizer. Após alguns minutos, a condessa Helena passou a narrar sua história, desde o momento em que sentira que estava grávida até o dia em que fugira para o castelo de conde Júlio e da condessa Ana.

– Vou matá-lo em praça pública – balbuciou o príncipe.

– Meu querido, você disse algo que não ouvi direito? – indagou Helena.

– Esqueça, minha querida! Estou pensando em voz alta.

Ricardo aproximou-se de Helena e, segurando-a pelos ombros, fitou seus belos olhos cuja cor mudava conforme seu estado de humor e, em voz baixa, indagou:

– Onde está nosso filho?

Helena, que chorava, fitando o solo, ergueu a vista e, pensando com calma, respondeu-lhe:

– Não sei. Só sei que quem ficou encarregada de sumir com ele foi nossa serva Túlia, que deixou a corte não se sabe para onde.

O príncipe aproximou-se de mais uma passagem em arco, esta se abrindo para uma floresta, e passou as mãos no rosto, enxugando com raiva um suor frio, que descia mesmo contra sua vontade, porque não admitia que um homem demonstrasse qualquer sinal de medo, principalmente ele, que era o todo-poderoso comandante do exército do Cadal. "O que pensaria meu exército se visse seu chefe supremo apreensivo desta maneira?", refletiu.

Helena aproximou-se e, abraçando-o, notou o temor em seu olhar. Beijou-lhe o rosto, os olhos e a boca, encostando a cabeça em seu ombro. O príncipe a apertou contra si, e o silêncio deixou no ar muitas palavras que não precisavam ser ditas para serem entendidas.

Ricardo afastou-se um pouco da condessa, recompondo-se, e, com autoridade, chamou um guarda que mantinha a segurança do jardim, ordenando-lhe:

– Diga a conde Júlio que quero falar com ele imediatamente.

– Sim, Alteza.

Helena sentiu que seu amado havia tomado uma decisão, que talvez envolvesse sangue, morte e lágrimas. Tudo indicava que iria procurar o filho e tomaria medidas drásticas contra os culpados. Furioso como estava por estar separado de seu filho, não hesitaria em mandar matar quem atravessasse seu caminho.

– Querido, calma! – disse a moça, abraçando o homem de sua vida. – Sei que você tem razão, aliás, toda a razão de punir aqueles que nos fizeram mal, mas minha mãe me ensinou que não devemos tomar a justiça em nossas mãos.

– Depois de tudo o que aconteceu com você, principalmente com o meu filho, nascendo numa cela imunda como um filho de um condenado qualquer, não me peça para ter misericórdia desses monstros – disse o príncipe, fitando intensamente Helena, enquanto se esforçava para não perder o controle. – Vou procurar essa mulher que fugiu com meu filho nem que seja no inferno e depois punir todos com morte em praça pública.

— Meu amor, Túlia não tem culpa de nada; pelo contrário, ela salvou nosso filho.

Nesse momento, timidamente, conde Júlio entrou no jardim e caminhou em direção ao primo, perguntando:

— Você me mandou chamar?

— Júlio, prepare com seus homens uma guarda armada. Vamos viajar por este reino até eu encontrar meu filho – ordenou o príncipe, afastando-se da condessa.

— Às suas ordens, Alteza. Acho que tem toda a razão em desejar procurar pelo pequeno príncipe – disse Júlio com ar de quem estava satisfeito, pois adorava aventuras.

Os jovens ficaram calados por alguns instantes, até que a condessa Ana apareceu e, adivinhando o assunto que estava sendo tratado, indagou:

— Por onde começarão a busca pelo pequeno príncipe?

Sem obter resposta imediata, a condessa prosseguiu, entendendo o olhar da amiga:

— Quando Helena chegou aqui, o soldado Aquino a acompanhava. Como sabíamos que conde Felipe estava no encalço da filha, pela lógica, ele encontraria aqui o responsável pela fuga. Sendo assim, arranjei uma maneira de Aquino fugir para terras bem distantes.

— Ana, sabe dizer para onde Aquino fugiu? – perguntou o príncipe.

— Sim.

— Então nos informe o lugar para onde esse soldado fugiu. Ele sabe o destino de Túlia – pediu Ricardo com ansiedade, segurando os ombros da prima.

— Calma!

— Não temos tempo a perder, prima.

Em um canto mais afastado do belo jardim, os soluços da condessa Helena se fizeram ouvir pelo príncipe, que rapidamente aproximou-se dela e a abraçou, tentando acalmá-la.

— Não se preocupe – prometeu o príncipe. – Nada faremos contra Aquino e Túlia, porque sabemos que eles não têm culpa do que aconteceu.

Após alguns minutos em silêncio, Ricardo, mais calmo e carinhoso, fitou sua amada e, beijando-a, quis saber:
– Você já pôs um nome em nosso filho?
– Sim.
– Qual é?
A condessa Helena passou as costas da mão no belo rosto, tentando enxugar as lágrimas enquanto respondia com um sorriso:
– Ricardo. Se um dia ele se tornar rei, será Ricardo II.
O príncipe sorriu emocionado. Prendeu seus lábios nos da amada, beijando-a intensamente. Depois afastou-se, seguindo seu trajeto em silêncio, pensando até mesmo em orar ou falar com Deus – algo que havia aprendido com os padres –, pois, apesar de não ser religioso, tinha suas convicções a respeito de uma Divindade Maior.

CAPÍTULO XXII

A HISTÓRIA CHEGA AO REI

Felipe notou que seu corpo tremia, não sabia se porque estava ferido e tinha perdido muito sangue, ou por se sentir com os nervos à flor da pele, embora não aceitasse essa última hipótese. Afinal de contas, era um homem que não conhecia a palavra "medo". Não concatenava as ideias, mas não poderia deixar de atender à ordem do rei Otávio III. Após ser ajudado por seus soldados, entrou em uma carruagem e se dirigiu ao Castelo Real.

Enquanto a carruagem se deslocava, o conde pensava em como conseguiria sair daquela situação. Sabia que o rei desejava conhecer o motivo de seu duelo com o filho, o príncipe Ricardo.

Em qualquer época, o homem sempre procurou dominar o ser humano. Fome, guerra, violência, incluindo as carnificinas, são frutos do orgulho, do egoísmo e da vaidade, defeitos inerentes à humanidade inferior que habita mundos como a Terra, tentando desculpar o terrível mal que ainda impera na

Terra, que é o ser humano querendo dominar o seu próximo. Trata-se de reminiscências de um passado distante, quando o homem ainda procedia como animal, onde era preciso dominar o outro para sua sobrevivência. O ser humano não está satisfeito com os bens acumulados; ele quer poder, domínio, como se quisesse ser Deus.

Conde Felipe, naquele momento, pensava em possuir a Coroa, pois sempre quisera usurpar o trono do rei. Por isso odiava o príncipe, que era o primeiro na linha de sucessão, encontrando assim desculpas no namoro da filha para acusar Sua Alteza Real pelo que acontecera à condessa Helena: ter um filho sem o sagrado compromisso do casamento.

Ao aproximar-se do majestoso Castelo Real, Felipe sentiu um frio esquisito, todavia não deu muita atenção a essa sensibilidade, que em sua vida era praticamente descartada, uma vez que o poder falava sempre mais alto. Se ele pudesse observar um ser invisível que estava sentado ao seu lado, um homem de feições maléficas, todo sujo e ensanguentado, abraçando-o e incentivando-o a enfrentar o rei, talvez sua história pudesse ser diferente. No entanto, o ser humano ainda não acredita como deveria no mundo espiritual, aquele sobre o qual o próprio Jesus nos falou: "Meu reino não é deste mundo".

Às vezes o homem obedece cegamente às inteligências ocultas, porque não acredita que haja um mundo invisível, mundo esse que, segundo as religiões informam, será nosso destino após a morte.

Dias virão em que o mundo sairá dessa escuridão, e os enviados do Senhor levantarão os véus de Ísis, mostrando que somos espíritos imortais. Quando isso acontecer, o homem estará mais perto de Deus.

Ao atravessar a ponte levadiça, que se estendia sobre um fosso ao redor do monumental Castelo Real, o conde Felipe sentiu dores, além de uma fraqueza que o deixou com medo de subir os degraus e falar com o rei no suntuoso Salão Real, localizado no terceiro pavimento da fortaleza.

A guarda o esperava.

Dentro de alguns minutos, o rei, sentado em seu trono, observou por alguns instantes seu amigo de juventude, ordenando depois que ele fosse encaminhado a um grande salão, lugar onde Sua Majestade Real tratava de assuntos extremamente sigilosos.

O rei apareceu no salão reservado, fazendo o conde se levantar com dificuldade para prestar as reverências protocolares.

– Seja bem-vindo, Felipe. Eu o aguardava com certa ansiedade – disse Sua Majestade, aproximando-se e abraçando-o, afinal de contas eram velhos amigos de infância.

– Estou à disposição de Vossa Majestade – disse o conde, demonstrando respeito e subserviência ao seu soberano. Em seguida, sentou-se.

Otávio III ordenou que fosse servido vinho à visita e, após, os guardas os deixaram a sós, mantendo a segurança à porta pelo lado de fora.

Conde Felipe mantinha-se em silêncio; estava com medo do que poderia acontecer consigo caso o rei soubesse do motivo pelo qual se batera em duelo mortal com seu filho, o príncipe Ricardo. "Acho que me precipitei em tomar determinadas decisões a respeito da gravidez de Helena e em haver exilado o filho dela", pensava, inspirando profundamente, pois sentia as dores dos ferimentos causados pela luta com o príncipe. "Mas não estou arrependido; meu desejo é acabar com Ricardo; pena que não tenha acertado um golpe mortal. Ele é um exímio lutador com qualquer tipo de arma. Se houver uma próxima oportunidade, ele não viverá para contar a história, então o caminho estará livre para que eu lute e assuma meu lugar no trono", continuou a pensar conde Felipe. "Os obstáculos que aparecerem em meu caminho, mandarei varrê-los do mapa."

O rei, por sua vez, caminhava inquieto no grande e belo salão onde realizava as reuniões de cunho secreto com seus cavaleiros. Encheu de vinho um recipiente, talvez parecido com uma caneca, e o entornou, derramando o líquido pelos cantos da boca. Passou as costas da mão nos lábios, tentando limpá-los, e, como se falasse para um ser invisível, fitou o vazio com seus olhos claros e firmes, indagando:

– O protocolo real me proíbe de fazer esse tipo de pergunta, mas, como não estou sabendo de absolutamente nada, sou obrigado a verificar qual foi o motivo desse duelo que houve entre meu filho e você. – O Soberano fez uma pequena pausa, soltando um profundo suspiro, e, como se falasse para si, acrescentou: – Indaguei ao meu filho o que houve entre vocês, mas ele não me respondeu. Só me resta, então, ordenar-lhe que me revele porque duelou com o príncipe.

O conde sentiu um choque, embora já soubesse da intenção do rei. Levantou-se com dificuldade e, fitando o amigo de infância, embora sentisse o braço doer, superou a dor e deixou transparecer no rosto apenas uma expressão esquisita ao lhe responder:

– Majestade, não esqueça que sou um descendente de família tradicionalmente nobre e Cavaleiro do Rei, exercendo as funções de conselheiro de guerra, além de comandante-geral da segurança da Corte Real.

O rei aproximou-se mais do conde e o fitou intensamente, mas permaneceu em silêncio. O conde continuou falando, sentindo que as dores aumentavam, mas não podia se intimidar com a presença do seu Soberano.

– Sendo assim, Majestade, eu, Felipe, conde de Messenas, sou responsável pelos meus atos, independentemente do que tenha feito, desde que não ofenda os protocolos reais ou que eu seja traidor do meu rei – rematou o nobre, mantendo seu porte altivo.

Enquanto o conde falava, o rei mudava de cor, sentindo o sangue fugir de seu rosto e se esconder em algum canto do corpo. Fitou as belas colunas que sustentavam parte do palácio. Notou que sua vista havia ficado turva, pois jamais ouvira alguém falar assim consigo, principalmente naquele tom de desafio. Olhou para uma mesa onde estava sua bela espada e pensou: "Tenho de tomar uma decisão urgente, senão irei morrer de ódio ou jamais serei o mesmo". Caminhou até a porta principal da sala, permanecendo alguns minutos em reflexão, enquanto observava as grossas cortinas sacudidas pelo vento que entrava pelas janelas. A brisa trazia cheiro de chuva, tornando aquele momento triste e também perigoso. O rei abriu a porta e fez um sinal, e entraram vários guardas reais. O comandante fez uma reverência e disse:

– Estamos às ordens de Vossa Majestade.

– Prendam-no – ordenou o rei, apontando conde Felipe, que mantinha o rosto erguido.

Os guardas se entreolharam, e o comandante se encaminhou para o conde, fazendo uma reverência.

– O senhor está preso – disse.

Conde Felipe passou as mãos pelos longos cabelos e caminhou em direção à porta, mas, antes de sair, disse em voz baixa, sem olhar para o rei:

– Um dia Vossa Majestade saberá a verdade, mas será tarde, porque o trono terá sido usurpado.

O rei saltou para perto da mesa com uma rapidez jamais vista antes, desembainhou sua espada e a ergueu no ar. Estava pronto para baixá-la sobre o pescoço do conde.

O espírito Isabel, entretanto, que sempre defendia Felipe, ajoelhou-se e pediu:

– Por favor, Majestade, não faça isso com seu melhor amigo!

Em um átimo de segundo, o rei pensou por um instante, conseguindo dominar a decisão de degolar o amigo de infância.

– Levem-no! – ordenou aos soldados.

Assim que o conde foi conduzido aos calabouços, o rei, quase correndo, dirigiu-se aos aposentos da rainha, encontrando-a deitada a conversar com sua serva.

Ruth ficou surpresa com a atitude do marido, pois ele jamais entrava em seus aposentos sem pedir permissão. Sentou-se na cama e tomou um pouco de água, notando que o marido estava transtornado. Com um olhar, ordenou que a serva deixasse o aposento.

— Sente-se, meu rei! Fique à vontade — disse a rainha com cuidado, pois conhecia muito bem o temperamento daquele homem.

Otávio não conseguiu sentar-se. Estava inquieto, e seu sangue parecia ferver em suas entranhas. Após alguns minutos, aproximou-se da rainha, que já havia se levantado, e narrou o ocorrido entre ele e conde Felipe.

— Conde Felipe está preso? Não posso acreditar que meu rei tenha ordenado isso — falou ela, colocando a mão no peito, como se sentisse falta de ar.

— Não vim aqui para dizer-lhe que mandei prender Felipe — rebateu o rei. — Vim para saber por que ele não quis me dizer o motivo que o fez duelar com o príncipe.

A rainha baixou a cabeça e começou a chorar. O rei não podia sequer imaginar os motivos que haviam levado conde Felipe a se bater em duelo com seu filho. O rei aproximou-se da rainha e, respirando com dificuldade, perguntou-lhe:

— Minha rainha sabe o motivo?

— Sei!

O rei afastou-se da esposa, como se temesse ouvir a verdade. Fitou o teto e as cortinas do aposento da Soberana enquanto se aproximava para indagar:

— E como eu nunca fiquei sabendo de nada?

— Porque a hora não era chegada.

— Então relate tudo o que sabe!

— Iremos para o Salão Real — disse a rainha com voz calma. — Vossa Majestade, quando estiver sentado em seu trono, fará um juramento. Então saberá de tudo o que lhe foi omitido por amor ao nosso filho.

O Soberano, após fitar a mulher por alguns segundos, saiu caminhando com rapidez rumo ao Salão Real, enquanto pensava: "O que será que esta mulher vai me revelar para ser preciso dar minha palavra de rei? Isso sem contar que, quando a corte souber da prisão de conde Felipe, comandante da segurança real, vai se perguntar por que o rei ordenou a prisão de seu cavaleiro de confiança".

Antes de a rainha se encaminhar ao Salão Real, entretanto, aproximou-se do nicho onde ficava sua santa de devoção e orou. Após alguns minutos, encontrava-se sentada em seu trono, fitando um ponto que somente ela vislumbrava.

Otávio III sentia-se inquieto; não conseguia sentar-se nem olhar para a rainha. "Esta mulher me traiu. Deve saber o motivo do duelo e nunca me revelou nada", pensava. "Não sei o que fazer... Assim que souber de toda essa história, deveria mandar executar a rainha e o conde, pois não admito traições no seio de meu reinado."

Após respirar fundo e se acalmar, o rei pôs a túnica real e sentou-se no trono. A rainha levantou-se, aproximando-se do trono real, e, ao fitar o marido, pediu:

– Quero do meu senhor a palavra de que não tomará nenhuma atitude contra conde Felipe antes de ouvir meu filho e a condessa Helena, pois tudo o que irei narrar eu ouvi pelos corredores da corte, ou seja, até o momento trata-se de boatos. Devemos tomar cuidado para não cometer uma injustiça.

Inspirando profundamente e tomando depois um pouco d'água, a rainha continuou:

– Sei que meu senhor e rei é um guerreiro, Soberano deste belo país, com uma responsabilidade muito grande, afinal de contas, é responsável pelo bem-estar e pela segurança de todo um povo.

Otávio mantinha-se em silêncio. As palavras da rainha de certa maneira o sensibilizavam, principalmente ao exaltar suas qualidades de soberano.

A rainha aproximou-se, segurou-lhe as mãos e, olhando fixamente nos olhos do marido, pediu com cuidado:

– Meu senhor e rei, jure que, após saber a verdade, vai tratar esse assunto com calma e sabedoria.

– Juro!

– Que vai mandar soltar nosso amigo, conde Felipe.

– Sim!

A rainha segurou a mão do rei e o conduziu então a uma cadeira acolchoada de três lugares, aproveitando para sentar-se ao lado do marido.

– Nosso filho não é somente um amigo da condessa Helena; é também seu namorado. Eles se amam.

O rei ficou pálido, notando que algumas gotículas de suor, causado pela notícia, escorriam por seu rosto. Quis se levantar, mas a curiosidade foi maior. Permaneceu sentado, a boca entreaberta como se quisesse falar; contudo, naquele momento, não tinha coragem de fazer nenhuma indagação. "Parece que o assunto é mais importante e grave do que eu imaginava", pensou, sentindo as mãos trêmulas.

A rainha narrou tudo o que sabia a respeito do que havia entre o conde Felipe, o príncipe Ricardo e a condessa Helena. Conforme a rainha ia contando a história que envolvia seu filho, o rei tentava se acalmar, tomando pequenos goles de vinho, controlando-se para não tomar nenhuma decisão radical nem precipitada.

Sem suportar a dor e a raiva que sentia, no entanto, a certa altura, Otávio levantou-se e saiu chutando o que encontrava pela frente. Tirou sua perigosa espada da bainha e saiu destruindo, a estocadas, vários objetos que adornavam o Salão Real, em especial algumas esculturas.

– Acalme-se, meu rei! – gritava a rainha, prevendo o pior.

– Mando degolar todos no mesmo dia para servir de exemplo. Quem traiu a Coroa será punido severamente com a morte – dizia o Soberano, os olhos injetados de sangue.

A rainha Ruth levou a mão ao peito e caiu ao solo, sem aguentar a fúria do marido, em particular quando sentenciara à morte todos os envolvidos na história que tinha terminado de ouvir.

As servas que estavam escondidas atrás das cortinas correram e ampararam a rainha, enquanto gritavam:

– A rainha está morta.

Uma delas se aproximou da rainha, colocando o ouvido em seu peito.

– Ela ainda respira, está viva – falou. – Vamos levá-la aos seus aposentos.

O rei também chegou perto da rainha, mas nada disse. Voltou a se sentar no trono e, como um louco, gritou:

– Guardas!

Rapidamente apareceu o comandante da guarda em atitude marcial, dizendo:

– Às suas ordens, Majestade!

– Traga-me imediatamente o conde Felipe.

– Mas...

– Conduza o conde até meus pés! – cortou o rei, sem deixar o comandante falar mais nada.

O guarda girou nos calcanhares e, quase correndo, dirigiu-se aos calabouços, onde se encontrava preso conde Felipe.

No canto do salão, o espírito Raul encontrava-se rindo como um louco.

– Isso mesmo, Otávio – gritava. – Mande degolar esse safado do Felipe e não passe a mão na cabeça desta mulher; ela é uma víbora em forma de gente.

Dois espíritos aproximaram-se de Raul e, entreolhando-se, passaram a fazer alguns gestos com as mãos sobre ele, até que, aos poucos, ele foi desaparecendo do ambiente.

– Conhece este irmão que terminamos de ajudar, Lívia? – perguntou Isabel.

– Sim. Nesta existência, ele foi o pai da condessa Helena – respondeu Lívia.

– Estou preocupada – disse o espírito Isabel enquanto fitava a rainha, ainda desmaiada.

– Com Ruth?

– Sim.

– Então vamos ajudá-la – convidou Lívia.

CAPÍTULO XXIII

FELIPE E FERNANDO

De cabeça erguida, conde Felipe caminhava à frente de quatro guardas rumo ao Salão Real, refletindo no que poderia lhe acontecer: "Acho que ainda hoje o rei vai mandar me executar; já deve saber de toda essa história que envolve a mim, Helena e o príncipe".

O rei, por sua vez, inspirava profundamente, sentindo o ar quase lhe faltar. O coração batia forte no peito e não conseguia pensar com clareza. As mãos estavam trêmulas e as pernas vacilavam, pois havia bebido muito vinho. Caminhava impaciente pelo luxuoso salão, sem saber direito o que fazer com o conde. "Não vejo alternativa a não ser mandar executar Felipe. Foi muito grave o que ele fez", pensava. "Espero que a rainha não esteja mais viva para presenciar o rio de sangue que vai correr neste reino", refletia o Soberano com sua pesada espada brilhando à luz das várias velas que iluminavam o ambiente real.

Enquanto o rei seguia com seus pensamentos, conde Felipe entrou no salão e permaneceu em pé diante de Sua Majestade Real, a cabeça baixa.

O Soberano olhou para seu comandante da guarda real, e os guardas imediatamente fizeram conde Felipe se curvar à força, até ficar de joelhos ante o rei Otávio.

– Prometi à rainha que o soltaria, mas não prometi que não mandaria executá-lo – disse o rei impassível.

O conde, de joelhos, ergueu a cabeça e, após pensar por um instante, indagou:

– Vossa Majestade já sabe o que aconteceu entre mim e o príncipe?

– Sim.

– Então por que vai mandar me soltar?

– Porque ainda não chegou sua hora de ir para o inferno – respondeu o Soberano. – Matá-lo assim, sem defesa, é pouco para pagar o que fez ao meu filho e ao meu neto.

O conde sentiu um frio esquisito percorrer seu corpo, ouvindo também uma gargalhada que o fez estremecer. "Não acredito em fantasmas, mas essa gargalhada não me é estranha", refletiu o conde.

– Agora entendo que tudo o que fez foi para usurpar meu trono, inclusive mandando desterrar meu neto para longe da corte. Por isso, sua morte é pouco para mim. Você tem que sofrer até que sua carcaça seja devorada pelos abutres, e não terá uma sepultura de ser humano.

Conde Felipe manteve-se calado, até que ouviu o rei ordenar que se levantasse e deixasse a corte. O conde se ergueu e, fitando o rei, aproximou-se para quase balbuciar:

– Ricardo vai destruí-lo. Sei que a qualquer momento aparecerei morto em um lugar deste reino, mas, mesmo do inferno, eu me vingarei.

O rei nada respondeu; apenas encarou o conde e, depois de alguns instantes, fez um gesto para o guarda, que rapidamente retirou Felipe do Salão Real, conduzindo-o para além das muralhas do castelo.

Ao se encontrar do lado de fora, Felipe ordenou que sua guarda pessoal conduzisse a carruagem rumo ao castelo de Fernando, duque de Alepo.

Durante a viagem, o conde notou que estava febril, embora nada sentisse; a dor do desprezo e da humilhação sofridos na corte conseguia ser maior que a dor física. "Eu sou o conde de Messenas, guardião desta corte. Não posso esquecer que, antes de morrer, devo acabar com a família real. Somente assim morrerei feliz", pensava ele. Olhou, através da portinhola da carruagem, a trilha escura, iluminada apenas pela luz do belo satélite da Terra: a Lua. Os cavalos puxavam com pressa a carruagem, orientados pelo cocheiro, enquanto o conde se mantinha pensativo, ora fitando as montanhas, ora o céu azul, alisando automaticamente sua longa espada, responsável pela morte de muitos guerreiros e inimigos.

"Por que Otávio não mandou me executar? Ele perdeu uma oportunidade de ouro de acabar comigo; agora será difícil eu voltar novamente ao castelo", continuava a refletir, quando de repente sentiu a carruagem parar e escutou o cocheiro acalmando os cavalos. Ficou tenso, levando a mão ao punho da espada, e esperou o que viria em seguida. "Será mesmo o que estou pensando?", indagou-se apreensivo. Fechou os olhos, mas seus sentidos estavam todos em alerta. Então percebeu a cortina da portinhola da carruagem ser aberta ligeiramente e alguém dizer em um sopro:

– Parece que ele está dormindo.

– Melhor, porque vai morrer sem sentir dor – disse alguém em uma voz sussurrante.

Felipe, velho guerreiro e estrategista, havia lutado em várias guerras e batalhas na conquista do Reinado do Cadal. Não teve dúvida de que o rei Otávio mandara matá-lo longe do castelo, para colocar a culpa nos assaltantes que infestavam o reino. Manteve-se calmo, fingindo dormir, quando de repente ouviu alguém afastar bruscamente as cortinas das janelas da carruagem e gritar:

– Matem-no!

Felipe, alerta, puxou o soldado que iria decapitá-lo e amparou o corpo dele na ponta de sua espada, enquanto pulava da carruagem, deixando os soldados momentaneamente desconcertados, pois não esperavam aquela reação dele. O conde saltou para o lugar do cocheiro e, em um golpe certeiro, degolou um outro, fazendo sua cabeça aterrissar longe da carruagem. Jogou longe sua capa e saltou para o solo, enfrentando três homens que não conhecia, mas logo entendendo que eram guardas do rei, portanto, homens que sabiam o que faziam com suas espadas. Traziam cruzes estampadas no uniforme – um indício de que eram homens de confiança do rei Otávio.

O conde pulou novamente para o lugar do cocheiro e retirou da cintura um punhal que manipulava com maestria. Atirou-o com rara destreza, acertando a garganta de um dos homens. Ouviu dele apenas um grito, acompanhado de um gorgolejo esquisito, denotando que o homem morria sufocado pelo sangue. Não perdeu tempo; partiu para cima de outro guarda e o perfurou com sua longa espada, fitando os olhos do adversário. O outro fez menção de correr, porém, o nobre puxou outro punhal da perna e o arremessou, acertando com precisão o peito do fugitivo.

Exausto, quase sem forças, Felipe tentava recuperar o fôlego enquanto olhava para os corpos, apoiando as mãos nas pernas e fazendo força para não sucumbir. A luta havia tirado o restante de suas energias, contudo, tinha sobrevivido. Intrigado, pensava entre uma inspiração e outra: "O que terá acontecido com os meus guardas? Devem ter sido mortos, com a finalidade de serem substituídos por estes que iriam me matar. Aproveitaram-se de minha fraqueza para substituírem minha guarda", analisava o conde, procurando montar em um dos cavalos que puxava a carruagem, com a intenção de continuar a viagem até o castelo de duque Fernando.

Antes que conde Felipe conseguisse atravessar a ponte levadiça do castelo de duque Fernando, ele sucumbiu, desmaiando e caindo ao solo. Um de seus ferimentos havia infeccionado, talvez por causa do esforço que fizera por ocasião da luta com os soldados.

Fernando estava na sala das armas quando foi informado de que o conde de Messenas havia desmaiado após atravessar a ponte levadiça.

O nobre ordenou que o conduzissem ao quarto de hóspedes e que suas servas lhe dessem assistência, cuidando com especial atenção dos ferimentos que tinham sido causados pela luta que tivera com a Alteza Real.

Felipe continuava desmaiado enquanto as servas de duque Fernando cuidavam de seus ferimentos. O conde delirava de febre, vendo-se no alto de uma montanha a observar uma grande tropa de soldados que marchava com destino a uma bela cidade, onde tudo indicava ser a corte de algum reinado, ao qual pertencia aquele poderoso exército.

De repente surgiu a seu lado um homem vestido como soldado, usando uma couraça no peito, que o protegia das investidas de inimigos. Segurava na mão direita uma grande lança e, na esquerda, um escudo. Ele disse:

– Felipe, iremos nos encontrar, mas nossa querida Isabel, que você mandou matar, será a mulher que irá salvar meu neto.

– Quem é seu neto? – perguntou Felipe no sonho, ou pesadelo.

Não obteve resposta. Naquele momento, saiu do coma produzido pela febre, que era causada pela infecção de seus ferimentos. Abriu os olhos, todo suado, e passou a falar coisas desconexas. Momentos depois, foi acalmado por uma moça que colocava compressas quentes em seu ferimento.

– Acho que estava sonhando com duque Raul – disse o conde com ar de quem tinha visto um fantasma.

Duque Fernando mantinha-se em silêncio, envolvido com os próprios pensamentos, sentado em uma cadeira ao lado, só esperando que o amigo voltasse ao seu estado normal.

Felipe aos poucos foi se acalmando. Tomou um líquido oferecido pela serva e fitou o homem que estava sentado ao lado da cama, reconhecendo o duque de Alepo.

– Fernando, espero que não me expulse de seu castelo – disse o conde.

O duque, com um olhar, ordenou que suas servas deixassem o quarto, desejando ficar a sós com o conde. Após a saída das mulheres, Fernando levantou-se, aproximando-se do amigo.

– O que aconteceu, Felipe? – perguntou.

O conde compreendeu que não adiantava mentir. O duque provavelmente estava desconfiado da maneira como ele tinha chegado ao castelo. Pensando nos prós e nos contras, Felipe narrou o que havia acontecido, até mesmo que o rei o condenara à morte, mas o deixara livre, porque seu falecimento deveria acontecer de modo que ninguém o acusasse. Sendo assim, contou, ele tinha escapado da morte durante o percurso de sua viagem até o castelo.

O conde teve o cuidado de omitir os fatos que haviam desencadeado tal guerra com o príncipe Ricardo, envolvendo a família real.

Fernando foi até uma janela cuja vista mais parecia um quadro pintado pelos mestres dos pincéis. Depois, voltou e sentou-se perto do leito.

Felipe fingiu estar dormindo, fechando os olhos, mas Fernando sabia que ele apenas simulava o sono, para evitar suas perguntas. Ainda assim, sem preâmbulos, o nobre o questionou:

– Por que o rei Otávio III o teria prendido no castelo, o condenado à morte e depois o deixado em liberdade, para em seguida mandar matá-lo durante sua viagem? – O duque tentava entender o que havia acontecido com o amigo na corte.

Felipe calou-se por alguns minutos. Depois, encarou o amigo duque e respondeu:

– Não sei. Acho que ele pensa que quero usurpar seu trono.

– E por que você duelou com príncipe Ricardo?

– Porque tenho certeza de que ele quer a Coroa. Não esqueça que ele conseguiu o comando do maior exército que conheço na Terra – respondeu o conde, um tanto indeciso, notando que o duque desconfiava de algo. – Sou o guardião da corte; tenho o dever de defender o soberano, inclusive com o sacrifício de minha própria vida.

O duque voltou a se levantar, andando ao redor do leito do ferido, sem conseguir acreditar no que o amigo falava. "Se eu quiser saber a verdade, devo procurar a corte e conversar com o rei Otávio", pensava duque Fernando.

– Felipe, por que me procurou?

"Agora terei de falar a verdade, senão serei morto, e meus restos serão entregues ao rei", refletiu o conde com rapidez.

Felipe fez um esforço e sentou-se, fitando o duque.

– Por que nós formamos o Conselho do Cadal e do Exército – respondeu.

– Continue!

– Como conselheiros, poderemos mudar o rumo da história do Cadal, principalmente você, que tem liderança sobre os demais conselheiros, com exceção de conde Júlio, que é fiel ao príncipe Ricardo e seu lugar-tenente no exército.

– E qual seria o motivo para precisarmos mudar a "história do Cadal"? – perguntou o duque Fernando, sentando-se.

Felipe pensou, tomou um pouco de água e respondeu:

– O príncipe Ricardo tem uma ideia fixa, e, se não tomarmos providências urgentes, ele usurpará a Coroa. O comando do exército ele já tem.

O duque fitou o conde com insistência, como se quisesse enxergar algo naquelas pupilas, e comentou:

– Felipe, somos conselheiros do rei. Apesar de não simpatizar com o príncipe Ricardo, tenho certeza de que ele jamais passará por cima do cadáver do pai. Além de excelente e quase imbatível guerreiro, ele é fiel, sincero, leal, e não sabe esconder as emoções quando detesta alguém, mesmo nos momentos difíceis das batalhas.

– Mas...

– Cale-se, conde Felipe. Ainda não terminei de expressar minha resposta à sua proposta, que não é digna de um Cavaleiro do Rei – disse o duque, interrompendo o conde. – Como conselheiros e Cavaleiros do Rei, devemos lutar para não perdermos a unidade, dando condições a outros reinos de usurparem o trono do nosso rei Otávio III, consequentemente tornando-nos seus escravos.

Fernando deu alguns passos pelo quarto e rematou:

— Você sabe muito bem que, se acontecer algo com o rei Otávio III, quem assumirá a Coroa é a rainha Ruth, embora ela já tenha afirmado que, se o marido morrer antes, ela abdicará em favor do príncipe Ricardo, porque é uma mulher doente. — O duque tomou um pouco de água e, fitando o conde, prosseguiu: — Pode ficar no meu castelo o tempo que quiser, que ninguém ousará atacá-lo em Alepo. Aqui mando eu.

O duque fez um sinal para as servas e deixou o quarto, dirigindo-se à sala das armas para tentar se acalmar, pois considerava a traição um dos piores defeitos da humanidade. "Só não vou matar Felipe e mandar os restos mortais dele ao rei porque só mato na guerra, para sobreviver ou defender uma causa justa", refletiu, sentando-se e colocando os pés em um banco enquanto lhe era servida uma caneca de vinho por seu pajem.

✦

O espírito Isabel segurou a mão da amiga Lívia, convidando-a para deixarem o castelo. Duque Fernando já estava calmo, tendo abandonado a ideia de matar o conde.

— Querida Isabel, eu conheci esse homem em existências passadas — disse Lívia pensativa.

— Onde?

— No império de Constantino. Eu era uma das sacerdotisas à época — respondeu o belo espírito.

Isabel, fitando a amiga, nada falou, mergulhando nos próprios pensamentos.

— Como ele conheceu o príncipe Ricardo? — indagou Isabel depois de alguns instantes.

— Ricardo era aluno de Fernando na Academia de Lutas do império. Ambos simpatizavam com o movimento cristão àquela época.

– Lívia, vamos imediatamente para a Cidade Espiritual, pois temos uma missão a cumprir – convidou Isabel.
– Qual missão, minha irmã?
– Teremos que guiar o príncipe e sua comitiva ao lugar onde se encontra seu filho Ricardo, meu neto querido.

CAPÍTULO XXIV

EM BUSCA DO FILHO PERDIDO

Ricardo e Júlio galopavam em direção ao pequeno povoado que fora indicado por Ana, lugar onde, possivelmente, encontrariam o soldado Aquino, que dizia saber onde Túlia morava.

Acompanhavam o príncipe e o conde seis soldados que faziam parte da escolta, além de outro homem que ia à frente da pequena comitiva, orientando o itinerário rumo ao local de origem do ex-escudeiro de conde Felipe.

O príncipe não cabia em si de tanta ansiedade para encontrar o filho. Conde Júlio, que havia notado o estado do primo, dizia:

– Calma, Ricardo! Não tenho dúvidas de que encontraremos o pequeno Ricardo II, futuro rei do Cadal, em paz e com saúde.

– Assim espero! Espero de fato que meu filho esteja vivo; do contrário, marcharei com as tropas da corte e acabarei com conde Felipe e todos os outros que encontrar naquele maldito castelo dele – disse o príncipe, o olhar fixo em um ponto invisível.

Ricardo adiantou o cavalo até emparelhar com o homem que servia como guia, perguntando-lhe:

– Tem certeza de que está no caminho certo?

– Conheço toda essa região, Alteza – respondeu o guia, fazendo um aceno com a cabeça em respeito ao príncipe.

– Qual é o tempo que você calcula faltar para chegarmos ao povoado de Aquino? – perguntou o príncipe quase aos gritos, para se fazer ouvir pelo guia, pois não tinham parado de galopar.

– Se galoparmos o dia todo, ao anoitecer chegaremos lá – respondeu o homem. – Todavia, precisamos fazer uma pequena parada, a fim de que os nossos animais descansem.

O príncipe atrasou um pouco o galope e emparelhou com o primo. Olharam para trás e observaram que os soldados da guarnição continuavam galopando, fazendo a segurança da Alteza Real e de conde Júlio.

Ao atravessarem um pequeno riacho, Ricardo fitou o sol, que se encontrava encoberto por algumas nuvens, e fez um gesto indicando que fariam uma parada para os cavalos descansarem, aproveitando também para se alimentarem e beberem. Aquela região era rica em água e vegetação rasteira, própria para uma boa refeição por parte dos animais.

Os homens apearam e soltaram os cavalos, tantos os que montavam quanto aqueles que serviam de reserva.

– Vamos descansar duas horas neste local. Depois, só iremos parar no lugar onde Aquino reside. Pretendo alcançar nosso destino antes de a noite chegar – ordenou o príncipe, colocando seu animal para comer e falando com ele como se fosse uma pessoa.

Enquanto os animais comiam, os soldados e o guia se afastaram para comer algo preparado por suas mulheres.

Ricardo e Júlio afastaram-se e se sentaram perto do riacho, ambos permanecendo em silêncio.

– Ana mandou preparar algo para nos alimentarmos – conde Júlio cortou o silêncio.

– Estou sem fome, meu primo. Fique à vontade. Aproveite; só iremos parar agora quando encontrarmos Aquino.

Júlio aproximou-se do príncipe e perguntou em voz baixa:
– O que acha da atitude de conde Felipe?

O príncipe Ricardo fitou um ponto distante, pensativo. Passando as mãos pelos longos cabelos e quase aos sussurros, respondeu:

– O que ele fez com Helena e com meu filho me deixa pensativo e ao mesmo tempo com ódio. Não posso acreditar que um pai possa fazer isso com a própria filha e o próprio neto.

– O que quer dizer com isso?

– Que Raul, duque de Córsega, antes de morrer falou a verdade – respondeu o príncipe, soltando um profundo suspiro. – Significa que Helena não é filha de Felipe.

– Será que ele sabe que Helena não é filha dele?

– Pode ser. A lógica diz que, quando um pai age assim com a filha e o neto, ele ultrapassou os limites da crueldade, ou não existe parentesco tão próximo entre eles como se pensa.

O príncipe levantou-se e, após se espreguiçar, fitou o primo e continuou:

– Ele procedeu como se odiasse Helena e o neto.

O príncipe cruzou os braços, observando os homens, que conversavam. Depois, fitou os cavalos, principalmente o seu, que calmamente bebia água no córrego. Então comentou:

– Devemos tomar muito cuidado. Não duvido de que Felipe mande alguém em nosso encalço com a finalidade de nos dizimar.

– O que o faz acreditar que duque Raul é realmente pai de Helena? – indagou com cuidado o primo.

– Você sabe muito bem que a condessa Isabel, mãe de Helena, era irmã de minha mãe, a rainha Ruth, portanto, uma ameaça aos planos do Felipe – respondeu Ricardo, ajeitando sua espada.

Júlio baixou a cabeça e fez um gesto de assentimento, convidando o primo para seguirem viagem. Após alguns minutos, os homens cavalgavam em direção ao lugar onde Aquino morava.

O sol aos poucos deixava de iluminar a Terra, fazendo que o manto escuro da noite a envolvesse. Algumas estrelas começavam a aparecer no céu, tornando a noite mais alegre. O guia da caravana aproximou-se do príncipe e informou:

— Alteza, após atravessarmos aquela floresta, estaremos já no pequeno povoado onde a condessa Ana acredita que Aquino more.

O príncipe fitou o guia e agradeceu com um gesto, enquanto falava:

— Então vamos nos apressar; a noite acabou de chegar.

Após uma hora de cavalgada, a comitiva entrava no povoado, que mais parecia um vilarejo de casas. Um dos soldados parou e indagou a algumas senhoras que conversavam:

— Vocês conhecem o soldado Aquino?

Uma delas, uma jovem moça, fez um aceno positivo com a cabeça, apontando uma casinha.

— Sim, conhecemos Aquino. Ele mora naquela casa.

Ricardo não ouviu mais o resto da conversa. Dentro de segundos já batia à porta de Aquino. A porta se abriu, e um homem, esfregando os olhos, perguntou:

— Em que posso servi-los, senhores?

Assim que abriu a porta, Aquino reconheceu o príncipe e conde Júlio. Fez menção de fechá-la, mas foi impedido por um dos homens que faziam a segurança de Sua Alteza Real.

— Calma, Aquino! Viemos em paz – disse o príncipe, aproximando seu cavalo do soldado. – Se estivéssemos com outras intenções, você não estaria mais vivo; sua cabeça já estaria rolando, com os cães disputando por ela.

Aquino estremeceu. Baixou a cabeça e pensou: "Sei que não vou sair vivo dessa, mas, antes de morrer, conde Felipe vai para o inferno também", pensava o escudeiro, tomado pelo medo de Sua Alteza, que estava ali pessoalmente à procura do filho. "Ele já deve saber de toda a história, que a condessa engravidou e conde Felipe mandou desterrar o pequeno príncipe", continuava a refletir, enquanto Ricardo apeava e, sem preâmbulos, perguntava-lhe:

— Sabe onde está meu filho?
— Sim.
— Então, prepare-se para viajar até onde ele está. Minha paciência está se esgotando — tornou o príncipe, a mão no punho da longa e temerosa espada.
— Acalme-se, Alteza — disse o escudeiro, ajoelhando-se em um gesto de total subserviência.
— Tenho informações de que meu filho foi conduzido por você e Túlia a um lugar desconhecido, a fim de desaparecer para sempre — proferiu o príncipe, sem esconder a irritação. — Também tive informações de que vocês não tiveram culpa, portanto, meu desejo é apenas encontrar meu filho.

Conde Júlio, até então em silêncio, aproximou-se do soldado Aquino e, com calma, indagou:

— Aquino, onde Túlia mora? Na realidade, estamos à procura dela. A informação é de que o pequeno príncipe foi tirado do castelo de conde Felipe e conduzido ao lugar onde ela reside.

— Precisamos dessa resposta o mais rápido possível; quero encontrar meu filho ainda hoje — disse o príncipe. — Se a aldeia em que ela mora for perto, viajaremos agora.

Aquino levantou-se, um pouco desconfiado, e, fitando o príncipe, respondeu:

— O pequeno príncipe, Alteza, está aqui neste povoado.

Ricardo olhou para o conde, depois se afastou um pouco e mirou o céu, como era seu costume, fitando as estrelas. Emocionado, agradeceu ao Ser no qual acreditava, enxugando o suor do rosto. Depois, voltou para perto do escudeiro.

— Então, Aquino, vamos buscar o meu filho! — disse o príncipe. Deixando de lado os protocolos de filho do rei, abraçou o conde, depois Aquino. Sentia-se feliz em saber que o filho estava vivo e naquela aldeia.

"Ninguém diria que este homem é o temerário comandante do exército do Cadal", pensou o soldado Aquino. "Ninguém conhece ninguém pelas aparências", continuou a reflètir, enquanto caminhava com a comitiva do príncipe em direção à pequena casa de Túlia.

Ao chegar a uma das casas que estava fechada por causa do frio, Aquino gritou:

– Túlia, sou eu, Aquino! Abra a porta.

Ouviu-se um barulho de arrastar de pés. Em seguida, a porta se abriu e apareceu a serva de conde Felipe. Ao reconhecer o príncipe e conde Júlio, ela arregalou os olhos. Então se afastou da porta da humilde casinha e disse em uma reverência:

– Seja bem-vindo, Alteza! Entre, por favor!

O príncipe abaixou-se para passar na porta e ficou em uma saleta com os braços cruzados.

Túlia pediu licença e dirigiu-se para um pequeno quarto. Após alguns minutos, voltou conduzindo um bebê de mais ou menos seis meses, envolto em um lençol branco e muito limpo. Fitou o príncipe Ricardo e estendeu-lhe a criança, dizendo:

– Eis seu filho, o pequeno príncipe, meu senhor!

Quando viu o filho, o príncipe não conseguiu disfarçar a emoção. Suas pestanas bateram com rapidez, sem esconder as lágrimas que surgiam. Com muito cuidado, parecendo uma joia preciosa, ele segurou a criança em seus braços, meio sem jeito, fitando o pequeno rosto branco e corado do bebê. Com o dedo, fez um carinho nos cabelos loiros dele e afastou-se para um canto do pequeno cômodo, falando para o filho:

– Meu pequeno príncipe, vim buscá-lo para viver para sempre comigo e sua mãe. – Beijou-o, abraçando-o e fazendo-lhe carinhos.

Túlia, apreensiva, aproximou-se e, meio sem jeito, advertiu:

– Cuidado, Alteza! Ele é uma criança recém-nascida.

Ricardo, sem parecer escutar, continuou passeando pelo pequeno espaço com o filho nos braços, enquanto pensava: "Será que esse Deus dos padres existe? Aqui está o meu filho, que veio alegrar minha vida, são e salvo".

– Vamos voltar, primo – Ricardo decidiu.

– Agora?

– Sim.

– Primo, você quer matar o pequeno príncipe? – indagou conde Júlio. – A noite está bastante fria. O bebê não aguentaria a viagem de volta.

Túlia e Aquino aproximaram-se e se curvaram, enquanto Túlia falava:

– Vossa Alteza, pelo amor de Deus, não faça essa loucura. O nosso menino não vai aguentar a viagem.

O príncipe pensou por um instante. Beijou o filho e, olhando para Aquino, ordenou:

– Providencie rapidamente uma carruagem para Túlia viajar com ele.

– Sim, Alteza.

– Aquino e Túlia, providenciem bebidas e comida para todos desta aldeia. Iremos comemorar o nascimento de meu filho, Ricardo II, o futuro rei do Cadal.

Túlia olhou para Aquino, pedindo opinião sobre o que fazer.

Aquino, sem pestanejar, disse:

– Não se preocupe, Alteza. Arranjarei bebidas e iremos assar imediatamente os animais que criamos em cativeiro para servir de banquete em ocasiões especiais.

※

Afastados, os espíritos Isabel e Lívia entreolharam-se. Sorrindo, trocaram um abraço. Isabel chorava e ria ao mesmo tempo, causando certa preocupação na amiga, que perguntou:

– Minha querida irmã, porque você chora?

– Porque a felicidade que sinto no momento é simplesmente indescritível – respondeu a bela Isabel. – Graças a Deus que Ele atendeu meu pedido!

CAPÍTULO XXV

O REI E DUQUE FERNANDO

Assim que duque Fernando deixou o quarto, conde Felipe levantou-se do leito, foi até a sala onde se encontrava o nobre e agradeceu a hospedagem. Despedindo-se, partiu do castelo.

Fernando pensou por alguns instantes. Indo até a janela do castelo, observou o conde rumar para Messenas. Resolveu então tomar uma atitude.

– Vou até a corte conversar com o rei – falou mais para si, caminhando inquieto, enquanto tomava pequenos goles de vinho. – Existe algo de muito esquisito nas informações de conde Felipe. Antes, devo enviar um mensageiro avisando a Vossa Majestade que amanhã cedo estarei na corte.

※

Ao receber a carta com o timbre do duque de Alepo, o rei ficou inquieto. Correu até o quarto da rainha e avisou que logo cedo duque Fernando estaria na corte. A rainha pôs a mão no peito, inspirando profundamente. Ao fitar o marido, pensou: "Tenho absoluta certeza de que o assunto que Fernando vem tratar é muito sério".

– O que acha disso, minha rainha? – perguntou o monarca, fitando a rainha, pensativo.

– Que você deve se preparar. Duque Fernando é muito reservado, além de ser um de seus cavaleiros mais dignos – respondeu a mulher, reflexiva. – Portanto, não é à toa que ele vem nos visitar.

– Você não tem ideia do assunto que Fernando vem tratar aqui na corte?

– Não. A não ser que haja algo muito perigoso ameaçando a Coroa.

– O quê? A Coroa? Não entendi – comentou o rei, inquieto. – Se isso for verdade, temos que tomar muito cuidado, porque Fernando é muito conceituado no reino.

– Meu rei sabe muito bem que duque Fernando não iria perder seu precioso tempo viajando de Alepo até a corte para conversar asneiras com Vossa Majestade – disparou a rainha, sentando-se ao lado do rei com um ar de preocupação no rosto.

O rei fitou a rainha, pensando por alguns momentos, e abriu a boca, mas não pronunciou palavra nenhuma. Limitou-se a beijar a mão da rainha e foi para os seus aposentos. Não conseguiu dormir. Queria saber de qualquer maneira o que duque Fernando desejava falar com ele...

O sol ainda não havia iluminado a Terra quando Fernando deixou o ducado com destino à corte do rei Otávio. Uma pequena comitiva o acompanhava, mais por segurança que por necessidade. O duque galopava à frente dos guardas que faziam sua segurança.

Ao se aproximar do belo e imponente Castelo Real, parou e mandou um de seus homens avisar à guarda que o duque de Alepo era esperado por Sua Majestade Otávio III.

Após alguns minutos, Fernando foi recebido no imenso e suntuoso Salão Real por Sua Majestade, que o abraçou e o convidou para uma sala confortável, que mantinha um clima de sigilo, estando guarnecida por vários guardas com a finalidade de defender o Soberano.

Otávio indicou à visita uma cadeira forrada com almofadas confortáveis, enquanto seu servo particular servia vinho e outras iguarias. O duque ainda não havia tomado sua primeira refeição do dia.

– Meu rei, não precisa se preocupar; minha guarnição se encarregou de conduzir alimentação. Estou satisfeito, mas vou aceitar um copo desse delicioso vinho da adega de Vossa Majestade – disse o duque, tendo o cuidado de manter o protocolo de respeito ao Soberano.

Fernando tomou um gole do vinho e, enquanto sentia o sabor da bebida, pensava: "Não sei por onde começar a falar o que realmente vim fazer na corte".

Como se adivinhasse os pensamentos do duque, o rei fitou-o e, sorrindo, disse:

– Meu caro Fernando, recebi sua carta avisando que me faria uma visita, portanto, estou completamente à sua disposição para ouvi-lo.

Sem preâmbulos, o duque resolveu acabar logo com aquilo, soltando:

– Por que Vossa Majestade mandou prender conde Felipe? Quero deixar claro que não estou discutindo as ordens do Soberano; sou Cavaleiro do Rei, portanto, seu servo, e daria minha vida pelo rei e pelo Cadal.

O duque era conhecido por sua maneira enérgica de tratar certos assuntos, mas mesmo assim o rei ficou sem jeito com a pergunta dele à queima-roupa, franca e direta. Isso, para os padrões do reino, era uma afronta ao Soberano.

Otávio levantou-se, tomando um gole de vinho. Com as mãos cruzadas às costas, caminhou ao redor do duque, respondendo depois:

– Quem deveria responder a essas perguntas é o conde Felipe.

– Ele foi ao meu castelo, chegando lá muito ferido, e conversamos sobre esse assunto. Ele disse que Vossa Majestade mandou eliminá-lo no caminho ao castelo por alguns soldados, mas que ele os abateu – revelou o duque, mantendo a calma enquanto tomava pequenos goles de vinho, talvez para disfarçar a ofensa que pudesse ter feito ao Soberano com sua sinceridade.

O rei ficou pálido; não esperava que justamente duque Fernando soubesse desse fato. Sentou-se, baixou a cabeça, depois se levantou de novo enquanto refletia: "Será que Fernando sabe do que aconteceu com Felipe, sua filha e o príncipe?"

– Sempre me perguntei por que Felipe duelou com o príncipe Ricardo em seu castelo – comentou o duque. – Como sou um nobre, Cavaleiro do Rei, conselheiro do reino e do exército, acho que tenho o direito de saber o que está acontecendo, até mesmo para defender meus domínios, que são os mesmos de Vossa Majestade.

O rei Otávio III contraiu os músculos do rosto em um ricto, sem deixar dúvidas de que não estava gostando do assunto, pois se julgava acima da vida e da morte. Perguntas, somente ele poderia fazê-las, sem precisar responder a nenhuma. Porém, ao olhar para as feições do duque, logo mudou de ideia, pois não era salutar ter aquele nobre como inimigo.

O duque se mantinha calmo, as pernas cruzadas, com sua longa espada descansando sobre a mesa mais próxima, cumprindo fielmente os protocolos de respeito e reverências a Sua Majestade, o rei Otávio III.

O monarca fitou de soslaio a silhueta do duque, que mantinha apenas um colete aberto no peito, os braços de fora mostrando a musculatura forte e marcada por cicatrizes, denotando que aquele nobre era um guerreiro e não tinha medo de nada nem de ninguém.

— E se eu não quiser contar o motivo que me levou a condenar conde Felipe à morte? — perguntou o rei, desviando o olhar do rosto másculo do duque.

O duque levantou-se, fitando o rei, e curvou-se em uma reverência protocolar de respeito à Sua Majestade, antes de responder:

— Vossa Majestade é nosso Soberano, portanto, não é obrigado a responder a nenhuma pergunta de um simples súdito. Voltarei ao meu castelo sem saber o que aconteceu entre a família real e conde Felipe. Todavia, se os Cavaleiros do Rei se tornarem rebeldes às ordens do Soberano do Cadal, não quero ser culpado pela divisão do poderoso exército do reino.

O duque pediu permissão para se retirar, mas foi impedido por uma voz feminina que surgiu na sala de repente.

— Bom dia, Fernando, duque de Alepo!

Fernando fez uma reverência em resposta ao cumprimento da rainha.

— Por favor — ela prosseguiu, dando uma olhada sugestiva ao rei enquanto abria um sorriso —, sente-se. Meu rei ainda não terminou de falar.

O rei ficou sério e sentou-se, enquanto o duque também se sentava.

A rainha era uma mulher educada e inteligente, e poderia se dizer que era a responsável pelas relações diplomáticas do reino. O marido lhe permitia isso, pois era filha de guerreiros e heróis, além de ser muito respeitada por todos do reino.

Os três ficaram alguns momentos em absoluto silêncio. Quem falasse primeiro deveria ter cuidado, pois os pensamentos do rei Otávio III naquele instante não eram dos melhores.

— Meu filho, o príncipe Ricardo, herdeiro do trono, tem um filho que conde Felipe não aceitou — disse a rainha com um sorriso, embora com o ar imponente e enérgico de uma verdadeira soberana.

O duque não mexeu um músculo do rosto, mas pensou: "O assunto é muito mais grave do que eu imaginava. Devo ser cauteloso".

A rainha fez uma pequena pausa e olhou para o marido. Depois, ela mesma serviu mais vinho ao Cavaleiro do Rei mais influente em todo o reino.

Fernando estendeu a mão e pegou o copo, tomando um pequeno gole de vinho em silêncio. Era um verdadeiro cavalheiro, digno de respeito, sempre mantendo discrição devido à fidelidade que dispensava aos Soberanos do Cadal.

– O filho do príncipe Ricardo, nosso neto, também é filho da condessa Helena, filha de conde Felipe – disse a rainha em voz baixa, aproximando sua cadeira da do duque.

O duque se mexeu na cadeira e empalideceu. Naquele momento, pensou em uma certa moça que era dona de seu coração e talvez estivesse no meio dessa confusão.

Dali em diante, a rainha narrou o que houvera com o filho e a filha de conde Felipe, tendo o cuidado de mencionar o que o conde tinha feito para acabar com a vida de Helena e de seu neto.

O duque tomou mais um gole de vinho e, levantando-se, pediu licença aos Soberanos antes de se dirigir à janela. "Meu Deus, então é isso que Felipe quer: dividir o exército do Cadal a fim de enfraquecer o reinado em seu benefício", refletiu. Depois voltou a se sentar e fitou os soberanos.

– O Cadal está correndo sério perigo – falou. – Devemos tomar providências urgentes, antes que seja tarde demais.

– O quê? Que perigo é esse, Fernando? – perguntou o rei, preocupado, levantando-se da cadeira.

– Ontem, quando conde Felipe chegou ao meu castelo, a intenção era me convencer a ficar do lado dele, abrindo uma brecha na unidade do conselho – respondeu calmamente o duque. – Tenho certeza de que ele está procurando influenciar os cavaleiros contra Vossa Majestade.

– Isso é traição à Coroa – gritou o rei, tirando sua longa espada da bainha e erguendo-a. – Vou pessoalmente decepar a cabeça desse traidor da Coroa e mandar enfiá-la em uma estaca no meio da rua, para servir de exemplo àqueles que pensam em trair o rei Otávio III.

— Calma, Vossa Majestade! Não podemos despertar a ira do povo contra a Coroa. Devemos tomar muito cuidado, senão o reino ficará enfraquecido.

— O que você nos aconselha, meu caro duque Fernando? — indagou inquieto o Soberano, enquanto a rainha mantinha um sorriso enigmático nos lábios.

Fernando passou as mãos pelos cabelos, sentando-se depois mais perto do rei. Em voz baixa, falou:

— Infelizmente, temos que acabar com conde Felipe. Contudo, de maneira limpa. — O duque de Alepo inspirou profundamente e, aproximando-se da mesa onde sua espada descansava, fitou um ponto invisível e sentenciou: — Para não despertar a desconfiança e, consequentemente, a ira do povo caldense, devemos ter um motivo ostensivo, e que possa ser provado, para acabar com Felipe.

O rei não gostou da sugestão do duque sobre como se desfazer de conde Felipe. Mesmo assim, indagou:

— E como faremos isso?

— Precisamos entrar em contato com o príncipe; somente ele tem condições e motivos para matar o conde em um duelo legal, feito em praça aberta, com a presença do povo — respondeu o nobre.

— Não.

O rei Otávio e o duque olharam para a rainha, notando que ela havia ficado pálida.

— O que houve, minha rainha? — indagou o rei, levantando-se e beijando as mãos da Soberana.

O duque, por sua vez, pensava: "Ainda não descobri o motivo de o rei ter esse medo fora do comum da rainha Ruth".

— Será que meu rei ainda não percebeu que a condessa Helena, mãe de nosso querido neto, é filha de conde Felipe? — disse a rainha, a voz repleta de emoção. — Helena jamais perdoaria Ricardo; ela iria pensar que o pai foi morto por vingança.

— O que você acha, Fernando? – perguntou o rei.

— A rainha tem razão, mas, se não agirmos rápido, conde Felipe vai costurar um acordo com a maioria dos conselheiros. Então, haverá uma revolução pelo poder do Cadal e seu poderoso exército.

O rei se levantou, tomando um gole de vinho. Depois, arrancou com raiva a túnica de Soberano que vestia e a jogou longe, enquanto dizia:

— Quem vai acabar com esse traidor sou eu mesmo! Que caia sobre mim a fúria do povo. Somente assim farei uma fila de traidores, e mandarei decepar todos.

A rainha pulou e se aproximou do marido, tentando acalmá-lo. Sabia que ele havia perdido o controle e que sempre agia por impulso, sem pensar nas consequências.

— Acalme-se, meu rei! Vamos encontrar uma maneira de resolver esse difícil problema – falou a rainha com um ar de angústia.

O rei baixou a cabeça, pensando: "Lutar contra um exército inimigo é muito mais fácil do que enfrentar amigos traidores. Ninguém sabe quem é fiel. Da traição, ninguém escapa".

— Se pelo menos eu soubesse o que anda fazendo Ricardo no castelo dos primos...

— Sua Alteza Real não está no castelo de conde Júlio – disse o duque, com um sorriso irônico bailando nos lábios.

— O quê? Como o duque sabe disso? – perguntou o rei, encarando o cavaleiro.

— Sou muito bem informado, Majestade.

— E onde ele está? – perguntou a rainha, a mão no peito.

— Procurando o filho nas aldeias, onde ele soube que possivelmente o encontraria.

— Meu caro duque Fernando, como soube que o príncipe procura o próprio filho, se até agora não sabia que tínhamos um neto? – indagou a Soberana, desconfiada.

— Não sabia que o príncipe tinha um filho com a condessa Helena; fiquei sabendo apenas de sua viagem repentina, sem no entanto conhecer o porquê. Mas, quando fiquei conhecendo esse fato, todas as minhas perguntas foram respondidas e as peças se encaixaram – respondeu o duque. – Agora sei que a criança que o príncipe foi procurar nas aldeias onde moram o antigo escudeiro e a serva de conde Felipe é o filho dele.

– E quem o informou sobre a viagem do príncipe para as aldeias onde moram Túlia e Aquino? – indagou ansioso o rei, fuzilando o duque com o olhar.

– Claro que foi minha querida e amada Ana – respondeu o duque calmamente.

Os Soberanos se entreolharam com um discreto sorriso, mas permaneceram em silêncio. O duque então se curvou, fazendo uma reverência protocolar de despedida, pois iria voltar ao seu ducado. Antes que o duque deixasse o Salão Real, porém, ouviu alguém chamá-lo:

– Fernando!

O duque, que ainda estava perto dos Soberanos, respondeu:

– Sim, rainha Ruth!

– Não deixe de nos avisar sobre o resultado da busca do príncipe pelo nosso neto!

– Informarei, Vossa Majestade – disse o duque, deixando o Salão Real.

CAPÍTULO XXVI

RICARDO II

O príncipe Ricardo comeu, bebeu e dançou em redor de uma fogueira que os aldeãos fizeram. Sempre que podia, corria até o berço do filho e ficava por alguns momentos fitando-o, enquanto pensava: "Minha querida Helena, encontrei nosso filho! Amanhã estaremos aí. Com meu filho em um de meus braços, minha espada no outro e a força de meu amor por vocês, enfrentarei tudo o que estiver contra nós, começando por seu pai e todos os nossos inimigos. Enfrento o mundo e todos aqueles que se intrometerem em nosso amor". O príncipe sorria em meio a essas reflexões.

※

No dia seguinte, o príncipe e sua comitiva viajaram conduzindo o pequeno príncipe. O soldado Aquino agora pertencia à guarda particular de Ricardo, e Túlia era a ama da criança.

Após algumas horas de viagem, ocorrida sob um ótimo clima, sem chuva e de temperatura amena, a comitiva entrou no castelo de conde Júlio e da condessa Ana.

Ana encontrava-se conversando com a amiga Helena em sua confortável e aconchegante sala particular, quando ouviu alguém bater.

– Entre! – falou.

A porta se abriu e nela surgiu um guarda, com vergonha de estar invadindo a intimidade das condessas. Mesmo assim, sorriu e disse:

– Senhoras, o príncipe e o conde chegaram conduzindo numa carruagem uma bela criança.

– Meu filho! – disse a condessa Helena, o rosto corado, levantando-se enquanto levava a mão ao peito instintivamente.

Ana ficou sem ação a princípio. Depois, segurou o braço da amiga e a convidou:

– Vamos, querida, vamos recebê-los.

O guarda deu meia-volta e correu em direção ao lugar onde despontava o príncipe, à frente da carruagem que conduzia o filho, seu precioso tesouro.

Diante do imponente castelo, as condessas Helena e Ana esperavam o príncipe Ricardo e conde Júlio.

Assim que o príncipe viu sua amada, apeou e correu para ela, abraçando-a e beijando-a intensamente, no que foi correspondido pela bela jovem. Depois apontou a carruagem, e avistaram Túlia com a bela criança no colo.

Helena, com lágrimas escorrendo pela linda face, não sabia direito o que fazer. Ainda assim, tomou o filho nos braços e começou a beijá-lo, enquanto soluçava de alegria.

– Obrigada, meu Deus! Não mereço tanta felicidade. Obrigada, minha mãe, pois sinto que a senhora está por perto – agradeceu a condessa, enxugando as lágrimas que teimavam em inundar seu rosto. – Meu filho, prometo que jamais nos separaremos; darei minha vida para defendê-lo – acrescentou a condessa, ainda beijando o filho. – Seu pai voltou da guerra e não nos deixará mais, porque, se ele for para a guerra de novo, iremos juntos.

Ao lado, ouvindo a conversa, o príncipe disfarçadamente enxugava uma lágrima, sendo observado pelo primo Júlio, que estava por perto. "Quem vê este homem lutando na guerra e matando gente sem dó nem piedade não pode acreditar que seja o mesmo que agora enxuga lágrimas de alegria por haver encontrado seu filho", pensava o conde.

Após os arroubos causados pelo encontro do pequeno príncipe com a mãe, o castelo voltou à sua tranquilidade.

⁂

No mesmo dia em que o príncipe chegou ao condado, enviou um emissário à corte para avisar aos pais que havia encontrado seu filho e logo estaria voltando. Através de informações de sua guarda pessoal, ele já sabia de tudo o que acontecera em sua ausência na corte, inclusive a prisão de conde Felipe e sua tentativa de influenciar duque Fernando contra o conselho do reino.

O príncipe e o primo encontravam-se acomodados em uma confortável sala, em conversa sigilosa, pois traçavam planos para resolver os problemas causados por conde Felipe.

– Segundo informações dos homens de minha confiança, duque Fernando esteve na corte conversando com meu pai e minha mãe – disse o príncipe com calma, como se mastigasse as palavras. – Também fiquei sabendo que conde Felipe foi preso e depois solto por Sua Majestade, que depois mandou matá-lo numa emboscada quando ele seguia para o castelo de duque Fernando.

– Mas você me disse que conde Felipe matou os soldados que o rei enviou para acabar com a vida dele – comentou conde Júlio.

– É verdade. Devemos nos informar sobre se ele conseguiu influenciar outros conselheiros contra o seu Soberano –

explicou Ricardo pensativo. – Sabemos que ele tentou convencer duque Fernando a trair o conselho, em particular o do exército.

– Então precisamos ir imediatamente à corte entender tudo isso e tomar alguma atitude – disse conde Júlio com ar preocupado.

– Antes precisamos armar uma estratégia, senão seremos caçados como animais na viagem de volta – disse o príncipe. – Felipe é um ótimo lutador; devemos tomar cuidado com ele.

Júlio levantou-se e começou a andar pela sala. Depois, aproximou-se do primo e disse:

– Alteza, não acredito que conde Felipe possa nos atacar no caminho entre nosso condado e a corte.

– Pois eu não duvido. Felipe está completamente perturbado e acuado, como um animal ferido, pois sabe que a máscara dele caiu. Por isso, vai para o tudo ou nada – explicou o príncipe. – Não duvido de que possa até contratar mercenários para nos atacar no caminho e depois colocar a culpa nos bandidos.

Alguém bateu à porta da sala onde os primos conversavam.

– Entre! – disse o conde.

Apareceu um soldado da guarnição do castelo, desculpando-se por interromper a conversa do príncipe com o conde.

– Senhor, tem mais de cinquenta guardas de Sua Majestade parados fora do muro do castelo, pedindo permissão para entrar.

– O quê? – O príncipe, surpreso, deu um salto.

Os primos entreolharam-se, ambos correndo em seguida para a ponte levadiça do castelo. O comandante da tropa, que era o mesmo que comandava a guarnição do Castelo Real, aproximou-se do príncipe, fez as reverências protocolares e informou:

– Vossa Majestade enviou parte da guarda real para acompanhar Vossa Alteza de volta à corte.

– Como ele soube? O emissário que enviei não teve tempo de chegar lá ainda!

– Não sei, Alteza.

Conde Júlio olhou para o lado e percebeu a irmã com um sorriso maroto estampado no rosto.

– Agora entendi – disse ele.

O príncipe aproximou-se e perguntou:

– Você sabe de algo?

– Se não estou enganado, Ana deve ter aprontado mais uma das suas.

– Como?

– Um emissário viajou a noite toda e antecipou nossa chegada. Ana dividiu a informação com alguém muito íntimo dela, que contou toda a história a respeito do pequeno príncipe, e também da hospedagem da condessa Helena em nossos domínios, ao rei e à rainha.

– E quem é essa pessoa tão íntima de Ana? Posso saber?

– Fernando, duque de Alepo. – respondeu o primo com um sorriso. – Eles são namorados há algum tempo, mas Ana mantém esse amor em absoluto sigilo; tem medo de que outras moças e nobres do reino façam disso uma notícia que poderá correr o reino de norte a sul e prejudicá-los.

O príncipe afastou-se para um lugar reservado e, como sempre fazia, olhou para o céu enquanto pensava: "Então duque Fernando é o grande amor de minha prima, que ela sempre escondeu! Agora entendo o motivo de ele nunca ter demonstrado o desejo de se bater comigo; além de ser um homem de caráter, sempre respeitou as ordens do Conselho do Exército, comandado por mim".

Conde Júlio aproximou-se, colocando a mão no ombro do primo e comentando:

– Espero que entenda porque eu não queria que houvesse algo mais grave entre o príncipe e o duque. Logo, Fernando, Cavaleiro do Rei, será também nosso parente.

– O rei sabe disso? – perguntou o príncipe.

– Acredito que a rainha saiba, mas ela também faz questão de manter esse relacionamento em segredo.

Ricardo segurou o braço do primo e falou:

– Preciso conversar com Fernando; farei um convite a ele.
– Que convite, Alteza?
– Ser o novo guardião da corte – respondeu o príncipe.
– E conde Felipe?
– Este morrerá. Eu mesmo acabarei com a vida dele.
– E quanto à condessa Helena, mãe de seu filho Ricardo II?

O príncipe não respondeu, limitando-se a fazer outra pergunta:

– A que horas partiremos para a corte?
– Quando Vossa Alteza ordenar – respondeu o primo.
– Sairemos amanhã cedo.
– Sim, Alteza.
– Mande acomodar e alimentar a guarda e os cavalos que meu pai enviou para fazer nossa segurança na viagem de volta.
– Providenciarei isso agora.

※

Antes de amanhecer, as tropas do rei estavam preparadas para fazer a segurança do príncipe Ricardo e sua comitiva no retorno à corte.

Conde Júlio, como sempre, como não deixava seu amigo a sós, resolveu acompanhá-lo até a corte.

O príncipe brincava com o filho, enquanto as condessas Helena e Ana conversavam, antes de partirem para a corte.

– Helena, não esqueça que nosso esconderijo continua à sua disposição – disse a condessa Ana, abraçando a amiga.

– Acho que não irei precisar, querida. Acredito que meu pai deva ter mudado seus pensamentos em relação a mim e ao príncipe. Nosso filho vai amolecer o coração dele – comentou a condessa Helena com um sorriso.

– Eu não confiaria nisso, Helena – disse alguém que se aproximava das moças.

A filha de conde Felipe voltou-se na direção da voz e abriu outro sorriso.

– Estou pedindo a Deus, conde Júlio, que, quando chegarmos à corte, tudo esteja resolvido – disse Helena.

O príncipe, como era de seu costume, fazia inspeção na tropa que o protegeria. Foi quando Júlio chamou a atenção dele para um soldado que galopava rápido, passando pela ponte levadiça e vindo em sua direção.

Ao chegar perto do príncipe, o soldado apeou e, após fazer as reverências protocolares, pediu permissão para falar com ele.

– Aproxime-se!

– Alteza, duque Fernando mandou-me avisá-lo de que conde Felipe encontra-se no Condado de Bristol, conversando com conde Dante – disse o soldado com ar de quem estava muito cansado.

O príncipe trocou olhares com conde Júlio e a condessa Ana. Depois, colocou a mão no ombro da condessa Helena.

– Júlio, o que você acha disso? – perguntou Ricardo.

– Que conde Felipe deve estar tentando influenciar conde Dante a se rebelar contra o rei. Ele é um influente conselheiro, além de ser um cavaleiro da Coroa de muito prestígio – respondeu o primo fitando a irmã, que se mantinha em silêncio.

– Será que ele aceitará trair o rei? – indagou o príncipe, passando a mão pelos cabelos.

– Não duvido. Ele não é de confiança; soube que andou se encontrando em segredo com outros nobres do reino.

– Então devemos nos prevenir. Se conde Dante estiver unido a conde Felipe, não iremos escapar – disse o príncipe.

– Talvez ele queira nos eliminar.

– Será?

– Claro, primo! Só pode ser essa a intenção dele.

– Então, irei imediatamente convocar mais cinquenta soldados para juntar aos do rei, a fim de seguirmos viagem – disse conde Júlio, encaminhando-se para os alojamentos dos soldados.

Após cerca de duas horas, as tropas que o príncipe julgava necessárias para a viagem até o reino estavam prontas. Ao entardecer, o príncipe entrava na corte, tendo muito cuidado para não ser surpreendido até transpor os muros do Castelo Real.

A condessa Helena aproximou-se de seu amado e sugeriu continuar morando com o pai até que ambos se casassem.

– Não. Nem pensar. Não confio em seu pai de jeito nenhum, principalmente agora que temos um filho – disse o príncipe, abraçando a condessa e o bebê. – Jamais me perdoaria se acontecesse algo a você e ao nosso filho.

A moça notou que não adiantava insistir para voltar ao seu castelo. Adentrou, então, o Castelo Real junto com o príncipe Ricardo e seu filho. Os soberanos esperavam-nos de braços abertos e com um sorriso de felicidade, afinal de contas, era o amado filho, o neto e a futura princesa Helena, cuja presença tanto desejavam ali.

Após os arroubos do momento, o rei segurou o braço do filho e o conduziu a um lugar mais discreto. Depois de um tempo fitando o rapaz, sorriu e disse:

– Estou feliz, meu filho, mas muito magoado. Você confiou mais em sua mãe do que em mim.

– Do que Vossa Majestade me acusa?

– De nada, mas poderia ter me narrado essa história que envolvia Felipe e sua filha Helena – respondeu o rei.

O príncipe sorriu. Aproximou-se do pai e, abraçando-o, disse:

– Se Vossa Majestade soubesse a verdade naquele momento, tenho certeza de que conde Felipe estaria morto. Além disso, minha mãe soube primeiro dessa história através dos boatos que correm soltos pela corte.

– Mas...

– Sei que ele deve morrer, porém, precisamos pensar em como sairemos dessa sem que Helena e meu filho, mais tarde, não venham jogar a culpa em minhas costas da morte do pai e do avô, respectivamente – disse o príncipe, interrompendo o pai.

CAPÍTULO XXVII

FELIPE E CONDE DANTE

Ao deixar o castelo de duque Fernando, conde Felipe galopou em direção ao Condado de Bristol, com o objetivo de conversar com conde Dante.

Após um tempo, Felipe parou e apeou, deixando o cavalo à vontade para descansar e procurar algo para comer. Afastou-se um pouco, encontrando uma grande árvore, ao lado de cujo tronco se sentou, encolhendo-se para tentar diminuir o impacto do frio que vinha das montanhas. Enquanto isso, dava asas aos seus pensamentos desencontrados, inspirados na dor de seus ferimentos e no ódio que queimava em seu coração, principalmente da filha, do neto e do príncipe Ricardo, que haviam, segundo seu entendimento, virado sua vida de ponta-cabeça. O corpo tremia como se estivesse com febre, e ele respirava com dificuldade, amaldiçoando o príncipe e sentindo ódio do mundo. Não se conformava com sua derrota, porque acreditava que, como nobre, Cavaleiro do Rei e guerreiro, era superior ao resto da raça humana que o rodeava.

– Eu me vingarei – balbuciava, tremendo de frio, doente do corpo e da alma. – Acho que estou com febre.

Encolhendo-se, trincou os dentes para não gemer, enquanto pensava em voz alta:

– Vou falar com Dante. Além de meu amigo, ele sempre se rebelou contra as ordens do rei Otávio III, embora as cumprisse. Acredito que não tenha aceitado príncipe Ricardo como comandante do exército. Ele pode se tornar um grande aliado com quem compartilhar o reino. Não ficarei quieto enquanto não decepar as cabeças de Ricardo e Helena – prosseguiu, ainda pensando em voz alta. – Esse bastardo que nasceu para atrapalhar os meus planos não viverá por muito tempo.

O conde levantou-se, todavia sua vista escureceu. Sentou-se e adormeceu, talvez porque estivesse muito fraco. Sonhou que era carregado para as masmorras de um riquíssimo castelo de um reino desconhecido, onde, junto com outros presos enfileirados, colocou sua cabeça sobre um tronco, indicando que seria decapitado.

– Não!!!

Felipe acordou apavorado. Levantou-se, passando a mão no pescoço, e falou em voz baixa:

– Que pesadelo horrível!

Caminhou cambaleando em direção ao cavalo. Montou nele e partiu, seguindo para o Condado de Bristol em busca de conde Dante. Após algumas horas cavalgando, conseguiu chegar ao seu destino. Dirigiu-se ao imponente castelo e pediu que fosse anunciado. Foi autorizada sua entrada e, imediatamente, foi conduzido à presença do senhor de Bristol.

Após os protocolos e cumprimentos de praxe, conde Dante apontou uma luxuosa cadeira acolchoada e pediu ao amigo que se sentasse.

– Obrigado, meu prezado amigo.

– Fique à vontade, conde Felipe – disse conde Dante, fitando intensamente os olhos do amigo de batalha.

Dante era um homem de estatura mediana, cabelos e olhos castanhos, tendo as têmporas embranquecidas. A fama do conde era de homem mau e alguém que gostava de brincar com a vida dos que viviam em seu condado. Não pensava duas vezes quando resolvia acabar com a vida de alguém que o estivesse incomodando.

Ambos ficaram em silêncio por alguns momentos, enquanto conde Felipe tomava um gole de vinho, estalando a língua em seguida e fitando um ponto invisível na parede do castelo.

– Felipe, parece que você está doente e faminto; tudo indica que passou parte da noite viajando – comentou conde Dante, ajeitando-se na cadeira. "Acho que vou ouvir algo importante; devo ficar atento para não perder nenhuma palavra", pensava o senhor de Bristol.

Antes que ambos começassem a conversar, um servo aproximou-se, pediu permissão e avisou que a mesa estava posta.

– Felipe, se quiser, pode se lavar e depois tomar algo, para conversarmos mais à vontade.

Após alguns minutos, os condes estavam novamente sentados ao redor de uma mesa farta, enquanto conde Dante esperava, pacientemente, que o amigo revelasse o real motivo de sua visita.

– Dante, não estou satisfeito como as coisas estão sendo conduzidas no reino – disse Felipe, passando a mão nos lábios após tomar um pouco de vinho.

Dante sentiu o rosto aquecer e um leve tremor na mão direita, mas fez o possível para não demonstrar que aquela notícia tinha a força de mexer com seu equilíbrio. "O que será que Felipe quer comigo?", pensou, remexendo-se inquieto na cadeira.

– Continue!

– O príncipe está praticamente dominando o poderoso exército do rei, portanto, para dominar todo o Cadal, basta apenas um passo – disse conde Felipe, sentando-se mais perto do anfitrião.

– Não esqueça que quem homologou a autoridade do príncipe Ricardo como comandante do exército fomos nós, os

Cavaleiros do Rei e conselheiros do reino – disse conde Dante, levantando-se e convidando Felipe para a sala particular dele. – Portanto, mesmo que tenhamos nossas diferenças contra Sua Alteza Real, não podemos quebrar nossa palavra, afinal de contas, enquanto ele for o comandante do exército, é nosso comandante máximo, porque representa legalmente Sua Majestade, o rei Otávio III, nosso Soberano.

Felipe baixou a cabeça e pensou: "Dante é um cavaleiro fiel ao rei, mas tenho certeza de que sua fidelidade não é tão forte quanto sua ambição pelo poder".

Por sua vez, conde Dante refletia com seus botões: "Tenho quase certeza de que Felipe veio me propor algo muito sujo contra o príncipe Ricardo, que de qualquer maneira vai atingir o rei Otávio III".

Felipe fitou o amigo e, com muito cuidado, começou a falar sobre o motivo que o levara àquele condado.

Conde Dante ouviu seu colega de batalha e Cavaleiro do Rei, porém, à medida que o escutava, seu sangue fugia do rosto, ficando ele mais pálido conforme a conversa se estendia, envolvendo o reino e o príncipe Ricardo.

Dante caminhou até a porta, abriu-a e se certificou de que os guardas conversavam enquanto mantinham a segurança dos nobres. Então voltou e se sentou. Fitou Felipe, tomando um gole de vinho, e passou a mão na boca para enxugá-la. Colocando sua longa espada a seu alcance em uma mesa, disse:

– Felipe, conde de Messenas, poderia mandar prendê-lo imediatamente em nome do rei e em seguida enviá-lo ao nosso monarca Otávio III, como prova de minha fidelidade ao reino, à família real e ao glorioso exército.

Felipe levantou-se e passou a caminhar pelo amplo espaço da sala de conde Dante. Voltou a se sentar, fitando o amigo.

– Dante, tem todo o direito de fazer o que disse, mas o que vai ganhar com isso? – indagou Felipe, alisando o punho de sua temida espada, fato que não passou despercebido ao amigo nobre. – Eu mesmo respondo. Você jamais será alguém influente neste imenso reino do Cadal; quem manda aqui é Otávio III, e depois seu filho assumirá a Coroa. A mãe dele já disse que, na falta do marido, vai abdicar do trono.

Conde Dante se mantinha em silêncio, tomando pequenos goles de vinho, enquanto olhava de soslaio para sua espada como se tivesse ganhado vida, brilhando e hipnotizando os dois homens.

– Você tem sob seu comando mais de mil homens que, se juntar com os meus, e de mais alguns outros que conseguiremos arrebanhar para nossas tropas, não tenho dúvidas, farão a corte cair sob nossa força – continuou a falar conde Felipe. – Além disso, não esqueça que somos guerreiros marcados pelas batalhas que deram força ao reino. Atualmente, temos um Soberano desprezado pelo povo e que não respeita o ser humano.

Conde Dante aproximou-se de conde Felipe e, como se tivesse com receio do que iria falar, perguntou:

– Se por acaso eu aceitasse sua ideia de atacar a corte, o que ganharia com isso?

– Se vencêssemos, ganharia o trono – murmurou conde Felipe.

– Você esqueceu que o Cadal é composto de pequenos reinos conquistados por nosso poderoso exército? Que, se conquistarmos somente a corte, dividiremos o reino e seremos obrigados a enfrentar os nobres fiéis ao rei?

– Não, não esqueci. Por isso temos que pegar todo mundo de surpresa. Somente assim conquistaremos o baixo e alto Cadal – respondeu conde Felipe. – Tenho amigos em todo o território dominado pela Coroa.

Fez-se um silêncio mortal entre os homens, e até os insetos poderiam sentir o perigo no ar. O bater de asas de pequeninas borboletas, que entravam e fugiam pela janela brincando, se fazia ouvir, como se os avisassem de as forças das trevas estavam naquele momento reunidas para influenciá-los a cometer o pior dos crimes da humanidade: a traição.

O poder sempre moveu o mundo, principalmente esse mundo em que o ser humano ainda é muito inferior e ligado à matéria. O homem, em todos os tempos, tentou dominar seu semelhante. O único ser que veio nos ensinar que deveríamos dominar apenas nossos defeitos esteve aqui em pleno poder de Roma: Jesus Cristo. Todavia, a humanidade não entendeu sua mensagem.

Conde Dante, aos poucos, foi se rendendo aos argumentos do amigo, mas ainda lhe restava, no fundo d'alma, um pouco de bom senso, que o fazia pensar nas consequências caso fossem descobertos. Em um gesto automático, passou a mão no pescoço, tentando esquecer o óbvio – ser degolado em praça pública caso o rei descobrisse a traição que combinavam sob a orientação dos bandidos do Além.

– E se o rei descobrir nossa infidelidade? – indagou conde Dante, a mão alisando os cabelos.

Conde Felipe deu de ombros e lhe respondeu:

– Seremos mortos imediatamente. Esse é o preço, meu amigo.

– Mas...

– Pelo menos morreremos lutando como guerreiros que somos – disse Felipe, interrompendo conde Dante.

Dante fitou o amigo e perguntou à queima-roupa:

– Soube que você se bateu com o príncipe Ricardo. Será que eu poderia saber o motivo?

Felipe não esperava por aquela pergunta. Prontamente levantou-se, falando em tom aborrecido:

– Temos contas a acertar.

Conde Dante não gostou da resposta e resolveu ir mais a fundo com Felipe, a fim de tomar uma atitude com mais segurança.

– Soube que Sua Alteza Real namora sua filha, a condessa Helena. É verdade?

Felipe, que já estava mais à vontade nos domínios de conde Dante, à custa de alguns goles de vinho, respondeu de uma maneira que deixou o amigo desconfiado:

– Vamos aproveitar para acabar também com Ricardo; ele desonrou minha família.

Dante ficou em estado de alerta e, em um pulo, alcançou sua espada, mas não conseguiu surpreender conde Felipe, porque o pai de Helena era um hábil guerreiro.

Ambos tinham agora as espadas em ponto de combate, porém, conde Dante, com calma, disse:

– Conde Felipe, o senhor tem duas opções: a primeira é se bater comigo até a morte, e a segunda, ser preso por meus homens e entregue à corte diretamente nas mãos do rei Otávio III. Escolha!

Felipe olhou de viés para os lados, notando que vários homens da guarda de conde Dante estavam a postos, esperando as ordens do seu senhor. "Não sairei vivo daqui e, se me deixar prender, morrerei como um cão nas mãos do príncipe Ricardo", pensava o nobre.

– Dante, você é um nobre, além de ser meu irmão. Fizemos um pacto de sangue quando fomos nomeados Cavaleiros do Rei, portanto, não posso ser preso nem morto em seus domínios – disse conde Felipe, tentando se safar da morte naquele momento pelos guardas do amigo.

Dante fitou conde Felipe, fez um sinal ao comandante de sua guarda e declarou:

– Felipe, você está livre, mas esqueça o que conversamos dentro destas muralhas. Não faço acordo com traidores.

Felipe foi se afastando de costas, até montar em seu cavalo e atravessar a ponte levadiça. Galopou como a alma desesperada, em direção ao nada. "E agora? O que farei?", pensava Felipe enquanto corria como um louco, até parar às margens de um belo córrego de águas cristalinas. Apeou e sentou-se sobre algumas pedras, observando o cavalo beber água no córrego. "Tenho que arranjar uma maneira de acabar com a família real. Não aguento mais guardar tanto ódio dentro do meu peito", pensava o nobre enquanto fitava o céu.

– Fui traído dentro de meus domínios e sempre esperei uma oportunidade para me vingar – prosseguiu em voz alta, como se conversasse com alguém. – E, quando chegou a vez, tudo deu errado, começando pela traição de Helena, que teve um filho com o príncipe Ricardo.

    O conde considerou ir ao castelo de conde Júlio. Entretanto, logo desistiu da ideia. Sabia que o sobrinho do rei era fiel e lugar-tenente do príncipe Ricardo, o todo-poderoso comandante do exército.

CAPÍTULO XXVIII

O DESEJO DE HELENA

O príncipe Ricardo estava em sua sala pensando no que faria para acabar com a vida de conde Felipe sem que Helena ficasse ofendida, quando ouviu alguém bater à porta. Sobressaltado, pensou: "Quem será?"

Ouviu outra batida e ordenou:

– Entre!

A porta se abriu e surgiu dela a condessa com o filho nos braços, sorrindo e brincando com o bebê.

O príncipe sorriu e abraçou a moça, beijando-a em seguida. Depois tomou o filho nos braços e beijou-o também, enquanto falava e fazia carinhos na criança. Após sentarem-se, Ricardo entregou o filho à condessa e, tomando sua mão com ternura, beijou-a com delicadeza.

– Querida – indagou –, você veio me visitar porque sentiu saudade, ou tem algo importante a me informar?

– Muita saudade do amor de minhas vidas – respondeu a moça, abrindo um sorriso em seu belo rosto. – Mas também aproveito para lhe fazer um pedido.

– Você disse *minhas vidas*?

– Sim, querido. Minha mãe sempre me dizia que tinha a impressão de que nós tínhamos várias vidas – respondeu a condessa. – Então, se um dia isso for comprovado, não tenho dúvida de que você é o amor de todas elas.

Nesse momento, os espíritos Isabel e Lívia encontravam-se no recinto, ambas acompanhando o desenrolar da conversa.

Isabel, ao ouvir a filha falando a seu respeito, emocionou-se. Aproximando-se dela com cuidado, beijou a moça e disse:

– Deus a abençoe, minha querida filha. – E, voltando-se para a amiga, falou: – Querida Lívia, vamos voltar, porque Ricardo e Helena vão resolver um problema que só diz respeito a eles. – Tendo dito isso, Isabel segurou o braço de Lívia, as duas desaparecendo do ambiente.

O príncipe levantou-se e se sentou mais perto da amada. Enlaçou-a pelos ombros, beijando-lhe o belo rosto, depois a boca, e fitou o filho, que parecia observá-lo. Então falou, como se declarasse um poema:

– Querida, faça seu pedido; se for o céu, eu lhe darei; se for a lua, não poderei dá-la, porque seu rosto é minha lua; se for o sol, também não poderei dá-lo, porque esse sol é você, que ilumina minha vida; e, se forem as mais belas pedras preciosas, fica difícil seu príncipe arrancar de sua face tais pedras, que são os seus belos olhos.

A moça baixou os olhos, feliz, e pensou: "Deus permita que ele continue assim depois do meu pedido".

– Quero voltar para o meu castelo. Ainda não nos casamos, portanto, ainda não pertenço à família real de fato e de direito – disse reflexiva. – Além disso, estou bastante preocupada com meu pai. – Levantando-se para acalentar o bebê, que chorava, rematou: – Tenho todo motivo do mundo para não querer mais olhar para a cara dele, mas não consigo ter sentimentos negativos contra meu pai, apesar de todo o mal que ele fez a mim e ao nosso filho.

Ricardo, aturdido com o pedido, sentiu o corpo enrijecer. Ficou um tempo em silêncio, depois se dirigiu à janela, demonstrando sua irritação com o pedido da futura esposa. Voltou-se para a jovem e, com muito jeito para não magoá-la, comentou:

– Querida, entendo perfeitamente seu pedido e sua preocupação com seu pai, mesmo após todo o mal que ele lhe fez, e também ao nosso filho. Mas não confio nele.

– Quer dizer que vai autorizar minha volta ao meu lar? – indagou a condessa, a alegria estampada na face.

O príncipe Ricardo pensava com rapidez. Não pretendia deixar a condessa voltar ao castelo dela. "Tenho que falar com meu pai. As informações que tenho recebido são de que o reino está em perigo, pois conde Felipe quer usurpar a Coroa, começando pela corte."

– Calma, querida! Preciso falar com o rei. Acredito que ele não confia mais em seu pai para permitir que o neto vá morar nos domínios dele, depois de tudo o que aconteceu, principalmente considerando o que fez com a própria filha.

Helena permanecia em silêncio, apenas ouvindo o que o príncipe falava.

– Após falar com meu pai, darei minha resposta – acrescentou o príncipe, sabendo que não convenceria a condessa. – Espero que me entenda; não posso tomar essa decisão sem consultar o rei, afinal de contas, nosso filho é neto dele.

– Então sou considerada uma prisioneira na corte do rei Otávio III? – indagou a condessa, demonstrando sua decepção com o noivo.

– Nada disso, meu amor! Você não é considerada prisioneira. Que ideia é essa? Prisioneira você era enquanto estava com seu pai! – rebateu o príncipe, irritado. – Além de ser mãe do meu filho, logo nos casaremos, e você será minha princesa – prosseguiu, sentando-se ao lado da jovem e tomando sua mão para beijá-la.

– Então por que Vossa Alteza não permite que eu volte a morar no meu castelo até nosso casamento? – insistiu a condessa, afastando a mão da do príncipe.

Ricardo levantou-se e se afastou, exasperado. Helena havia ressaltado seu título de príncipe ao fazer aquele comentário, o que não era bom sinal, pois o alçava ao trono de príncipe herdeiro da Coroa.

Caminhou em círculos, pensando em uma saída urgente para evitar que Helena voltasse ao castelo de conde Felipe.

A condessa, notando que o jovem comandante do exército havia se calado, ficou preocupada. Quando essa atitude partia de um homem que fora criado nos campos de batalha, investido da qualidade de príncipe, sabia que podia causar uma transformação em Ricardo. Então, aproximou-se do rapaz e lhe fez um carinho, tentando acalmá-lo. Acreditava que naquele momento os pensamentos dele eram os mais perigosos possíveis.

Ricardo fitou a condessa e a conduziu até uma cadeira. Com ternura e educação, fez com que se sentasse e questionou com calma:

– Além da saudade de seu lar, qual é o outro motivo que a leva a querer voltar a morar novamente em seu castelo?

– Saudade do meu pai! Mesmo com todos os seus defeitos e com o que ele me fez, e ao nosso filho, eu o amo e não quero que nada de mau lhe aconteça – respondeu a moça, virando o rosto quando sentiu lágrimas nos olhos. Não queria que o príncipe as notasse. – Afinal de contas, ele é meu pai!

Ricardo abriu a porta e ordenou que uma das servas da mãe levasse seu filho, pois desejava falar a sós com a amada. Quando a criança saiu, o príncipe se sentou perto da condessa e pediu que ela o olhasse nos olhos, perguntando-lhe:

– Seu pai, algum dia, revelou algo sobre seu nascimento?

Helena, demonstrando surpresa, os olhos abertos além do normal, sentiu um tremor involuntário nas mãos e o rosto quente, como se o sangue houvesse se concentrado nele. Tinha a sensação de que iria escutar algo muito ruim.

– Não! – respondeu a moça em um sopro. – Qual é o motivo da pergunta? Posso saber?

O príncipe abraçou sua amada com carinho e resolveu falar a verdade:

– Quando feri mortalmente Raul, duque de Córsega, pouco antes de morrer ele me mandou chamar, falecendo praticamente em meus braços.

– Ricardo, não estou entendendo absolutamente nada – disse a moça, ansiosa para saber o que o amado queria lhe dizer. – Está me assustando com essa história.

– Ele me confessou, antes de morrer, que era seu pai.

– Não pode ser! Deve haver algum engano. E eu não quero saber disso! – gritou a condessa, correndo em direção aos seus aposentos.

O príncipe ficou alguns minutos sem tomar nenhuma atitude. Depois, suspirando, decidiu seguir atrás da namorada. Porém, quando chegou à porta do quarto, ela gritou que não queria falar com ninguém.

Quando o príncipe fez menção de se retirar, notou que sua mãe estava atrás de si, em silêncio. Soltando um profundo suspiro, olhou para a rainha e se aproximou, abraçando-a.

– Mãe, a senhora viu o que aconteceu?

– Vi que sua noiva entrou nos aposentos e não abriu a porta para você – respondeu a rainha Ruth, fazendo um carinho no rosto do filho. – Posso saber o que se passou?

– Estou exausto, a ponto de tomar uma decisão drástica, mas temo que venha a prejudicar Helena e meu filho.

A rainha tomou o braço do filho e, vagarosamente, conduziu-o aos seus aposentos. Após ambos se acomodarem, enquanto o príncipe tomava um gole de vinho que a mãe lhe ofertou, Ricardo passou a contar o que havia acontecido, enquanto a rainha permanecia em silêncio.

– E foi isso, mãe – rematou o rapaz, tomando mais um pequeno gole de vinho. Levantando-se, passou a mão pela espada, que estava em uma mesa ao lado, e disse: – Bem, Majestade, agora vou para minha sala. Depois falarei com Helena.

A rainha também se levantou e, fitando o filho, segurando seu braço, perguntando:

– O que pensa em fazer?

– Procurar Felipe e matá-lo como um animal – respondeu o príncipe. – Acho que a paz não me faz bem; se fosse na guerra, ele já estaria morto.

– Calma, filho!

– A senhora não me peça calma. Já estou gastando a reserva de minha paciência com esse traidor e torturador da própria filha e neto. Estou pensando seriamente em caçá-lo feito um animal e conduzi-lo à corte para ser decapitado, com o objetivo de mostrar aos nossos súditos que comigo ninguém brinca.

A rainha sentiu um frio esquisito tomando-lhe o corpo. Sabia que o filho não falava por falar; ele realmente seria capaz de executar o que tramava em sua cabeça. "Tenho quase certeza de que, se não agirmos com urgência, Ricardo vai derramar muito sangue", pensou a Soberana. "Ele é pior do que o pai; é um guerreiro nato, além de ser tão cruel quanto Otávio."

O príncipe caminhou para a porta. Porém, quando se preparava para deixar os aposentos da rainha, ela comentou:

– Isabel, antes de morrer, confessou-me tudo o que aconteceu entre ela e duque Raul.

O filho ficou estático, como se tivesse sofrido um choque. Aos poucos, foi se virando, até ficar de frente para a rainha.

A bela mulher encontrava-se sentada em sua luxuosa cama, a mão no peito, como se estivesse com dificuldade de respirar, mas manteve-se calma, fitando o querido filho.

Ela sabia que o príncipe tinha sido educado nos campos de batalha, por isso compreendia que ele sustentava aquela situação apenas porque amava de todo o coração Helena, mãe de seu lindo neto. Se não amasse a condessa, já teria resolvido tudo na lâmina de sua temível espada.

Vivemos em um mundo onde passamos por um aprendizado. Futuramente, o ser humano conhecerá uma bela doutrina que o Mestre Jesus ensinará aos homens dos mundos inferiores.

O rapaz, após fitar longamente sua querida mãe, sentou-se na cama ao lado dela e permaneceu calado, enquanto pensava: "Tenho até medo de ouvir o que minha mãe ouviu de minha tia Isabel".

A rainha segurou as mãos fortes do filho, pensando na época em que brincava com ele naquela mesma cama, quando era uma bela criança de olhos vivos e inquietos. "Ele será rei. Um rei que tentará dominar o mundo, pois é ambicioso, corajoso e detentor de caráter e personalidade fortes, além de exímio conhecedor da arte da guerra", pensava a rainha, fitando fixamente o filho.

– Isabel se deixou envolver pela amizade de duque Raul. O nobre era um belo Cavaleiro do Rei, porém, aos poucos, tornou-se um perigo para a Coroa. Além de um verdadeiro líder, era também um guerreiro excepcional – disse ela com naturalidade, como se tratasse de um assunto sem importância. – Mas Isabel amava perdidamente o marido, conde Felipe, amigo de seu pai.

A rainha tomou um pouco de água antes de prosseguir, observada pelo filho, que não mexia um único músculo da face, como se não quisesse perder nenhum detalhe daquela história.

– Seu pai tentava acabar com duque Raul, temendo que no futuro ele lhe causasse muitos problemas em relação ao domínio do reino – disse a rainha, fitando os olhos do filho. – Felipe, conde de Messenas, amigo de infância de seu pai, tornou-se seu confidente. O rei havia lhe prometido que, depois da família real, ele seria o sucessor da Coroa.

Ricardo sentiu que o sangue lhe fugia do rosto, enquanto sua mão automaticamente segurava com força o punho da inseparável espada. Porém, não deixou que a mãe notasse seu ódio contra aquele que até então pensava ser um fiel súdito.

– Seu pai planejava usurpar os pequenos reinos no entorno do Cadal e escravizá-los, tendo apoio do conde Felipe e sendo execrado pelo duque de Córsega, que era um homem justo e não aceitava transformar seu povo em meros escravos. Considerava isso contra os ensinamentos da Igreja Católica Apostólica Romana.

A mulher inspirou profundamente. Fitando o filho, sorriu, mas sem interromper seu relato:

— Isabel, minha irmã e esposa do conde Felipe, viajou para visitar nossa família naquelas terras distantes e geladas, passando lá vários meses, até que um dia voltou conduzindo consigo uma linda menina, ainda bebê, que logo Raul começou a chamar de filha, causando mal-estar no Condado de Messenas. Felipe, por sua vez, começou a repudiar Helena como se ela fosse realmente filha de Raul, pois achava-se traído por sua tia.

— E não foi? — indagou o príncipe.

— Não. Isabel jamais traiu conde Felipe; ela morreu amando-o — respondeu prontamente a rainha. — Jamais houve traição da parte de minha irmã, embora todos acreditassem que ela amava duque Raul. Mas foi tudo um engano.

— Então porque duque Raul mentiu antes de morrer?

— Ele não mentiu.

— O que? — assustou-se o príncipe.

— Calma, filho! Helena é realmente filha de duque Raul, mas tem como mãe uma serva que viveu no Ducado de Córsega. Após ter engravidado, ela viajou para um lugar distante, perto de nossas terras, no Reino de Nápoles, atualmente governado por rei Gastão III, meu irmão e seu tio — explicou a rainha, afagando o rosto do filho. — A mãe de Helena, antes de morrer, entregou a filha à Isabel, recebendo o consentimento de duque Raul, com a finalidade de ser educada e criada como filha por minha irmã. Acho que não é preciso narrar o restante da história. Apenas confirmo que Helena é realmente filha de duque Raul. Sua tia Isabel não podia ter filhos; além disso, era uma mulher doente, que morreu misteriosamente.

— Helena sabe dessa história?

— Não. Isabel me fez jurar que Helena jamais saberia que não era filha de conde Felipe — respondeu a rainha.

O príncipe Ricardo caminhou pelo amplo aposento da rainha enquanto refletia: "Agora entendo porque conde Felipe sempre maltratou a filha. Além de pensar que ela não era dele, como marido de minha tia, achava-se no direito de ser um dos sucessores do reino".

Aproximando-se da rainha, o príncipe beijou seu rosto e suas mãos, despedindo-se em seguida. Ao deixar os aposentos dela, foi em direção aos da condessa Helena.

CAPÍTULO XXIX

O DUELO ENTRE O PRÍNCIPE E FERNANDO

Ao deixar o quarto da rainha, Ricardo encaminhou-se aos aposentos da condessa Helena. Porém, quando se aproximou, mudou de pensamento e desceu as escadarias do majestoso Castelo Real, partindo rumo ao castelo de conde Felipe. Acompanhava-o a escolta que sempre estava à disposição como segurança do herdeiro da Coroa e do poderoso comandante do exército.

– Conde Felipe não mora mais no castelo de Messenas. – disse o comandante da escolta quando já estavam a caminho.

– Por quê? – perguntou o príncipe surpreso.

– Sua Majestade o proibiu de morar nos castelos pertencentes à corte.

– E onde posso encontrá-lo?

– Dizem que ele está vivendo em seu solar de campo, escondido, pois, conforme informações, Sua Majestade quer caçá-lo como um animal – respondeu um dos guardas.

O príncipe ficou admirado com a informação do guarda, por isso aproveitou o momento para saber mais sobre aquele assunto.

– Por que Vossa Majestade quer caçá-lo como um animal? – indagou Ricardo, deixando transparecer sua curiosidade.

– Alteza, não temos certeza, mas o assunto que se ouve na corte é que o rei quer executá-lo de maneira que ninguém venha a desconfiar que foi ordem dele, para evitar uma comoção social no Cadal – explicou o comandante da escolta.

– Entendi.

Ricardo pensou, depois ordenou:

– Vamos voltar ao castelo!

Quando chegaram ao Castelo Real, o príncipe subiu a luxuosa escadaria, que dava no Salão Real, onde seu pai geralmente se encontrava a maior parte do tempo. Observou, contudo, que no majestoso trono de Otávio III não havia ninguém. Indagou ao comandante da guarda real onde poderia encontrar o rei, e foi informado de que ele estava na arena, observando seus guerreiros de elite treinarem, cuja finalidade era não perderem suas habilidades nas batalhas. Além disso, eles também guarneciam os castelos da corte.

Ricardo desceu os degraus da extensa escadaria de dois em dois, e logo estava em um lugar muito parecido com um circo, idêntico a uma grande arena, onde os guerreiros treinavam suas habilidades de lutadores para manter a forma física. Avistou o pai sentado em sua cadeira, diferente das demais, sendo uma extensão do trono real, gritando com os homens que se habilitavam para todo tipo de luta, utilizando para tanto réplicas de madeira de espadas, lanças e punhais.

O príncipe ficou observando a destreza dos guerreiros e teve vontade de treinar também para aliviar a tensão que sentia naquele momento. "Tenho que extravasar esse ódio, senão terei de ir atrás de Felipe, nem que seja no inferno, para acabar com a vida dele", pensava o príncipe com tal vigor, que praticamente via o conde à sua frente. "Desgraçado!"

Ao redor da arena havia arquibancadas, de onde se podiam observar vários soldados assistindo aos treinos dos soldados preferidos do rei. Ricardo se aproximou, percebendo que havia um homem sentado ao lado do pai, analisando com interesse os movimentos dos soldados. Logo descobriu que o homem era Fernando, duque de Alepo.

– Saúdo Vossa Majestade e o duque Fernando, Cavaleiro e conselheiro do rei – disse o príncipe, chegando mais perto do pai e se curvando, enquanto fazia um gesto com as mãos.

Fernando levantou-se de pronto, correspondendo ao cumprimento de seu comandante e príncipe Ricardo.

– Muita saúde, Alteza e meu comandante! – falou.

O rei Otávio III segurou a mão do filho e apontou uma cadeira, indicando-a para que se sentasse.

Ricardo sentou-se ao lado do pai e ficou olhando os homens suados e já cansados treinarem com suas imitações de armas de guerra. De repente levantou-se, deixando o tronco nu, e, aproximando-se do duque, desafiou-o para um treinamento com punhais e espadas.

O rei olhou para o filho, em seguida para o duque, mas se manteve em silêncio. Não poderia intervir na vontade de seu filho, comandante do exército e de Fernando, que, além de duque e Cavaleiro do Rei, era líder e senhor de umas das regiões mais importantes do reino. Ambos tinham vontades independentes enquanto fossem fiéis ao rei.

Duque Fernando levantou-se também, espreguiçando-se e alongando os braços. Fitou o príncipe e sorriu, fazendo depois um aceno de cabeça para confirmar que aceitava o desafio. Deixou o tronco nu, mostrando as várias cicatrizes que ganhara em guerras pela conquista de povos e terras.

– Quero apenas fazer uma pequena ressalva, Fernando – disse o príncipe.

– Qual é, Alteza?

– Nossas armas serão verdadeiras; nada de brincadeira – disse o príncipe. – Nossa luta é para valer.

— Concordo com Vossa Alteza — confirmou o duque, abrindo um sorriso sutil e enigmático.

Os soldados entreolharam-se assustados. Sabiam que ambos eram hábeis com qualquer tipo de arma, além de serem sanguinários, pois gostavam de ver seus adversários sangrando.

O escudeiro do príncipe, preocupado, aproximou-se e comentou em voz baixa:

— Alteza, é muito perigoso lutar com duque Fernando; a fama dele em todo o reino é de que é imbatível quando luta.

— Mais um motivo para duelarmos.

O mundo sempre foi assim; o homem sempre tentou vencer o homem, porque o orgulho e o egoísmo falam mais alto no íntimo de qualquer cidadão dos mundos imperfeitos.

O rei fitou ambos, principalmente o filho, sem entender o porquê daquele duelo.

— Qual é o motivo desta luta, Ricardo? — perguntou.

— Não gosto de lutar *imitando* que estou num campo de batalha. Porém, o nobre duque não é obrigado a aceitar meu desafio.

Duque Fernando sorriu, pegou a pesada espada e colocou os punhais nas bainhas que carregava estrategicamente nas calças. Olhando para o príncipe, saltou a mureta da arena.

O príncipe também caminhou para a arena, aproximando-se do duque e murmurando:

— Até a morte!

— Vossa Alteza manda, e seu súdito e soldado obedece.

O duque prendeu o cabelo, que era um pouco comprido. Fitou o príncipe com um olhar calmo, demonstrando não estar com medo.

O príncipe era mais jovem que o duque; além disso, sempre desejara ter aquele embate com Fernando, para mostrar que era invencível e que, por esse motivo, comandava o exército do rei. Aproximou-se do nobre e murmurou em seu ouvido:

— Sei que Vossa Excelência é noivo de minha prima Ana, sobrinha do rei.

Fernando, duque de Alepo, confirmou a informação com um gesto de cabeça, enquanto tirava da bainha a longa espada, que brilhou à luz do sol daquela manhã. Enfiou a ponta da espada no solo, depois se apoiou nela, colocando a mão no punho, sem nada falar.

Esse gesto irritou o príncipe, que, não suportando essa ironia, partiu para cima do duque, dando várias estocadas rápidas com a espada enquanto procurava o peito e o pescoço do nobre, encontrando apenas o vazio. Fernando era muito rápido e frio. O príncipe ficou ainda mais irritado, como um touro na arena ao notar que seu esforço era em vão, porque não encontrava o corpo ágil do toureiro, que se esquivava rápido como o vento.

A luta era mesmo para valer. O príncipe tentava de todas as maneiras atingir ponto mortais do duque, porém não acertava; o homem era realmente um guerreiro insuperável.

– Este sujeito parece que já conhece minhas técnicas, principalmente quando tento atingi-lo em locais mortais – murmurava para si o suado príncipe, irritado como uma fera.

– Não posso vacilar senão serei morto – balbuciou duque Fernando, aparando com maestria os golpes do herdeiro da Coroa. – Sei que Ricardo não quer me matar, mas quer mostrar que não tem ninguém no reino que seja melhor do que ele.

De repente, deixou de se defender e, em uma série de golpes rápidos com a espada, auxiliados pelo mortal punhal que procurava a garganta do adversário, empurrou o príncipe para a mureta da arena, encurralando-o com a finalidade de não lhe dar outra alternativa a não ser abrir a guarda para um golpe fatal.

O comandante do exército era rápido, desafiando a todo momento as habilidades do duque, que rodava na arena manipulando com maestria punhais e a espada, armas escolhidas para o combate.

O rei levantou-se. Estava preocupado com aquela luta, que já havia chamado a atenção dos soldados, inclusive da própria rainha, que, aos poucos, aproximou-se da arena sendo amparada pelas servas.

Ruth, após sentar-se, fitou com mais atenção a arena e a luta entre o filho e o duque, comentando:

– Meu rei, acho que nosso filho não sairá dessa arena sem estar ferido. Fernando luta como um verdadeiro guerreiro e veterano de guerra.

– Se ele matar o meu filho, não sairá vivo da arena – disse o rei, pálido. – Eu mesmo o matarei; ainda confio em minhas mãos.

– Calma, meu rei! Com duas estocadas daquela espada, Vossa Majestade sucumbirá aos pés do duque – falou a rainha.

– Mas... – O Soberano não completou a frase, pois viu o príncipe em perigo iminente.

Em um descuido do príncipe, o duque desceu a temível espada em direção ao seu peito com o fito de cortar o músculo do tórax, mas cortou-o apenas superficialmente, fazendo com que o príncipe passasse a mão no ferimento e notasse sangue em suas mãos, enquanto pensava: "Fui ferido...".

O duque deu-lhe as costas, mas o príncipe, furioso, gritou:

– Vire-se! É uma ordem.

O duque virou-se e jogou a espada e os punhais ao solo, fazendo uma reverência de respeito a Sua Alteza. Depois, saiu da arena em silêncio.

– Chega, Ricardo! Acabou a brincadeira – gritou o rei, entendendo que o duque havia poupado a vida de seu filho.

O príncipe fitou o pai com fúria. Saltou a mureta da arena, deixando o lugar e caminhando para os seus aposentos. Após alguns minutos, andava pela sua ampla sala das armas, tentando se acalmar, pois não aceitava ter sido derrotado pelo duque. Ouviu então batidas à porta.

– Entre! – falou.

Era Helena, que se aproximou de Ricardo e o abraçou. Com o corpo trêmulo, ela falou:

– Soube que você duelou com duque Fernando.

— Estávamos treinando.

— Treinando com armas reais. Nunca vi isso — disse a moça, as feições consternadas no belo rosto. — Não esqueça que, embora você seja o comandante do exército, deve respeitar duque Fernando. Dizem que ele é imbatível com uma arma na mão.

— Mas...

— Vamos limpar este ferimento, senão ele infeccionará — disse a noiva, sem lhe dar tempo para retrucar.

Helena, com muito carinho, deitou o noivo e, aos poucos, foi fazendo um curativo no ferimento, enquanto comentava:

— Duque Fernando é um Cavaleiro do Rei, fiel e defensor daquilo que acha justo.

— Helena, eu sou o comandante do exército. Ninguém pode ser melhor do que eu no duelo com armas — disse o príncipe, sentindo o coração pular de ódio dentro do peito.

— Querido, o simples fato de ser o poderoso comandante do exército do rei não significa que seja o melhor lutador — disse a moça, afagando o noivo. — Aprenda a valorizar seus homens, sejam eles melhores que você na luta ou não.

Após o curativo, a moça fitou o príncipe e, com voz firme, acrescentou:

— Já mandei preparar uma carruagem. Daqui a pouco seguirei para o meu castelo.

Ricardo fechou os olhos, pois notou que não adiantava proibir a noiva de voltar ao seu castelo.

— Quero que você entenda que Felipe, conde de Messenas, é meu pai. Mesmo que não seja meu pai legítimo, eu aprendi a amá-lo ainda assim, mesmo com todos os seus defeitos.

Helena demonstrava em suas palavras que era uma mulher de caráter formado e personalidade firme. Ainda que soubesse que o noivo e pai de seu filho era o poderoso príncipe, herdeiro da Coroa do Cadal, não o temia; não precisava de armas para vencê-lo, pois seu coração era sua maior arma contra aquela criatura que não conhecia o medo e gostava de ver seus inimigos morrendo no fio de sua temida espada.

Aproximou-se e beijou o príncipe, enquanto lágrimas desciam pelo belíssimo rosto.

– Isto não é uma despedida. É apenas um até logo, porque em breve nos casaremos.

CAPÍTULO XXX

HELENA E MONGE PETRÚCIO

    Após deixar o Condado de Bristol bastante decepcionado com conde Dante, conde Felipe deixou-se conduzir por seu cavalo, que seguia para a corte. Havia alcançado o último grau de desespero causado pelo ódio e pelo sentimento de vingança, principalmente quando pensava na filha. Não aceitava a ideia de a bela Helena ter passado por cima de suas ordens, além de manter seu amor pelo seu pior inimigo: o príncipe Ricardo, herdeiro da Coroa.
    – Vou acabar com Ricardo e depois arranjarei uma maneira de matar o rei Otávio. Ele é o culpado de tudo o que está acontecendo, pois não me reconheceu como seu melhor amigo nem, possivelmente, como herdeiro do trono – falava o nobre para si. – Todos os traidores pagarão por tudo o que me fizeram.
    O homem ainda não conseguiu assumir as próprias responsabilidades; por isso, de alguma forma, procura colocar a culpa de seus erros em terceiros. O ser mais puro que já

habitou a Terra foi Jesus Cristo; mesmo assim, César deu um jeito de culpá-lo por traição a Roma, pois Pôncio Pilatos, governador da Galileia, mesmo sabendo que o filho de Maria era inocente de tudo o que Roma lhe imputava, lavou as mãos, julgando-o e condenando-o à morte na cruz. O representante de César na Galileia não teve coragem de assumir sua responsabilidade nem de ir contra o ódio dos judeus e o poder de Roma.

– Não posso voltar ao meu castelo; serei um alvo fácil caso Otávio mande acabarem comigo. Irei para meu solar, enquanto penso numa maneira de resolver tudo isso – murmurava o conde para si, direcionando o cavalo à sua casa de campo.

Antes de conde Felipe chegar a seu solar, no entanto, passou por um pântano que já havia tragado muita gente. Quem caísse naquele lamaçal, infestado de jacarés e cobras, não teria chances de sair com vida. Parou seu cavalo e ficou pensando: "Se eu entrasse neste pântano, acabaria com minha vida. Somente assim eu ficaria livre desses traidores". O conde baixou a cabeça, praticamente decidido a se suicidar no pântano, quando ouviu alguém gritar:

– Nem pense nisso! Será que não consegue aprender que deve respeitar a vida? – indagou uma voz firme, o espírito Isabel em lágrimas. – Meu conde, a vida não cessa com a morte do corpo físico. Não seja louco a ponto de incorrer nessa maneira torpe de acabar com este corpo que Deus lhe deu, para servir de santuário do espírito.

Felipe espantou-se, olhando para o lugar de onde vinha a voz.

– De quem é esta voz? – perguntou. – Será um fantasma? Não acredito em fantasmas. Acho que vou para o solar descansar; estou saturado de tudo, além de muito cansado.

Ao chegar, o conde mandou que os servos preparassem seus aposentos, pois iria passar um bom tempo morando no campo. Sentou-se no amplo alpendre e passou as mãos pelo rosto, enxugando o suor ou as lágrimas que escorriam, encontrando-se nos cantos de sua boca. Observou os pássaros brincando nas árvores, a bela fonte, as nuvens se formando para despejar muita água naquela região. Sentiu frio e pediu um cobertor, depois ordenou que lhe trouxessem vinho e tomou a bebida até perder a noção do tempo, sendo conduzido aos seus aposentos pelos servos.

Felipe dormiu profundamente.

※

A condessa Helena, o filho e sua ama Túlia chegaram ao castelo de Messenas e encontraram os mesmos servos que ela conhecia desde criança.

— Seja bem-vinda, condessa! — disse um deles.

— Nós a esperávamos, condessa — falou outro.

Helena foi para seus aposentos e, após descansar e acomodar o filho, reuniu os servos e o comandante da guarda, distribuindo ordens com a finalidade de coordenar as providências no luxuoso castelo do ex-guardião da corte do rei Otávio III, demonstrando que agora era a senhora absoluta daqueles domínios.

— Quem sabe onde se encontra o meu pai?

— Dizem que ele está no solar dos senhores de Messenas. — respondeu uma serva.

— O rei Otávio III enviou ordens reais determinando que conde Felipe fosse preso imediatamente, assim que atravessasse a ponte levadiça deste castelo.

Helena agradeceu aos servos pela acolhida e se recolheu aos seus aposentos, avisando que a vida no castelo de Messenas voltaria ao normal.

A bela condessa encontrava-se em uma luxuosa sala conversando com Túlia, ama de seu filho e sua amiga de confidências, quando ouviu alguém bater à porta.

— Entre!

A porta se abriu, e o guarda pessoal da condessa apareceu.

— O que houve?

— Condessa, monge Petrúcio solicita permissão para falar com a senhora – disse o guarda.

— Esse monge veio de onde?

— Veio do mosteiro e foi preso imediatamente por seu pai – respondeu o homem.

— E ainda está preso?

— Sim, condessa.

— Mande-o vir falar comigo – ordenou Helena.

— Sim, condessa. – O soldado fez um gesto militar e deixou a sala.

— Minha senhora, tome cuidado com esse monge. Foi ele o causador de toda a desgraça que aconteceu – disse Túlia, murmurando no ouvido de Helena.

— Por quê?

— Foi ele quem infernizou seu pai, narrando tudo o que ouviu quando a senhora foi falar com o padre, informando até mesmo que estava grávida do príncipe.

Helena levantou-se, indo até uma janela. Soltando um profundo suspiro, voltou a se sentar, olhando de viés para a ama do filho.

— Vou soltá-lo – ela disse.

— Cuidado, condessa!

— Calma, Túlia, tenho uma missão importante para ele – comentou Helena.

Após alguns minutos, um homem todo maltrapilho, magro e com ares de quem estava doente foi empurrado pelos soldados, caindo aos seus pés.

— Eis o traidor, condessa!

A moça se aproximou do monge. Agachou-se e ergueu seu queixo, fitando-o. Depois, lavou as mãos em uma bacia que os servos haviam lhe trazido e se sentou, pensativa.

— Levem-no. Quando estiver bem-vestido e alimentado, mande-o se apresentar a mim novamente.

— Mas...

— Façam o que estou mandando — disse a condessa, interrompendo soldado. — Ele não será mais nosso prisioneiro.
— Sim, senhora. Suas ordens serão cumpridas.

Após a retirada da guarda e de monge Petrúcio, um soldado veio avisar a condessa de que Sua Alteza, o príncipe Ricardo, atravessava a ponte levadiça. A moça olhou rapidamente para a serva, como se perguntando o que faria. Mas, antes que tomasse qualquer decisão, o príncipe bateu à porta e, sem esperar resposta, entrou e foi ao encontro da condessa, abraçando-a. Depois, olhou para os lados e perguntou:

— Onde está meu filho?
— Calma, Ricardo, nosso filho está muito bem.
— Quero vê-lo imediatamente! — ordenou o príncipe.
— Não esqueça que Vossa Alteza está em meu castelo.
— Conversei com meu pai e ele me disse que este castelo deixou de ser propriedade particular dos condes de Messenas. — disse o príncipe com ar sério.
— Ainda não entendi o que Vossa Alteza quer me dizer.
— Este palácio agora é propriedade exclusiva do rei — esclareceu o príncipe. — E, como sou o príncipe herdeiro e comandante do exército, agora ele é minha propriedade.

A moça ficou pálida; não esperava que seu amado fosse capaz de tirá-la daquele castelo, que pertencia à sua família.

— Antes que tire conclusões apressadas sobre mim, quero avisá-la de que você agora é dona deste castelo. Logo nos casaremos, então viremos morar aqui — disse o príncipe. — Embora minha mãe queira que moremos no Castelo Real.

Ricardo ouviu batidas à porta, e Túlia foi abri-la, deparando com um homem magro, vestido com roupas limpas, que ela logo descobriu ser monge Petrúcio.

A condessa viu o olhar da serva e entendeu que era o monge, que voltava para falar com ela.

— Mande-o entrar.

O monge o fez e acenou com a cabeça, curvando-se como se fosse ajoelhar-se, mas foi impedido pela condessa, que foi logo dizendo:

– O senhor está livre para deixar este castelo ou ficar nele.

O príncipe mantinha-se em silêncio, observando aquele homem que parecia ser um religioso.

Um dos soldados aproximou-se do monge e falou algo em seu ouvido, causando surpresa ao religioso, que automaticamente curvou-se diante do príncipe, este pedindo perdão por não reconhecer aquele que conhecera ainda adolescente, quando havia visitado padre João Pedro no mosteiro.

– Vossa Alteza!

O príncipe sorriu e, pondo a mão no ombro do monge, comentou:

– Pois eu o reconheci imediatamente, monge Petrúcio. Também fiquei sabendo que foi você que traiu a confiança de padre João Pedro, informando conde Felipe de que a condessa Helena estava grávida e logo teria um filho meu.

A condessa aproximou-se do amado e, com ternura, pôs a mão no ombro dele, dizendo em seu ouvido:

– Esqueça o que ele fez. Tenho certeza de que já pagou por seu erro. – Ela se voltou para o monge e, com voz firme, ordenou: – Monge, o senhor pode voltar ao mosteiro se quiser. Mando lembranças ao meu amigo padre João Pedro. Diga que em breve farei uma visita a ele, pois meu filho, Ricardo II, é ele quem vai batizá-lo.

O príncipe mantinha-se em silêncio, enquanto observava sua amada resolver aquela questão com o monge. Quando ambos ficaram a sós, ele segurou com carinho o braço da noiva e fez com que ela sentasse, falando depois de alguns minutos:

– Minha querida, eu lhe devo uma explicação. Somente agora soube por minha mãe toda a história.

A condessa fitou o príncipe. Aproximou-se mais um pouco dele e nada falou, a curiosidade evidente apenas pela expressão de seu rosto.

– Antes de mais nada, devo lhe pedir perdão pelo mau juízo que fiz de sua mãe, a condessa Isabel, minha tia – disse o príncipe, beijando a mão da noiva. Inspirando profundamente, fitou os belíssimos olhos de Helena e falou: – Sua mãe jamais traiu conde Felipe, como deixou transparecer duque Raul antes de morrer.

A condessa levantou-se, interessada no assunto, postando-se diante do príncipe.

– Como você soube disso? – perguntou.
– Através de minha mãe, irmã da condessa Isabel.
– Então, eu sou filha de quem?
– De duque Raul com uma de suas servas, que, após ficar grávida, viajou para sua terra natal, próximo ao país onde meu avô era rei, local atualmente governado por meu tio, o rei Gastão III.

O príncipe então narrou toda a história que sua mãe havia lhe contado a respeito da paternidade de Helena.

A condessa ficou em silêncio, reflexiva, depois comentou:

– Agora entendo porque meu pai fez questão de me eliminar.
– Porque você é filha legítima de duque Raul, portanto, é uma duquesa, herdeira única dele, inclusive, uma das herdeiras do trono do reinado de Nápoles. Como filha oficial da condessa Isabel, além de condessa e duquesa, é também princesa.

※

No solar, conde Felipe acordou muito cedo e foi cavalgar, subindo e descendo morros em busca de paz para o seu coração. Não conseguia se sentir bem; parecia estar doente, pois só pensava em acabar com a vida do príncipe Ricardo e do rei Otávio III.

※

Após narrar toda a história da origem de sua bela noiva, o príncipe Ricardo levantou-se, beijando Helena apaixonadamente.

– Vou deixar o castelo; tenho um compromisso a cumprir – disse ele.

A condessa abraçou o homem de sua vida e, como se falasse em tom de desculpas, comentou:

– Meu querido, sabe que quero viver o resto de minha vida ao seu lado, mas precisamos nos casar.

Ricardo fitou a condessa e sorriu.

– Combinei com minha mãe que, após resolver essa questão com seu pai, nós nos casaremos – o príncipe respondeu.

– O meu pai não será problema, querido.

– Ele é o pior problema que existe no momento. Imagine eu me casar com a filha de meu inimigo número um – comentou o príncipe. – Neste mundo, não existe lugar para nós dois.

A moça baixou a cabeça, demonstrando sua tristeza em saber que seu amado não perdoaria jamais o que seu pai havia feito, principalmente o mal que tinha causado ao pequeno príncipe. "Tenho medo de perder os dois homens de minha vida; ninguém vai conseguir cancelar esse duelo que haverá entre o príncipe e conde Felipe", pensou.

O príncipe beijou-a mais uma vez, despediu-se e deixou o castelo.

CAPÍTULO XXXI

O REI E SUA NOVA ESPADA

Aos poucos, o sol deixava de iluminar o Cadal, como se quisesse dizer que seu expediente havia terminado. Um vento frio vindo das montanhas geladas adentrava o Castelo Real, obrigando o próprio rei a buscar um abrigo mais quente, a vestir-se com roupas confeccionadas de lã e a ingerir alguns goles de vinho, enquanto verificava algumas armas que mandara forjar para seu próprio uso, entre elas, uma longa e bela espada.

Um de seus guardas surgiu de repente, pedindo permissão para entrar na sala de reuniões dos nobres, onde o rei se encontrava observando os detalhes da bela arma, posta sobre uma mesa, como se estivesse hipnotizado.

– Entre!

O guarda fez as devidas reverências ao Soberano e em seguida anunciou oficialmente:

– Vossa Alteza Real, o príncipe Ricardo.

– Mande-o entrar imediatamente.

Antes de o guarda cumprir a ordem do rei, o filho já havia entrado no ambiente e abraçava o pai, fitando com admiração, de soslaio, a bela espada.

— Nunca vi uma arma tão bela como esta — disse Ricardo, apontando para a mesa onde a espada brilhava como um diamante após ser lapidado.

— Veja mais de perto. Admire a espada que venho tentando forjar, conforme um sonho que tive. Agora meu armeiro terminou de confeccioná-la — disse o rei, sorrindo e fitando o filho. — Já estou com saudade de minha velha espada, mas vou substituí-la por esta.

— Pai, um rei, quando troca sua espada de estimação, precisa batizá-la, para que ela tenha vida e o proteja — comentou o príncipe, passando a mão com cuidado e carinho ao longo da arma, que parecia quase falar ao sentir os dedos dele alisando sua lâmina. Sentiu arrepios e logo afastou a mão. Olhando para o pai, acrescentou: — O batismo de uma espada deve ser feito com sangue humano, e de preferência de um grande inimigo.

— Vou batizá-la, e não vai demorar — disse o Soberano, fitando uma janela e abrindo um sorriso.

— Quem será o felizardo que banhará de sangue sua espada?

— Conde Felipe — respondeu o rei de rompante, apoiando as duas mãos sobre a mesa e fitando o filho com um olhar enigmático. — Completarei minha glória quando sentir seu olhar nos meus olhos, enquanto a minha espada toma sua vida ao visitar as entranhas do seu corpo imundo.

— O quê? Vossa Majestade vai duelar com seu melhor amigo?

— *Era* meu melhor amigo. Atualmente, é um inimigo da Coroa, portanto, minha espada vai ter um belo batizado, derramando o sangue daquele que tentou matar meu neto.

— Quando Vossa Majestade pretende duelar com conde Felipe? — perguntou, preocupado, o príncipe.

— Em breve. Irei procurá-lo em sua casa de campo — respondeu o pai, tomando um gole de vinho e oferecendo um copo ao filho.

— Pai, o senhor não aguentará lutar com conde Felipe — disse o príncipe Ricardo, demonstrando preocupação. — Sei que Vossa Majestade é um excelente guerreiro, mas conde Felipe tem a favor dele o ódio por nós, principalmente por mim, a quem ele considera um obstáculo em seu caminho.

— Meu filho, nós lutamos em várias batalhas na conquista de terras para anexar ao nosso reino, portanto, conheço todas as artimanhas de conde Felipe, em particular quando luta com uma espada — comentou o rei com os braços cruzados. — Mas sou obrigado a concordar com você que ele é um grande guerreiro, muito difícil de ser vencido.

O filho aproximou-se e abraçou o pai, demonstrando seu apoio. Fez menção de deixar o Salão Real, mas, antes, fitou o pai e avisou:

— Cuidado, ele é traiçoeiro! Conde Felipe usa vários punhais escondidos nas botas.

— Se eu morrer, deixarei o reino em mãos firmes e fiéis. Você, meu filho, é o único e precioso bem que Ruth me deu — disse o rei, cofiando a barba. — Ricardo, o poderoso comandante de meu exército, será de fato e de direito o rei do baixo e do alto Cadal.

— Pare com isso, meu rei! Vossa Majestade parece que está até adivinhando sua morte — disse o filho, sentindo uma saudade inexplicável no coração. — Conde Felipe que se cuide, pois, com essa poderosa espada, ele não terá nenhuma chance de vencer esse duelo.

O rei sorriu com o elogio do filho, segurando a espada pelo punho e ensaiando alguns rápidos movimentos. Com um golpe certeiro, cortou o gargalo de barro que acondicionava o vinho. Sorriu novamente e mandou lembranças à condessa Helena, bem como suas bênçãos ao neto.

O príncipe deixou o rei e caminhou rapidamente em direção aos aposentos da mãe. Ao entrar, a rainha o abraçou com carinho e perguntou:

— O que houve, meu filho?

– Nada. Vim apenas visitá-la e matar as saudades.
– Sente-se!

Antes de se sentar em uma poltrona acolchoada, o rapaz pensou um pouco, o semblante demonstrando preocupação, e comentou:

– Venho da sala de reunião de Vossa Majestade.

A rainha, que era uma mulher muito inteligente, sentiu o coração bater forte, deixando-a em alerta. Tudo indicava que o filho havia visto algo que não lhe agradara.

– Posso saber o assunto que você foi tratar com seu pai? – quis saber a rainha Ruth.

Ricardo notou que não adiantava esconder nada da mãe. Além de saber que ela dominava a corte com sua maneira matreira e perspicaz de se informar sobre tudo o que acontecia no reino, o rei não possuía a sabedoria dela.

– Fui falar com ele sobre a festa que combinamos fazer para os Cavaleiros e conselheiros em homenagem à nossa volta da guerra e prestar contas de tudo o que houve nos campos de batalha – respondeu o príncipe pensativo.

– O que você resolveu a respeito dessa festa? Não acha que ela já está atrasada? – indagou a mãe, os lábios apertados, como se não acreditasse que esse era o motivo da preocupação do filho.

– Mãe, vocês já tomaram conhecimento de que pretendo me casar com Helena o mais rápido possível – respondeu o filho. – Portanto, resolvi fazer essa grande festa por ocasião do meu casamento, assim teria a oportunidade de apresentar a todo o reino minha esposa, que será a princesa Helena, atualmente a condessa de Messenas.

A rainha levantou-se, aproximando-se do amado filho. Fez um carinho em seus cabelos e comentou:

– Já está acertado. Faremos a maior festa que o Cadal já viu, com o objetivo de coroar seu casamento com a bela Helena.

– Então, convidaremos todos os Cavaleiros e conselheiros do rei, em especial aqueles que lutaram comigo na longa guerra, da qual voltamos recentemente vitoriosos, conduzindo ainda mais riquezas para o reino – comentou o príncipe, o olhar brilhando de orgulho.

– Não esqueça, meu querido, dos senhores de terras. Apesar de seu pai ser dominador, ele não quer viver em guerra com os donos de terras espalhados por todo o reino que são importantes para nossa economia – complementou a rainha.

O príncipe levantou-se, fitando a mãe, e fez menção de dizer alguma coisa, mas não o fez, parecendo arrependido do que falaria.

A rainha notou essa hesitação do filho. Aproximando-se, perguntou:

– O que você quer falar, filho?

O rapaz fitou a mãe, sentou-se novamente e narrou tudo o que conversara com seu pai, com os detalhes sobre o batismo de sua nova espada.

A rainha ficou pálida, e, imediatamente, sua serva aproximou-se com um copo de água. Ela tomou um gole, soltando um profundo suspiro, e então fitou o filho.

– Ricardo – disse –, eu tenho uma intuição de que, se seu pai duelar com conde Felipe, ele não sairá com vida! Além de Felipe ser mais jovem, encontra-se também movido pela vingança.

– Foi mais ou menos o que disse a ele, mas a senhora sabe o quanto meu pai é orgulhoso. Ele acha que nada está acima dele – disse o filho de cabeça baixa, pensativo.

– Você também acredita que, pelo fato de seu pai ser rei, nada possa lhe acontecer? Você acha que o rei é um Deus? Que rei não morre? É isso, filho?

O filho fitou a mãe e, com um sorriso, respondeu:

– Não penso assim, minha mãe, mas penso que o rei terá alguém que continuará sua obra.

– Então você acredita que um rei não seja Deus?

O filho sorriu, acariciando automaticamente sua espada. Depois fitou a mãe e respondeu:

— Não acredito no Deus dos pregadores de sermões. Todavia, acredito na existência de algo tão poderoso no universo, que criou todos os seres, as estrelas, o sol, o mar e a lua. Algo me diz que um dia uma doutrina nos informará com mais detalhes sobre esse Criador. É esse o meu Deus – respondeu o príncipe com segurança. – Quando estou em batalha, sempre peço a esse Deus que me proteja.

O príncipe fitou um ponto invisível na parede e, como se falasse consigo, balbuciou:

— Tenho quase certeza de que somos imortais, só não sei explicar como.

— O que você disse, filho?

— Nada. Esqueça, mãe.

A rainha fitou o filho com desconfiança, porque os pensamentos do príncipe eram pensamentos que ela ainda não conseguia entender. "De onde esse menino tirou essas ideias?"

— Um dia irei visitar o túmulo daquele que a Igreja Católica diz ser o túmulo de Jesus Cristo – disse o príncipe.

— Filho, como você vai reagir se seu pai morrer em combate com conde Felipe?

O príncipe ficou sério, refletindo. Passou as mãos pelos longos cabelos e lhe respondeu:

— Conde Felipe morrerá, nem que para isso eu tenha que caçá-lo nas profundezas do inferno que os padres pregam nas missas.

A rainha sentiu um arrepio esquisito. Passando a mão pelo braço, fitou o filho de viés e concluiu que o príncipe seria mesmo capaz de matar ou morrer por seu pai, o rei Otávio III. "Esse menino parece carregar a morte dentro do peito; não tem medo nem de morrer, nem de matar", pensou.

— E Helena?

— Ela entenderá que tudo farei pelo bem dela e de meu filho – respondeu o príncipe pensativo. – Sei que ela passará um tempo afastada de mim, pois vai sentir muito a morte do pai, mas entenderá porque ele foi morto.

O rapaz inspirou profundamente, depois tomando um gole de água de uma jarra que se encontrava próximo, antes de rematar:

– Mas tudo isso de que estamos falando pode não passar de conjecturas, pois quem vai sair vencedor desse duelo mortal é meu pai, o rei Otávio III.

– Você acredita nisso?

– Mãe, o rei é quase imbatível com uma espada na mão, principalmente com essa nova espada que mandou forjar. Ela é uma beleza! A senhora precisa vê-la – disse o filho, sorrindo de empolgação.

A rainha foi com o filho até a porta de seus aposentos, pois Ricardo já partia. Antes que o fizesse, porém, ela falou:

– Será que eu conseguiria fazer seu pai desistir desse duelo com conde Felipe?

– Não. O rei Otávio tem motivos que nós desconhecemos para acabar com conde Felipe.

– Então...

– Vamos nos preparar para o pior – disse o filho, despedindo-se e caminhando em direção aos seus aposentos.

※

Enquanto mãe e filho se despediam, o rei conversava com o atual responsável pela segurança do Castelo Real, Guilherme, marquês de Vandrini.

– Guilherme, muito cuidado com a segurança de seu rei; tenho um pressentimento ruim.

– Posso saber que pressentimento é esse, Majestade? – perguntou o marquês curioso.

O rei caminhou, inquieto, até uma mesa coberta de mapas, depois se aproximou do marquês e respondeu:

– Veneno!

– O quê? O que Vossa Majestade quer dizer com isso?

– Que poderei ser envenenado; estou rodeado de inimigos – respondeu o rei pensativo.

O marquês de Vandrini manteve-se em silêncio, enquanto o rei fitava algo invisível como se viajasse com o olhar.

– Majestade!

– Sim, Guilherme.

– Parece-me que Vossa Majestade está muito impressionado com a possibilidade de ser envenenado – comentou o marquês. – Quem poderia envenenar nosso Soberano em seus próprios domínios?

– Conde Felipe!

O marquês passou a mão pelo rosto, assustado, e, fitando o rei, indagou:

– Majestade, conde Felipe precisaria ter alguém de sua confiança infiltrado na corte com a finalidade de envenená-lo – disse o marquês, parecendo desconfiar de algo.

– Quem sabe essa pessoa já não está convivendo pacificamente entre nós? – sugeriu o rei.

– Quem poderia ser essa pessoa, Majestade?

– Você.

– Eu? – disse o marquês, apontando o próprio peito. – Sou o mais fiel de seus súditos, Majestade.

Otávio fitou o comandante da guarda da corte e fez um gesto dispensando-o.

CAPÍTULO XXXII

O REI

Sob o sol forte que iluminava aquela bela região, o rei Otávio III voltava de seu esporte preferido: a caça. Seus convidados, compostos por amigos da nobreza do Cadal, estavam felizes, pois tinham sido convidados de honra de Sua Majestade, o que os deixava orgulhosos por pertencerem ao círculo de amizades da corte.

A ponte levadiça baixou e parte da guarda real, que sempre ia na vanguarda da comitiva do Soberano, vistoriou o castelo e fez sinal de que tudo estava bem, enquanto a outra parte, que ia na retaguarda protegendo os convidados da caçada, avisou a todos de que o caminho estava seguro.

Sempre protegido, o todo-poderoso Soberano daquele belo país apeou, subindo a passos rápidos os degraus que o levavam ao famoso Salão Real. Espantou-se, contudo, quando observou muita gente que desconhecia em volta de um cadáver que estava sendo velado. Nervoso e desconfiado daquele funeral, perguntou ao primeiro guarda que viu:

— O que está acontecendo?

O guarda não respondeu, procedendo como se não tivesse ouvido a pergunta do Soberano.

Percebeu que havia ali vários nobres e senhores de terras distantes fitando um cadáver que se encontrava no meio do Salão Real, com vários símbolos reais e muitas flores cobrindo-o. Aproximou-se aos poucos e notou que a pessoa velada ali era ele. Chegou um pouco mais perto e, com cautela, fitou o cadáver. Quis gritar, correr, mas se conteve.

— Majestade! Acorde, Majestade!

O rei abriu os olhos e deparou com seu escudeiro tentando acordá-lo. Estava tendo um pavoroso pesadelo. Pediu água e tomou um gole, passando a mão pelo pescoço suado. Sentou-se na cama, depois levantou-se e voltou a se sentar em uma cadeira, tentando voltar ao normal. Após alguns minutos pensativo, cobriu-se com um manto real e caminhou rápido em direção aos aposentos da rainha.

A serva da rainha abriu a porta e deparou com o Soberano. Ele a afastou bruscamente, entrando no quarto da rainha. Ruth sentou-se, ainda sonolenta, e, esfregando os olhos enquanto fitava o esposo, perguntou-lhe:

— O que houve, meu rei?

O rei pediu água e foi atendido. Aos poucos, foi se acalmando. Olhou para a rainha e disse:

— Tive um sonho, ou pesadelo, horrível!

— Acalme-se, meu rei! Tome mais um gole de água e conte-me como foi esse sonho — pediu a rainha, preocupada com o estado do marido, pois não colocava em dúvida a palavra do Soberano.

Otávio refletiu por alguns instantes, a cabeça baixa. Então sentou-se na beirada da cama e narrou o sonho todo.

— Foi terrível me ver morto! — finalizou.

— Calma, meu rei! Foi apenas um sonho.

— Um sonho quase real, Ruth. Será que alguém está tramando a minha morte? — indagou o marido fitando a mulher.

— Vou mandar cortar a cabeça de todos os meus súditos que estão a meu serviço pessoal e colocar outros no lugar deles.

— Vossa Majestade tem motivos para isso?

— Ontem tive um pensamento esquisito quando fitei Guilherme, marquês de Vandrini, o novo guardião da corte do reino. Desde que esse marquês assumiu o comando da segurança da corte, não consigo ficar em paz.

— Guilherme não tem nenhum motivo para matá-lo.

— Mas pode estar a serviço de alguém que esteja interessado em meu fim — rebateu o rei irritado.

A rainha levantou-se da cama, nervosa, embora tentasse manter a calma enquanto andava pelo quarto.

— Seu inimigo de fogo que conheço é somente conde Felipe — comentou a rainha hesitante. — O duque de Córsega era seu inimigo declarado, mas esse não existe mais.

O rei ouvia a rainha em silêncio e pensativo, passando um pano no suor que lhe descia pela testa, escorrendo rosto abaixo. Então balbuciou:

— Se alguém está pensando em me tirar a vida, deverá ser através de morte por envenenamento, porque, num duelo, pouquíssimos terão chances reais de sobreviver para contar a história.

A rainha ficou pálida e torceu as mãos, achando lógica no comentário do marido.

— Meu rei, se estiver desconfiado de que alguém poderá mandar envenená-lo, então nomeie alguém para provar tudo o que beber e comer a partir de hoje — disse a rainha com um olhar de satisfação, entendendo que havia encontrado a solução.

O rei levantou-se mais animado e, fitando a mulher, disse:

— Você tem razão.

— Meu rei, já sabe quem vai ser a pessoa que experimentará suas bebidas e refeições?

— Sim.

— Quem? Posso saber?

— Guilherme, comandante da guarda da corte real — respondeu o Soberano, deixando o quarto da rainha e ordenando a um guarda que procurasse o marquês Guilherme e lhe dissesse para se apresentar imediatamente no Salão Real.

O rei já se encontrava em seu trono quando o marquês Guilherme apresentou-se. Após as reverências reais, o marquês falou:

— Às suas ordens, Majestade.

※

O rei ordenou-lhe tudo o que havia combinado com a rainha.

O marquês empalideceu; era muito perigoso provar tudo o que o rei beberia ou comeria, principalmente sendo ele Otávio III, alguém com tantos inimigos por ser um déspota. Além disso, ele tinha um inimigo terrível: conde Felipe.

Entretanto, o marquês fitou o Soberano e concordou:

— Suas ordens serão cumpridas, Majestade.

※

O príncipe se inteirou dos últimos acontecimentos envolvendo o pai. Dentro de alguns minutos, já se encontrava sentado à frente do Soberano.

— Pai, eu acho que ninguém terá a audácia de mandar envenená-lo em nosso castelo.

O rei sorriu e, com calma, disse:

— Não pensemos mais nisso. Tenho outro assunto importante para tratar com você, meu filho.

— Que assunto é esse, meu pai?

— Acho que a minha sentença de morte já foi assinada, portanto, não tem como revertê-la.

— Pai, Vossa Majestade é o rei e pode reverter o que quiser, por bem ou por mal.

— Ricardo, não posso lutar contra forças ocultas e traições, a não ser dando um banho de sangue na corte jamais visto no mundo. Só poderia me livrar dessa traição e morte se soubesse quem quer me matar envenenado.

— Então vamos mandar degolar todos os que compõem sua guarda, e o problema fica resolvido — sugeriu o príncipe, eufórico com a ideia de ver tanto sangue correr. — Somente assim iremos descobrir quem é o infeliz que vai tentar matá-lo envenenado.

O rei sorriu e pensou: "A minha sentença já foi assinada e ninguém poderá suspendê-la. O sonho foi apenas uma informação do que vai acontecer conosco".

O príncipe abraçou o pai, muito preocupado com aquele sonho terrível, e comentou:

— Se o senhor morrer assassinado, muito sangue vai correr neste reino. Todos pagarão pela morte do Soberano.

— Sua mãe já me deu sua palavra de que, se eu morrer, ela, como rainha herdeira, renunciará à Coroa em seu favor — disse o rei com tristeza, pois tinha a intuição de que seu fim estava próximo. — Meu filho, este belo país ficará em suas mãos. Governe-o com sabedoria e não deixe que o inimigo usurpe seu trono.

— Pai, não se deixe abater por um simples sonho. Sonhos não significam a realidade.

O rei, com um aspecto abatido, abraçou o filho e, sorrindo, pediu que ele o deixasse a sós para pensar.

A partir daquela data, o marquês provava as comidas e bebidas do rei, até mesmo sua água. Mas o rei estava certo ao dizer que sua sentença de morte fora assinada e não adiantava mais revertê-la; não poderia tomar medidas radicais e sangrentas baseadas apenas em um sonho, portanto, estava de pés e mãos atados.

Menos de uma semana se passou.

A família real, a condessa Helena e o filho Ricardo II participavam à tarde de um pequeno banquete que a rainha oferecia em comemoração à visita da condessa e do neto ao Castelo Real. Como de costume, o príncipe pegou o filho e começou a brincar com ele, quando ouviu um grito de dor. Era o rei, que havia se levantado mas depois tombado ao chão, arrastando consigo uma toalha e, com ela, alguns utensílios que estavam postos sobre a mesa. Ele segurava a garganta, como se lhe faltasse o ar e precisasse de água com urgência. Que morte horrível! Nem um poeta seria capaz de descrever a morte de alguém por envenenamento.

Com rapidez, o príncipe, desconfiando de que o pai fora envenenado, chamou o marquês e o obrigou a tomar o resto de vinho que se encontrava na caneca do pai. Ele se recusou, e o príncipe, naquele instante, teve certeza de que o pai fora envenenado pelo vinho.

– Marquês Guilherme, quem o mandou envenenar meu pai? – indagou o príncipe, a mão já na mortal espada.

– Alteza, juro que não sei absolutamente de nada – respondeu o marquês.

– Então, porque não bebe o resto de vinho do copo que era do rei?

– Alteza, se o Soberano morreu envenenado por vinho, se eu beber, morrerei também.

A rainha havia perdido os sentidos.

– Marquês, tire sua espada da bainha e se defenda – ordenou o príncipe, apertando o maxilar de ódio.

O marquês ajoelhou-se aos pés do príncipe e pediu clemência, mas isso enfureceu ainda mais Ricardo, que, em um gesto rápido e preciso, degolou num único golpe o comandante da guarda da corte.

Depois o príncipe correu para o pai e o segurou pelos ombros, sacudindo-o como se quisesse reanimá-lo, mas o rei estrebuchou, arregalando os olhos para fitar o filho. Soltando pela boca uma espuma amarelada, virou a cabeça e ficou inerte. O rei Otávio III morrera por envenenamento com arsênico, comprovado depois pelos "médicos" e curandeiros da corte.

A rainha Ruth, até então desfalecida, despertou. Sentando-se, pôs a cabeça do marido no colo e chorou, depois gritou como louca, bradando:

– Vou mandar vingar sua morte, meu amor. Jamais vou esquecer de quando passou em minha cidade aquele belo jovem, que depois eu soube ser o duque de uma cidade distante pertencente ao belo país denominado Cadal.

O príncipe Ricardo pôs a mão no ombro da mãe. Depois, abraçou a bela Helena, beijou o filho e, passando as mãos pelo rosto, enquanto tentava esconder as lágrimas, abaixou-se e com carinho fitou a face inerte do pai.

– Meu pai, porque o senhor nos deixou? – disse. – O senhor é um rei, e um rei não pode morrer assim! Levante-se e, como o grande soberano Otávio III, me dê apenas uma ordem, e acabarei com aquele que lhe fez isso. Não posso acreditar que Vossa Majestade nunca mais falará comigo. Quando o senhor voltará? E agora, meu rei, o que farei, sem poder olhar seu rosto firme me passando ordens e orientações através de um aperto de mão, ou quando dizia: "Vá! Não tenha medo de nada, nós somos soberanos, não existe nada que nos atinja".

O príncipe levantou-se e inspirou profundamente, passando a mão primeiro pelo rosto, depois pelos cabelos, o ódio estampado em suas feições.

– Vou caçar o covarde que não teve coragem de enfrentar meu pai num duelo como homem – falou. – Depois, vou matá-lo como se mata um cão danado.

– Não!

O rapaz olhou para as mulheres, que haviam gritado em coro, uma sendo sua mãe e a outra, a mulher de sua vida e mãe de seu filho, a primeira com a mão no peito e a outra enxugando as lágrimas, que desciam pelo seu belo rosto.

– Não suje suas mãos com gente que não vale a pena; o tempo se encarregará de resgatar a morte de seu pai – disse a rainha enquanto abraçava o filho, as lágrimas escorrendo pelo rosto.

Helena aproximou-se de Ricardo e o abraçou, também chorando, mas nada disse. O príncipe já sabia o motivo: a moça era contra ele matar conde Felipe.

– Após o funeral de seu pai, pensaremos em como vingar a morte dele, e podemos procurar até quem ajudou a matá-lo – disse a rainha, enquanto ordenava que se conduzisse o corpo do rei para os seus aposentos.

– Mas...

– Querido, obedeça a sua mãe. Tenho a impressão de que ela tem algum plano – interrompeu a condessa Helena, dando um abraço no rapaz. O príncipe respirava com dificuldade, pois o impacto da morte do pai e a forma como ela havia ocorrido o deixara desequilibrado.

Ricardo aproximou-se da mãe e, com carinho, comentou:

– Mãe, não quero lhe desobedecer, mas não estou vendo alternativa, a não ser que a senhora justifique esse ato de impedir que eu acabe com conde Felipe, assassino de meu pai.

A mãe estremeceu, sentindo um frio esquisito tomar-lhe o corpo. Mesmo assim, conseguiu se impor:

– Filho, você ainda não é o rei; a rainha está viva – disse Ruth, fitando o príncipe com firmeza.

Ricardo deu as costas para a mãe e saiu do castelo, acompanhado de uma escolta, em direção desconhecida.

A rainha aproximou-se da condessa Helena e indagou-lhe:

– Minha filha, você sabe para onde Ricardo foi?

– Não tenho nenhuma dúvida de que ele foi ao encontro de meu pai – respondeu a condessa, pálida.

– Não é possível que meu filho vá desobedecer à rainha – respondeu Ruth, fitando da janela a ponte levadiça baixar, enquanto o príncipe a atravessava com sua escolta.

— Majestade, Ricardo não obedecerá a mais ninguém neste mundo; o único que o fazia pensar era o rei — ponderou a condessa.

— Sei que, se eu não renunciar ao trono, ele, como comandante do exército, usurpará a Coroa, e o Conselho do Exército o apoiará — murmurou a rainha. — Sei que não passa pela cabeça dele desobedecer à sua rainha, mas ele acha que sou incapaz de governar o país.

— E o que minha rainha vai fazer? — indagou a condessa nervosa. — Vossa Majestade sabe que o Conselho do Cadal o apoiará.

— Não farei nada. Só espero que ele não cometa uma injustiça, matando um dos melhores amigos do pai dele que veio a se tornar um inimigo perigoso — respondeu a rainha.

— Será que meu pai era realmente um inimigo perigoso do rei? — indagou a moça, fitando a rainha.

— O que se passa em sua cabeça, Helena? — indagou Ruth, enquanto distribuía ordens para preparar o corpo do marido para o funeral.

— Muitas histórias estão surgindo, mas elas não confirmam a traição de um guerreiro como o meu pai — disse a moça com voz firme.

A rainha pensou, fitou a moça e comentou:

— Depois falaremos a esse respeito.

CAPÍTULO XXXIII

ENCONTRO DE PAI E FILHA

Assim que o príncipe desapareceu em direção a destino ignorado, Helena avisou a rainha de que se ausentaria por algumas horas, voltando depois para ajudá-la a receber os visitantes importantes de cidades vizinhas, que viriam prestar suas condolências à família real e, consequentemente, participar do funeral de rei Otávio III.

Helena saiu sorrateiramente, deixando o filho com Túlia e avisando-a de que logo estaria de volta. Ela tomou uma carruagem real e ordenou que alguns homens da guarda a escoltassem. Depois, ordenou ao cocheiro que tomasse a direção que ela indicava, rumo ao solar de campo dos condes de Messenas. Enquanto a carruagem se deslocava, Helena não parava de pensar em seu pai, que, tinha quase certeza, fora o mandante do assassinato do rei Otávio III. Portanto, sabia que o príncipe jamais o perdoaria, restando-lhe apenas a morte.

"Tenho certeza absoluta de que Ricardo vai esperar apenas o corpo do pai ser cremado para buscar conde Felipe e condená-lo à morte por ter envenenado o Soberano do Cadal", pensava, enquanto, através da portinhola, embora fechada, um vento frio entrasse e batesse em seu rosto, fazendo-a se agasalhar mais.

Helena enxugava o rosto com um lenço, pois lágrimas teimavam em descer por sua linda face, encontrando em seu percurso os cantos de sua boca.

Após umas duas horas de viagem, a moça viu despontar diante de si uma bela propriedade de campo e ordenou que o cocheiro parasse o veículo conduzido por quatro elegantes cavalos.

Enquanto a condessa descia da carruagem, os soldados se colocavam em pontos estratégicos, com a finalidade de protegê-la.

Helena aproximou-se do belo solar dos condes de Messenas, sendo recebida pelos servos, que lhe informaram estar conde Felipe em sua sala particular de trabalho. Ela dirigiu-se então à sala que conhecia muito bem, encontrando o pai sentado em uma poltrona. Ele limpava sua espada e vários punhais que estavam sobre uma mesa.

– Pai!

O conde, que estava de costas, parou o que fazia, mas não se virou, embora já soubesse se tratar de sua filha Helena.

Cautelosamente, a moça se aproximou, ajeitando o vestido. Passou as mãos pelos cabelos sedosos, que lhe enfeitavam o rosto, e perguntou:

– O senhor não quer falar comigo? É sua filha.

A condessa não recebeu resposta; mesmo assim, insistiu:

– O senhor já deve saber que o rei Otávio III morreu ontem à tarde.

Silêncio.

– O senhor deve saber também que está sendo acusado pela morte do Soberano – acrescentou a condessa. – Ele foi envenenado, e dizem que foi por ordem do senhor.

O conde se virou, encontrando diante de si a filha que há tempos não via. Sua vontade era abraçá-la, mas uma força maior o fez recuar, pois naquele momento sentiu o ódio se apossar dele novamente.

– O que veio fazer aqui, filha ingrata? – indagou conde Felipe, chegando mais perto de Helena.

– Visitá-lo! Estou com saudades do senhor, porque, mesmo depois de tudo o que fez comigo e com meu filho, eu continuo amando-o muito – respondeu a moça, emocionada, passando uma das mãos no rosto e enxugando as lágrimas que desciam. – Também vim informar que Sua Majestade morreu.

– Que ele vá para o inferno, e o filho o acompanhará em breve – disse o pai da condessa.

Abateu-se um silêncio sobre o ambiente enquanto Helena sentava-se em uma cadeira acolchoada, mantendo-se atenta ao que o pai dizia.

– Todos vocês são traidores, e os traidores não merecem viver – prosseguiu o conde, mastigando as palavras e demonstrando sentir grande ódio.

– Pai, por que o senhor tem tanto ódio da família real, principalmente do rei, que já morreu, e também do príncipe? – perguntou a moça em um tom de voz firme.

Conde Felipe refletiu por alguns instantes e, suspirando profundamente, sentou-se como se estivesse muito cansado, antes de responder:

– Fui traído descaradamente por todos vocês.

– Que eu saiba, eu nunca o traí, e muito menos minha mãe, Ricardo e a rainha. Portanto, onde está a traição? Se houve algo parecido com traição, aconteceu entre o senhor e o rei, mas isso não justifica ter mandado matá-lo. E ainda por envenenamento... – disse a moça, tentando enxugar as lágrimas que escorriam independentemente de sua vontade.

Ela fez uma pequena pausa, pensando, e prosseguiu:

– Sei que houve algo muito forte entre o senhor e o rei, que transformou a amizade em ódio, mas não vejo porque estender esse ódio para sua filha, o príncipe e meu filho, que também é seu neto.

— Ele mereceu morrer; somente assim pagou por sua traição — balbuciou o conde.

— Problemas particulares não justificam ter mandado matar o Soberano — disse a filha com seriedade. — Além disso, o rei Otávio III era um chefe de Estado, responsável por um país inteiro.

— Dane-se!

O conde começou a caminhar em sua ampla sala com ares de quem refletia.

— Minha mãe jamais o traiu, pois, apesar de não ser sua filha, eu também não sou filha dela — disse a moça, surpreendendo o pai. — Eu sou filha de duque Raul com uma de suas servas.

— O quê? — perguntou o conde, surpreso, aproximando-se da filha e mudando de cor.

— Isso mesmo que o senhor ouviu — confirmou a moça, encarando conde Felipe. — O príncipe sabe de toda essa história. Caso o senhor queira entrar em detalhes, confirme com a rainha Ruth.

O homem desabou em uma cadeira próxima, ficando em silêncio enquanto fitava seus troféus de caça enfileirados na parede. Respirava com dificuldade, mas continuou em silêncio, pois tinha a impressão que sonhava. "Por que Ruth nunca me revelou isso? Por que deixou que eu vivesse a vida inteira queimando neste inferno?", pensava o nobre, tentando disfarçar seu tormento ao fitar um ponto invisível no piso.

— Desde criança eu amo o príncipe Ricardo. Jamais amarei outro homem nesta vida — continuou falando a moça. — Não o traí; apenas pensei que o senhor não compreenderia o meu erro. Se não o procurei para revelar que estava grávida do príncipe, foi por medo de sua reação, que sempre foi impulsiva, agindo como um verdadeiro animal!

— O quê? Está me chamando de animal? — perguntou o conde, pulando da cadeira e fitando a filha.

— Sim. Se quiser me matar, mate-me olhando nos meus olhos. Não mande ninguém me envenenar, pois esse é um ato covarde, que não se coaduna com a fama de guerreiro que o senhor tem – disse Helena, levantando-se e encarando o pai. – Tive medo de o senhor mandar tirar o meu filho antes do tempo, configurando-se assim um aborto – continuou Helena fitando o pai, que se encontrava em silêncio. – Jamais abortaria o meu amado filho, porque considero esse tipo de procedimento uma ignorância, misturada à maldade que ainda está impregnada no coração da humanidade.

A moça fez uma pausa antes de rematar seu argumento:

– Um guerreiro tem forças e armas para se defender do inimigo; todavia, um ser inocente e em formação não tem como se defender do seu agressor.

Conde Felipe pensava e respirava com dificuldade enquanto ouvia a filha.

– Sei que o senhor tem suas razões para odiar o rei – acrescentou Helena –, porque ele o mandou prender e depois tentou matá-lo durante sua viagem com destino ao Ducado de Alepo, além de não ter cumprido com a palavra em fazê-lo seu sucessor. Porém, nada disso justifica o senhor tê-lo assassinado por envenenamento, tornando-se desse modo pior do que ele.

A moça fitou profundamente o pai e prosseguiu:

– Vou pedir a Deus que tenha pena de sua alma, pois Ricardo irá matá-lo sem piedade, e nada poderei fazer pelo senhor, porque, afinal de contas, ele quer vingar de qualquer maneira a morte do pai.

Tendo dito isso, Helena aproximou-se de conde Felipe e o abraçou, deixando depois o solar em silêncio, para tomar o caminho da corte. Sendo observada, sem saber, de uma janela pelo pai, enxugou algumas lágrimas e passou a mão pelos cabelos, enquanto pensava: "E agora, o que farei?"

O funeral do Soberano transcorreu como qualquer outro, com a diferença de que se tratava de um rei, amado e ao mesmo tempo detestado por seu povo, pois era déspota e cruel com seus inimigos e escravos.

Assim que Helena chegou ao Castelo Real, foi avisada de que devia falar imediatamente com o príncipe Ricardo em seus aposentos.

A condessa bateu à porta da sala do príncipe e ouviu:

– Entre!

A moça adentrou os aposentos e abraçou o príncipe em lágrimas. Depois, afastou-se e falou:

– Fui falar com meu pai no solar dos condes de Messenas.

Ricardo fitou a condessa, todavia nada falou, limitando-se a ouvi-la. Após um tempo, ele segurou a mão da noiva com delicadeza e indagou-lhe:

– Foi ele mesmo que mandou envenenar meu pai? Se foi ele, por que procedeu como um traidor?

– Não sei. Mas eu o acusei de assassino, e ele em momento algum se defendeu – respondeu a moça.

O príncipe cerrou o maxilar, demonstrando o ódio que lhe ia na alma.

– A primeira coisa que farei nesta vida, após o enterro de meu pai, é procurá-lo e matá-lo como um cão doente – falou Ricardo.

– Será que é necessário mesmo acabar com a vida dele, meu querido? – perguntou a moça chorando. – Afinal de contas, Ricardo, ele é meu pai, e eu o amo de todo o coração, mesmo que não seja meu pai de verdade.

O rapaz pensou rapidamente no que poderia acontecer após matar conde Felipe, pois sua amada poderia interpretar aquele gesto como assassinato.

– Após a cremação do corpo do rei, procurarei seu pai e o desafiarei para um duelo justo e honesto – respondeu o príncipe pensativo. – Seu pai é mais velho do que eu, mas é um excelente guerreiro, além de muito experiente, haja vista o que aconteceu recentemente, quando matou todos os bandidos que foram enviados para acabar com ele.

– Que seu pai enviou para matá-lo, como se ele fosse um ser ignóbil. O rei esqueceu que meu pai é um nobre e Cavaleiro do Rei – rebateu com voz calma, prontamente, a condessa.

O príncipe aproximou-se da moça, abraçando-a, e disse com muito cuidado, para não ofendê-la:

– Querida, vamos deixar para resolver isso quando o corpo de meu pai for cremado! Quem sabe seu pai ganha o duelo, e de repente quem se despede deste mundo sou eu. – O rapaz passou a mão na espada com ar de quem refletia. Depois, balançou a cabeça e murmurou: – Quem sabe, no futuro, a história vai informar as próximas gerações de que no reino do Cadal conde Felipe matou o príncipe e o rei.

Helena fitou o noivo e o abraçou, a cabeça enterrada em seu peito.

– Não diga isso nem brincando, querido.

– Tudo é possível, condessa Helena. Quem sabe ele tem truques adquiridos nas batalhas que eu, por ser mais jovem, ainda não aprendi – disse o príncipe, ajeitando a roupa para descer ao Salão Real. – Eu poderia condená-lo à morte, mas isso se configuraria um ato de covardia de minha parte.

Quando o príncipe chegou aonde o corpo do rei Otávio III estava sendo velado, percebeu que duque Fernando e conde Dante já se encontravam presentes. Ambos se aproximaram e apresentaram suas condolências.

Ricardo abraçou-os e os convidou para acompanhá-lo até a luxuosa sala de reunião do conselho. Quando se deslocava com os nobres, notou que a mãe o observava disfarçadamente. "O que será que minha mãe está pensando? Será que ela não confia mais em ninguém agora que é a rainha-mãe?", perguntou-se.

Após seus convidados sentarem-se confortavelmente, os servos serviram vinho, enquanto se abatia um silêncio mortal sobre eles, cada qual pensando no que iriam fazer após o corpo do rei ser cremado.

Conversaram sobre assuntos políticos do Cadal, a morte do rei, a sucessão e outros assuntos corriqueiros. Depois, os nobres se levantaram e se curvaram ante Sua Alteza Real, pois sabiam que ele logo seria o rei. Despediram-se em seguida, descendo para o Salão Real.

Antes que duque Fernando deixasse a sala, contudo, Ricardo pediu que ficasse mais um pouco, porque queria lhe fazer uma pergunta.

Conde Dante despediu-se e foi velar o corpo do rei.

O príncipe então apontou uma cadeira ao duque, pedindo que se sentasse, pois desejava falar de um assunto que dizia respeito apenas a eles.

Duque Fernando sentou-se, e o príncipe lhe perguntou:

– Você sabe quem matou meu pai?

– Escutei boatos, mas não acredito neles – respondeu o duque.

– Então, Vossa Excelência não acredita que foi conde Felipe quem matou o rei?

– Não. Felipe tem todos os defeitos do mundo, mas não é traidor a ponto de mandar envenenar o seu rei – respondeu friamente o duque, tomando um pequeno gole de vinho.

Fez-se um silêncio incômodo no ambiente, e o duque se remexeu na cadeira com impaciência.

O príncipe levantou-se e, rodeando o duque, perguntou de surpresa:

– Qual foi o truque que Vossa Excelência empregou para me pegar de surpresa, quando lutávamos na Arena Real?

O duque sorriu, depois o sorriso virou uma gargalhada, deixando o príncipe incomodado.

O duque levantou-se e aproximou-se do príncipe. Olhando para os lados, sussurrou a resposta em seu ouvido. Em seguida, fez uma reverência protocolar e deixou a sala.

O príncipe pensou, abrindo um sorriso: "Como ainda sou inocente".

Após alguns momentos, dirigiu-se ao lugar onde o pai guardava suas armas e verificou que a espada nova estava sobre um suporte, que a mantinha em posição de destaque em relação às demais. Tirou a espada embainhada do suporte, depois fez uma reverência, beijando-a, e falou para si:

— Vou batizá-la, minha querida. Meu pai vai se orgulhar de mim quando souber disso, onde ele estiver.

CAPÍTULO XXXIV

RICARDO E PADRE JOÃO PEDRO

Saindo do castelo, o príncipe galopou por alguns minutos, tentando colocar os pensamentos em ordem. Precisava se acostumar com a ideia de que seu pai, o poderoso Soberano do Cadal, havia sido envenenado e morto como um animal, dentro do próprio palácio, por um inimigo covarde, que agira nas sombras para matar o rei, desafiando a própria segurança do Castelo Real. Seu desejo era procurar conde Felipe em seu solar e acabar com ele, porém, algo lhe dizia que não se precipitasse.

Fez um sinal com a mão, ordenando que a escolta parasse enquanto refletia. Depois de um tempo, ordenou que seguissem rumo ao mosteiro, lugar onde se encontravam padre João Pedro e monge Petrúcio.

Morte por envenenamento, quando se trata de homicídio, lembrava imediatamente um inimigo traidor, principalmente quando se tratava da morte de um grande guerreiro como o rei Otávio III, que governara por mais de quinze anos o Cadal.

Sabe-se que um chefe de Estado tem muitos inimigos, mas nada justifica alguém matá-lo no silêncio da traição, em seu próprio lar.

"Meu pai lutou e conquistou a seu modo, trazendo muitos benefícios ao seu país. Não poupou nem a própria vida nos campos de batalha, para enriquecer e manter seu reino entre os mais prósperos e temidos", pensava o príncipe ao cavalgar. Ele passava as mãos pelo rosto sempre que se lembrava do pai, que o ensinara a guerrear, mormente quando se tratava de eliminar os inimigos da Coroa.

"Filho, eu quero morrer no campo de batalha; serei recebido do lado de lá como um herói", continuava a se lembrar das palavras do Soberano, enquanto cavalgavam à frente da escolta, conversando sobre guerras e batalhas.

Na verdade, o príncipe Ricardo não sabia o que iria falar realmente com padre João Pedro e monge Petrúcio; talvez pediria um conselho para acalmar seu coração, embora naquele momento não pensasse em nada relevante; pelo contrário, tudo o que lhe vinha à mente era destruir para sempre conde Felipe. Quando pensava na bela Helena, contudo, afastava seus pensamentos lúgubres, pois a amada jamais o perdoaria se matasse o pai dela sem lhe dar uma chance de se defender.

Já era noite quando chegou ao mosteiro. Parou, fitando a construção antiga enquanto sentia um arrepio esquisito, mas foi em frente, dando ordens para que seus homens apeassem enquanto ia falar com padre João Pedro.

※

O sacerdote estava em seu quarto estudando a Bíblia, quando ouviu alguém bater à porta. Ordenou enquanto fechava o livro sagrado dos cristãos:

– Entre!

A porta abriu-se e um monge apareceu, torcendo as mãos como se estivesse com medo de algo. O padre sentou-se na cama, fitando o monge, e perguntou:

– O que houve, Petrúcio? Será que você arranjou confusão novamente? A última que aprontou quase fez rolar a cabeça de gente na corte.

– O príncipe está na igreja, e vários homens de sua escolta estão a postos no entorno do mosteiro, guarnecendo Sua Alteza Real – respondeu o monge. – Acho que ainda dá tempo de fugir. Tenho certeza de que ele veio falar comigo, além de conversar com o senhor.

O padre pulou da cama, passando as mãos pelos cabelos, e depois começou a se vestir. Com um ar temeroso, indagou:

– O que terá acontecido?

– Não sei.

O padre caminhou rapidamente em direção à igreja. Antes de entrar pela porta que dava para a sacristia, afastou uma pequena cortina e vislumbrou o príncipe sentado, os olhos fixos no crucifixo que se destacava na parede depois do altar. Ele pensou por alguns instantes, porém teve medo das imagens que surgiram em sua mente. Então, soltando um profundo suspiro, entrou e foi ao encontro de Ricardo, fazendo as devidas reverências ao príncipe herdeiro da Coroa.

Ricardo levantou-se, estendendo a mão e apertando a do padre, antes de fitá-lo e comentar:

– Faz muito tempo que não venho aqui, padre João Pedro.

– O importante é não se esquecer de Deus, meu filho – comentou o velho sacerdote. – Quando você vinha sempre aqui com conde Júlio, vocês ainda eram crianças.

Fez-se um pequeno silêncio, cortado outra vez pela voz do padre:

– Vamos para a sala atrás da sacristia, onde poderemos sentar e conversar mais à vontade – convidou o padre, com muito cuidado para não ofender Sua Alteza Real.

O príncipe tirou a espada embainhada do cinto e caminhou com ela na mão rumo à sala indicada pelo padre. Antes de sentar-se, Ricardo passou as mãos pelos cabelos e comentou, fitando o padre:

– Sua Majestade, o rei Otávio III, morreu.

O padre sentiu as pernas tremerem. Seu rosto esquentou, as mãos ficaram bobas, e não sabia direito o que fazer com elas. Mas, com muito custo, conseguiu se controlar, pensando: "Eu sabia que o príncipe não viria visitar um pobre padre se não houvesse acontecido algo muito importante".

O padre fez uma reverência, curvando-se, e apresentou suas condolências ao príncipe pela morte de seu pai.

– Pode contar comigo! Cuidaremos das exéquias do corpo do rei Otávio III – disse o padre, atropelando as palavras.

– Ele foi envenenado!

O padre sentiu que ia cair. O príncipe Ricardo, notando o nervosismo do padre, acrescentou:

– Vim até aqui para saber se o senhor acha que foi conde Felipe que matou meu pai.

O padre sentou-se de uma vez, como se estivesse muito cansado, enquanto refletia: "Tinha certeza absoluta de que esse homem não viria a este fim de mundo conversar bobagens com um velho padre".

– Irei cortar o pescoço de conde Felipe e de todos aqueles que são suspeitos pelo envenenamento de meu pai – disse o príncipe, alisando displicentemente a longa espada, que repousava ao lado em uma cadeira.

O padre levantou a cabeça e pensou: "Petrúcio já deve ter fugido".

– Padre João Pedro, estou esperando uma resposta – disse o príncipe, ajeitando um punhal que estava metido em uma de suas botas.

– Meu filho, como vou saber quem matou o rei?

– Sei que não sabe, mas sei que conde Felipe veio várias vezes falar com o senhor, quando perseguia a própria filha por causa da gravidez dela, enquanto esperava meu filho – disse o príncipe com calma. – Portanto, quero somente saber se o senhor acha que conde Felipe seria capaz de matar o rei, principalmente considerando que a morte foi por envenenamento, que é um ato extremamente covarde.

– Permita-me perguntar, Alteza: o senhor tem certeza de que o rei foi realmente envenenado?

– Tenho, porque, no mesmo momento que meu pai caiu espumando, ordenei ao marquês Guilherme que provasse o resto do vinho do copo do rei, e ele se negou – respondeu príncipe Ricardo, levantando-se e caminhando até uma janela que se abria para o pátio a fim de verificar se seus homens estavam a postos, como mandava o protocolo. – Isso me provou que o rei havia sido envenenado, e que o marquês sabia disso.

– O que aconteceu ao marquês Guilherme?

– Sua cabeça rolou no chão na mesma hora.

O padre sentiu um frio esquisito subindo por suas pernas, enquanto pensava: "Este rapaz é muito pior do que o pai. Se ele fez isso com um nobre da corte, imagine o que fará com um pobre-diabo como eu!"

O príncipe se sentou novamente, cruzando os braços, e fitou a parede à sua frente. Depois, com um ar misterioso, indagou:

– E então, padre? O senhor acha que conde Felipe mandou assassinar meu pai através desse gesto infame do envenenamento?

– Meu filho, o coração humano é um terreno insondável. Nenhum ser humano jamais conseguiu saber o que se passa no íntimo de uma pessoa – respondeu o sacerdote.

O príncipe levantou-se e, aproximando-se do padre e fitando-o, indagou:

– O senhor tem certeza do que está falando?

– Certeza absoluta. Por isso não devemos tomar a justiça em nossas mãos, pois poderemos incorrer num erro difícil de justificativa perante Deus.

O príncipe passou as mãos pelos cabelos, ordenando ao padre em seguida:

– Quero falar com monge Petrúcio.

O padre fez um sinal, pois sabia que o monge observava tudo pela fresta da porta, embora não conseguisse ouvir o que eles conversavam. O monge não custou a se apresentar, torcendo as mãos, com medo do famoso comandante do exército do Cadal.

O príncipe levantou-se e estendeu a mão para o monge, apertando-a com educação, assim como fizera com o padre. Depois sentou-se e comentou a Petrúcio:

– Monge, o senhor conhece muito bem a arte da simulação e da traição, pois fez isso com a condessa, quando narrou ao pai dela tudo o que Helena havia revelado ao padre João Pedro, sobre estar grávida do meu filho.

O monge, ao ouvir aquele comentário, viu o mundo rodando, como se fosse perder os sentidos. Acreditou que naquele momento seria enviado ao céu, como aprendera no mosteiro. O príncipe iria se vingar de tudo o que ele havia feito à condessa Helena e ao seu filho. Conseguiu até controlar o medo, tentando não desmaiar, mas as pernas continuavam trêmulas, enquanto fitava os olhos azuis daquele homem, que se achava o senhor da vida e da morte.

– Posso ajudá-lo, Alteza?

– Pode.

– Como um ser tão desprezível quanto a Alteza descreveu pode ajudar um príncipe herdeiro da Coroa de um país tão poderoso?

– É exatamente por isso que o senhor me é interessante e importante, mormente ouvir sua opinião, pois porcos comem com outros porcos – disse o príncipe, ficando sério e colocando sua temível espada sobre as pernas.

O monge baixou a cabeça e se perdeu em pensamentos que nem Dante, criador do Inferno, conseguiria descrever.

O príncipe levantou-se e se espreguiçou vagarosamente. Depois se aproximou do monge e perguntou:

– O senhor sabe que Sua Majestade, Soberano do Cadal, o rei Otávio III, acabou de morrer envenenado?

O monge não suportou ouvir aquela notícia; desabou ao solo, desfalecendo de imediato.

Aborrecido, o príncipe olhou para a porta e fez sinal a um de seus soldados, ordenando que jogasse água no rosto do monge.

Ao sentir a água gelada no rosto, Petrúcio abriu os olhos, sobressaltado, e puxou o fôlego, respirando com dificuldade. Após alguns segundos, tentou se enxugar, porém viu botas perto de si e, ao levantar a vista, avistou o príncipe encarando-o com um ar irônico.

– Monge, o senhor acha que conde Felipe seria capaz de matar meu pai envenenado?

O monge pensou, fitando o padre. Então baixou a cabeça e respondeu:

– Não acredito! Teria sérias dúvidas quanto a isso.

– Por quê?

– Nunca vi conde Felipe falar em matar ou mandar matar alguém por envenenamento – respondeu o monge, terminando de enxugar o rosto. – Mas já o vi jurar que, enquanto não acabasse com o rei e toda a família real, inclusive com Vossa Alteza Real, não descansaria em paz – respondeu o monge sem titubear.

O príncipe sentou-se, baixando a cabeça. Enquanto refletia, fitou o padre, depois o monge. Depois fez um gesto de despedida, deixando a igreja e saindo à procura de seu cavalo. Partiu com sua escolta, em silêncio.

※

No trajeto do mosteiro ao Castelo Real, o príncipe foi pensando sem parar, tentando descobrir o assassino do pai. "Se não foi conde Felipe, então quem envenenou o rei?"

Ao amanhecer, Ricardo chegou à corte, notando que já havia um grande movimento de gente à frente do Castelo Real

– um indício de que o povo já sabia que Sua Majestade, o rei Otávio III, havia morrido.

Quando o príncipe adentrou o imenso Salão Real, curvou-se automaticamente, encontrando o corpo do pai recebendo as homenagens de praxe. Aproximou-se do corpo, fitando o pai, e passou as mãos no rosto, tentando disfarçar uma lágrima. Depois, relanceou o olhar pelo salão e viu vários nobres em silêncio, fitando-o como se todos se perguntassem o que ele faria após assumir o reino.

Um dos nobres caminhou em direção ao príncipe, curvou-se e apresentou suas condolências, sabendo que ele assumiria a coroa. Outros imitaram o colega e, aos poucos, todos os nobres presentes foram apresentando suas condolências ao príncipe pela morte do rei Otávio III.

Após alguns minutos, o príncipe pediu licença, pois se recolheria por alguns instantes, uma vez que chegava do mosteiro. Sentiu que alguém o olhava e descobriu que era sua mãe, observando-o de longe, praticamente escondida atrás de alguns nobres, perto do trono. Caminhou com rapidez em direção a ela, que se encontrava próximo à condessa Helena. Abraçando e beijando as duas, avisou que iria se trocar com o objetivo de acompanhar todo o funeral. Antes de ele se afastar, contudo, ouviu alguém chamá-lo:

– Filho!

– Sim, minha mãe – disse voltando-se.

– De onde está vindo?

– Do mosteiro. Fui falar com padre João Pedro e monge Petrúcio – respondeu Ricardo, fitando-a.

A rainha Ruth olhou de viés para a condessa Helena e novamente perguntou:

– Posso saber o que queria saber, meu filho?

– Queria saber se foi conde Felipe quem mandou envenenar meu pai – respondeu o filho no ouvido da mãe.

A mulher empalideceu, sentando-se em uma cadeira perto do trono e se mantendo em silêncio por um tempo.

– O que o padre e o monge responderam?
– Que conde Felipe jamais seria capaz de mandar envenenar meu pai – respondeu o príncipe, girando nos calcanhares e caminhando rápido em direção aos seus aposentos.

A rainha pôs a mão na boca, depois no peito, indicando aos seus servos que precisava imediatamente de suas poções.

CAPÍTULO XXXV

MORTE AO ENTARDECER

Após sete dias de homenagens ao Soberano do Cadal, como mandava o ritual sagrado de despedida, o corpo do rei Otávio III foi cremado em uma grande fogueira. O fogo, segundo a crença local, espalhava pelo ar os restos mortais do Soberano através da fumaça, perpetuando sua essência e auxiliando o sucessor.

Contrariando sua afirmação anterior, a rainha Ruth assumiu interinamente o reinado, conforme as leis do país. Ela parecia ter rejuvenescido, além de demonstrar estar saudável. Mandou avisar aos conselhos do Cadal e do exército que, após o luto decretado, marcaria com urgência uma data em que eles a legitimariam a nova Soberana, em substituição ao rei falecido. Mandou informar ao filho que queria falar com ele no Salão Real, com urgência.

O príncipe Ricardo atendeu prontamente à rainha, encontrando-a sentada em seu trono, com ares de uma verdadeira soberana.

— Vossa Majestade quer falar comigo? — indagou o príncipe curvando-se, como mandava o protocolo real.

— Sim. A partir de hoje, não tome nenhuma decisão sem me consultar, pelo menos até eu ser coroada oficialmente rainha absoluta do alto e do baixo Cadal — ordenou a rainha, fitando friamente o filho. — Após eu ser aclamada rainha, suas prerrogativas como príncipe sem dúvida serão aprovadas por mim.

— Suas ordens serão cumpridas, Majestade — curvou-se o príncipe, em obediência à rainha.

— Aproveito também para avisá-lo de que não tome nenhuma decisão a respeito do julgamento do assassino de seu pai; isso depende da decisão do conselho — disse a rainha em tom enérgico, sem deixar dúvidas de que quem mandava no reino agora era ela, mesmo antes de ser aclamada pelo conselho.

O príncipe ficou rígido, a mão fechando-se em um gesto instintivo em torno do punho da espada, enquanto os olhos azuis brilhavam perigosamente. Não esperava que sua mãe chegasse a tanto, sobretudo quando o assunto era procurar e punir o culpado pela morte de seu pai. Aproximou-se mais um pouco da rainha e, em voz baixa, mas firme, sem deixar nenhuma dúvida, disse-lhe:

— Majestade, nisso eu não vou lhe obedecer. O rei foi assassinado por um traidor; além disso, era o meu pai, e vou caçar seu assassino nem que seja no inferno. Não esqueça de que sou o comandante do exército real. Sou eu quem mantém a ordem no reino, sendo, portanto, responsável também pelos crimes cometidos neste país. Não desafie a minha autoridade. Não quero destroná-la antes de assumir o reino, minha mãe!

A rainha fitou o filho com ar de quem iria despachar uma ordem severa, mas encontrou o olhar duro do príncipe e, conhecendo-o, calou-se.

Ricardo reconheceu imediatamente qual era o desejo da mãe e rebateu com firmeza:

— Nem adianta Vossa Majestade mandar me prender ou interceptar minhas ações. Sou o comandante do exército do

Cadal, e ele obedece somente a mim. Aviso-a de que encontrarei o responsável pelo envenenamento de meu pai e, seja quem for o culpado, ele vai pagar com a morte.

– Meu filho, você sabe que aqueles que desobedecem a uma ordem real são inimigos da Coroa e, portanto, sujeitos a serem punidos imediatamente com a morte? – indagou a rainha em um tom calmo, tentando contornar a situação, porém com ar ameaçador.

– Essas ordens não se aplicam a mim. Não me queira como inimigo nem meça forças comigo, principalmente enquanto não for coroada. Vossa Majestade não pode sair distribuindo ordens enquanto o trono não for homologado oficialmente. Quem vai legalizar a substituição do governo por ocasião da morte do rei Otávio III é o conselho composto pelos Cavaleiros do Rei – respondeu o príncipe, fitando a rainha.
– Eu, o príncipe Ricardo, comandante do exército do Cadal, por enquanto sou a maior autoridade deste reino, e, enquanto o exército estiver sendo comandado por mim, quem desafiar minhas ordens será morto imediatamente, assim como fiz com duque Raul.

– Ricardo, posso saber para onde vai? – perguntou a rainha exasperada, sem poder controlar o filho.

– Matar conde Felipe.

– Não faça isso, Ricardo, pois se arrependerá.

– Por que me arrependerei? Por acaso Vossa Majestade sabe algo que eu não sei?

– Obedeça à sua rainha e o assunto estará encerrado – desconversou a rainha Ruth.

Ricardo fitou longamente o rosto da rainha e, em silêncio, foi até a sala particular que pertencera ao rei Otávio, abrindo um grande armário e dele tirando a bela espada do rei, que se encontrava repousando ali como uma bela mulher em uma confortável cama, esperando seu amado. Seu leito era um belíssimo estojo de ouro forrado de veludo no interior. Ele o abriu e ficou em êxtase admirando aquela arma, que parecia lhe sorrir dizendo: "Leva-me, porque eu sou o corpo e você será os meus olhos para sempre".

O príncipe segurou a espada com cuidado, ergueu-a para o alto com as duas mãos e, fazendo uma reverência, beijou-a. Depois empunhou-a com força e se virou, encontrando o olhar frio da mãe, que o observava em silêncio ao longe.

Ele se aproximou da rainha e, com respeito, curvou-se e disse:

– Prenda-me ou mate-me, se puder. Somente assim conde Felipe não morrerá – disse o príncipe, descendo os degraus do castelo correndo, em busca de seu cavalo. Depois, tomou a direção do solar dos condes de Messenas, sendo acompanhado por sua escolta.

– Guardas! – gritou a rainha.

– Vossa Majestade chamou? – indagou o substituto do marquês Guilherme, comandante da guarda da corte, que fora degolado pelo príncipe Ricardo.

– Pare o príncipe que saiu em busca de conde Felipe. Conduzam-no preso até mim – ordenou a rainha.

O novo comandante, que era fiel ao príncipe, curvou-se em uma reverência protocolar, antes de dizer:

– Majestade, perdoe-me, mas o príncipe é o comandante do exército, ou seja, é o nosso comandante, até que o Conselho de Guerra aclame o novo Soberano do Cadal.

A mulher lançou um olhar de puro veneno ao novo comandante e, agastada, afastou-se praguejando.

✵

Ricardo cavalgava à frente de sua escolta pensando no que havia acontecido entre ele e a rainha. "Minha mãe está muito esquisita. Depois conversarei com ela com mais calma. Ela está muito cansada após ter perdido meu pai de maneira trágica e covarde. Não pretendo usurpar a Coroa, mas não vou acatar ordens esdrúxulas. Mesmo que não abdique do trono a meu favor, continuarei sendo fiel a ela como nossa rainha, conquanto não coloque em risco a hegemonia do reino", pensava o rapaz cauteloso.

O sol aos poucos buscava o poente; estava na hora de descansar. A tarde chegou, deixando o tempo mais frio e obrigando os homens da escolta do príncipe Ricardo a se agasalharem, pois aquelas terras eram geladas, além da sensação térmica, que baixava ainda mais a temperatura.

Ao chegarem perto de uma majestosa edificação, o príncipe fez um gesto com a mão, ordenando que a escolta fizesse uma pausa. Observou com cuidado os domínios do conde e sentiu que, ao sair daquele solar, sua história seria outra.

A tarde, aos poucos, tornava-se mais fechada. Ele ordenou que um de seus homens fosse até o solar de conde Felipe e pedisse permissão para atravessar as muralhas que protegiam a bela construção.

Após alguns minutos, o soldado voltou avisando que o conde havia autorizado a entrada deles.

O príncipe tirou a espada da bainha, colocou-a contra o sol, admirando seu brilho, e depois a embainhou de novo. "Vou batizá-la com o sangue daquele que matou seu dono", pensou. Em seguida, atravessou com seus homens uma muralha idêntica à do Castelo de Messenas, mas muito menor, porém guarnecida.

Assim que Ricardo encontrou-se dentro das muralhas, observou que conde Felipe o esperava no pátio, os braços cruzados.

O príncipe Ricardo apeou, ajeitou a roupa e caminhou em direção ao conde, parando antes de ficar muito próximo. Esperou que o pai de sua noiva e avô de seu filho se pronunciasse, porém, ele nada falou; apenas observou os movimentos do príncipe.

– O rei foi envenenado, conde Felipe – disse o príncipe, incomodado com o olhar do nobre e procurando uma desculpa para ouvir o que ele tinha a dizer. – Ele foi cremado hoje pela manhã – continuou.

O conde fez um gesto com a cabeça como se já soubesse.

– Não pergunta o que vim fazer aqui, conde Felipe?

– Não sou homem de me lamentar nem de fazer perguntas – comentou o conde. – Na guerra, quem fala são as armas.

– Vossa Excelência matou meu pai, conde Felipe? – perguntou o rapaz, ainda tentando encontrar uma resposta que evitasse um duelo mortal entre eles.

Não houve resposta, apenas um silêncio mortal, que se abateu sobre os dois homens, observados pela escolta do príncipe e pelos guardas do conde, que estavam a postos.

– Vim matá-lo, conde Felipe.

O conde pensou por um instante e, em um silêncio irritante, tirou a longa espada da bainha, beijou-a e colocou-a em posição de combate.

Ao ver aquele gesto frio do conde, o príncipe sentiu um frêmito, pois no fundo ainda tinha esperança de não precisar lutar com ele. Contudo, tirou também sua espada e se pôs em posição de combate; sabia que ou mataria o conde, ou sairia dali direto para ser sepultado.

❈

No Castelo Real, a condessa Helena soube do que houve entre o noivo e a rainha. Mandou então prepararem imediatamente uma carruagem e se dirigiu ao solar do pai. As informações eram de que Ricardo havia seguido naquela direção.

A rainha manteve-se em silêncio, sentada em seu trono, enquanto pensava: "Tudo está perdido. Não tenho alternativa a não ser esperar o que vai acontecer".

❈

A condessa Helena, ansiosa, ordenava ao cocheiro que apressasse os cavalos.

– Eles estão correndo com o máximo de suas forças, condessa. Acalme-se que logo chegaremos.

※

O príncipe aproximou-se mais um pouco do conde, ergueu a espada e a desceu em direção ao corpo do avô de seu filho, mas encontrou apenas o vazio. Enquanto isso, sentiu algo na pele. Passando a mão rapidamente pelo local, notou que havia sido ferido por seu adversário.

Ricardo deu dois passos para trás, fitando o conde. Observou que ele sorria, o que lhe causou um ódio terrível, agravado pela lembrança da morte do pai. Avançou para o conde, dando-lhe várias estocadas, sem lhe dar tempo de respirar; porém, Felipe se defendia bravamente, até que sentiu o braço doer, relanceou o olhar para o lado e notou que havia sido ferido.

O príncipe parou de golpeá-lo e ficou observando os olhos do adversário, enquanto ele respirava e descansava com um sorriso perverso bailando nos lábios.

Felipe apertou os lábios em um ricto que misturava ódio e dor. Tirou um punhal que estava metido nas botas e, com a raiva sendo demonstrada em seus movimentos, avançou, tentando atravessá-lo com a espada, enquanto com o punhal procurava em um ritmo alucinante o peito e a garganta da Alteza Real, mas sem sucesso.

Após meia hora de duelo, fizeram uma pausa, pois estavam cansados, evidente pela respiração difícil. Aos poucos o sol perdia seu brilho, todavia, alguns reflexos ainda iluminavam parte do pátio onde os dois homens combatiam, indicando que somente a morte daria fim àquele duelo causado pela ignorância do ser humano.

Deus não colocou na terra Seus filhos com a finalidade de se destruírem, mas nós somos tão orgulhosos que colocamos em risco até o bem maior que Ele nos deu: a vida.

O conde tirou o casaco, mostrando os músculos rígidos. Apesar da idade, demonstrava ser acostumado ao treinamento na arte de lutar com as armas usadas nas guerras. Baixou a vista e perguntou-se: "Por que o Deus dos padres deixou que tudo isso acontecesse comigo? Minha querida Isabel, onde estiver, perdoe-me!"

O príncipe também tirou sua camisa e mostrou o tronco nu e jovem, com todos os músculos retesados como se fossem cordas de violino, enquanto pensava: "Este homem é um verdadeiro guerreiro. Esta luta está difícil, mas não deixarei meu filho órfão nem minha bela futura esposa viúva". Mal terminou de pensar, viu brilhar à sua frente a espada do conde, reluzindo contra os restos da luz do sol que desaparecia no horizonte. Tentou desviar, mas a lâmina cortou-lhe superficialmente o peito, de onde passou a escorrer sangue em direção à barriga, deixando-o ensanguentado e causando apreensão na escolta do príncipe, pois os soldados pensavam que ele fora ferido mortalmente.

Ricardo pulou para trás, tentando se defender como uma fera da espada do conde, que parecia ganhar vida. "Não vou morrer, conde, e ainda vou mandá-lo para o inferno", pensava, percebendo que o adversário recuava sorrindo, como se tivesse com pena dele.

O príncipe passou o dedo no sangue que descia em seu peito e o sorveu, demonstrando virilidade e ódio. Fez-se uma pausa, e então o príncipe sacou de sua bota outro punhal e jogou fora o que usava. "Agora vou despachá-lo para o inferno, seu traidor!", pensou.

Sem avisar, o comandante do exército partiu para cima do conde, colocando nos punhos suas últimas gotas de força, cruzando a espada com o punhal, o que ofuscava os sentidos do conde, pois ele não sabia qual arma iria feri-lo.

O príncipe e o conde pulavam como se dançassem, ambos se defendendo e atacando com golpes certeiros, os passos avançando e recuando conforme a destreza individual de cada um com suas espadas e punhais, que ambos dominavam.

Após um tempo de luta, Felipe foi se defender do punhal do perigoso adversário, que procurava seu pescoço, e esqueceu a espada dele, que se enterrou em seu tórax, atravessando-o sem piedade.

O príncipe, cansado e quase sem respirar, aproximou-se do conde e murmurou:

– Meu pai foi vingado! A espada dele foi batizada com seu sangue.

O conde se mantinha de joelhos, vomitando sangue e segurando o punho da espada que havia trespassado seu corpo. Com um ricto de dor estampado no rosto, conseguiu falar:

– Bonita espada. Mas lamento dizer que não matei seu pai. O Deus de Helena sabe disso.

O príncipe esqueceu toda a dor de seus ferimentos. Ajoelhando-se, sacudiu o conde e lhe perguntou:

– Então quem matou meu pai?

– A rainha. Ela sempre quis o poder, mas você é mais forte do que ela.

– Mentira, seu infame! – gritou o príncipe enfurecido.

O conde tentou se levantar, mas não teve forças. Elevou os olhos para o alto como se fizesse uma prece a seu modo, balbuciando algo incompreensível. Então pendeu para o lado e desfaleceu.

Morria assim conde Felipe, como um verdadeiro guerreiro, conduzindo para o túmulo um terrível segredo, pois não houvera tempo de narrar o que a rainha fizera, ou ele próprio não quisera contar, talvez preferindo assumir a culpa de tudo o que acontecera de errado no reinado de Otávio III.

– Não acredito nisso – gritou o príncipe, furioso, levantando-se e limpando o sangue do ferimento no peito.

A condessa chegou ao solar com o coração temeroso. Desceu da carruagem correndo e, ao entrar no pátio, mirou o príncipe alarmada, vendo sangue em seu corpo. Correu desesperada e, chorando, constatou:

– Meu amor, você está ferido!

A moça correu o olhar pelo local, vendo o pai caído de lado com a espada do príncipe enfiada em seu corpo. Gritou e caiu desmaiada, sendo amparada pelo namorado que, quase sem forças, abraçou a jovem com preocupação. Respirando com dificuldade, Ricardo beijou a fronte da futura esposa e, consternado, exclamou:

– Eu lamento, meu amor!

Respirando profundamente, ordenou às servas que viviam no solar que ajudassem a condessa a cuidar do funeral de conde Felipe.

Afastados da cena da luta, os dois espíritos, Lívia e Isabel, correram para tentar amparar conde Felipe, que havia atravessado as portas do mundo espiritual.

– Lívia, será que não podemos fazer algo por Felipe? – indagou Isabel chorando, quando viu seu amor tombar com a espada do príncipe atravessada em seu tórax. – Meu Deus! Ainda tinha esperanças de que ambos relevassem suas diferenças e se entendessem antes de acontecer o pior.

Isabel abaixou-se e pôs a cabeça de conde Felipe em sua perna, começando a fazer carinhos no rosto másculo, porém com uma expressão de dor, de quem havia deixado o corpo físico em completo desequilíbrio.

Lívia mantinha-se sentada ao lado da amiga, em silêncio, apenas observando o rosto daquele que vivera para dominar o mundo e morrera pela força do mesmo domínio.

– Querida, agora chegou a vez de ajudarmos nossa querida Helena! – Lívia apontou a condessa desmaiada, segurando o braço da amiga.

CAPÍTULO XXXVI

MÃE E FILHO

O príncipe, constatando que sua amada estava melhor, saiu em disparada rumo ao Castelo Real, sendo seguido por sua escolta. Rasgou o casaco e pôs um pedaço no peito para pressionar o corte feito pela espada do conde, evitando assim uma hemorragia ou uma infecção, comuns na época entre os feridos de guerra.

A noite chegou, cobrindo com seu manto escuro e lúgubre a região onde se localizava a corte. O príncipe atravessou a ponte levadiça com o coração oprimido. Desde que escutara da boca do conde a acusação contra sua mãe, seu coração não batera mais no ritmo certo. Não conseguia acreditar no que ouvira de Felipe, ou lutava para não querer que fosse verdade. Apeou ainda em movimento e dirigiu-se ao Salão Real correndo. Subindo os degraus de dois em dois, chegou ao trono.

– Mãe! Mãe! – gritava ele.

A rainha Ruth se encontrava sentada no trono, iluminada por algumas tochas colocadas na parede e pelas velas dos candelabros, que iluminavam o suntuoso Salão Real, quando viu o filho chegar. Manteve-se impassível, demonstrando uma frieza fora do normal, estranha para os padrões de uma rainha que até então procedera como esposa e mãe exemplar, devotada ao marido e ao filho, fazendo acreditar que não tinha intenções de assumir o governo do Cadal.

O filho, cansado, parou nos degraus que levavam ao trono e ficou observando a mãe, enquanto pensava: "Não! Acho que o conde mentiu com alguma finalidade em mente antes de morrer". Contudo, proferiu em um fôlego só, fitando diretamente o rosto da rainha:

– Mãe, a senhora envenenou meu pai?

A rainha manteve-se em silêncio fitando o filho. Tentou se levantar; entretanto, para espanto do jovem, a mãe segurou a garganta com as duas mãos, lutando para respirar, mas não conseguiu e soltou pela boca uma espuma amarelada. Uma taça de ouro caiu ao solo, rolando nos degraus até chegar aos pés do príncipe, que olhou estarrecido, entendendo o que acontecia. Correu para socorrer sua mãe, que tombou em seus braços, inerte.

A rainha Ruth havia se suicidado com um poderoso veneno, antes que explicasse os motivos que a tinham levado a esse gesto tresloucado, ou o assassinato do rei, que se dera também por envenenamento.

O príncipe se acalmou e sentou-se em uma cadeira que ficava na penumbra enquanto os servos cuidavam da rainha para o funeral. Passou o resto da noite sentado no mesmo lugar, tentando descobrir porque sua mãe matara o rei. "Não consigo acreditar que ela fez isso por pura ambição pelo poder", refletia o rapaz, sempre passando a mão no rosto, enxugando o suor misturado com as lágrimas que desciam, afinal de contas, perdera o pai e a mãe dentro de poucos dias, sem falar que havia matado injustamente conde Felipe, avô de seu filho.

Os servos, observando o sofrimento do moço, colocaram em uma mesa a seu lado água, frutas e doces à disposição dele, em uma parca tentativa de ajudar.

Já amanhecia quando alguém chegou perto dele e disse:

– Conde Júlio e a condessa Ana pedem permissão para entrar no castelo.

O príncipe esfregou os olhos e pediu uma vasilha com água para lavar-se e ficar em condições de receber os primos, enquanto ordenava que subissem e fossem ter com ele em sua sala particular.

Após alguns minutos, os primos Júlio e Ana apresentavam suas condolências também pela morte da rainha e tia deles.

Em rápidas palavras, o príncipe narrou tudo o que acontecera desde o dia anterior, contando sobre a morte de conde Felipe em duelo e de sua mãe, por envenenamento.

Os três ficaram sentados, em silêncio, ao redor de uma mesa posta com a primeira refeição do dia.

O príncipe sabia que a rainha já estava sendo velada no Salão Real, mas não tinha disposição de aparecer para receber as condolências dos primeiros visitantes, que, sem dúvida, tratava-se de nobres que habitavam terras no entorno da corte.

Ricardo não se preocupou em exigir a presença de Helena ao seu lado, já que, no Castelo de Messenas, ela velava o corpo do pai. A condessa Helena queria estar com o noivo, mas seus deveres de filha única diziam que ela deveria acompanhar o funeral do pai.

O príncipe levantou-se, sendo observado pelos primos, que não se atreviam a fazer perguntas sobre a morte da rainha. Ricardo olhou-os e indagou de pronto:

– Vocês acham que a rainha matou o rei?

Conde Júlio olhou de viés para a irmã, pensou um pouco e, passando a mão pelos cabelos, aproximou-se do primo e respondeu-lhe:

– Não tenho a menor dúvida de que foi a rainha que matou o meu tio Otávio.

O príncipe calmamente olhou para a prima e não precisou repetir a mesma pergunta, porque a moça afirmou:

– Confirmo tudo o que Júlio falou.

O jovem príncipe caminhou em círculo em redor da mesa, depois parou e, fitando os primos, indagou:

— Sei que vocês são bem informados, pois pertencem a uma família de guerreiros que se matavam pelo poder.

Júlio e Ana mantinham-se em silêncio, enquanto o primo falava.

— Como podem provar que minha mãe foi responsável por essa desgraça que se abateu sobre a família real?

— Não podemos provar absolutamente nada contra a rainha. As provas materiais que existem não provam que foi a rainha que envenenou o rei — respondeu conde Júlio, sentando-se à mesa enquanto fitava a irmã. — Além disso, mesmo que conde Felipe tenha se arrependido de tudo o que fez com a filha antes de morrer, ele foi culpado por parte do que aconteceu, ainda que não tenha sido por ordem dele a morte do rei — comentou Ana.

— O rei Otávio III era nosso tio e também senhor do Condado de Letônia. Ele me confessou que colocaria um espião dentro do Castelo Real para observar tudo, inclusive os possíveis inimigos ocultos, dos quais, como você sabe, os soberanos estão sempre rodeados — confessou Júlio, surpreendendo o primo.

— Então você sabia do que estava acontecendo? — indagou o príncipe com ar sério.

— Não, não sabia de nada, uma vez que o espião tratava diretamente com meu tio, e não comigo. Contudo, lamento, Ricardo, mas a morte da rainha deixa sérias dúvidas quanto à sua inocência! — respondeu o primo.

O príncipe tinha uma faixa envolvendo seu peito, para neutralizar a parte ferida pela terrível espada do conde Felipe, mas mesmo assim gritou com raiva:

— Júllo, pode me provar um pouco do que está dizendo?

O conde fitou a irmã, fazendo um sinal em direção à porta. Entrou então uma serva que Ricardo identificou imediatamente ser uma antiga serva da rainha.

— Quitéria! — disse o príncipe surpreso.

— Sim, Alteza!

— O que você tem a dizer sobre a rainha, em relação à morte do rei?

— Nada que condene minha senhora. Mas ouvi várias vezes ela falando com pessoas diferentes sobre o rei, inclusive sobre quem iria substituir Sua Majestade após a morte dele – respondeu a serva.

Júlio fitou a serva e a dispensou, pedindo que ela mandasse entrar Túlia, a babá do filho de Ricardo.

Túlia entrou receosa e caminhou timidamente, a cabeça baixa.

— O que a serva e babá de meu filho têm a ver com isso? – indagou também surpreso o príncipe.

— Responda, Túlia! – ordenou conde Júlio.

— Eu vi várias vezes a rainha no castelo do conde de Messenas. – respondeu a serva. – Sua Majestade sempre conversava com conde Felipe.

— Isso é normal. Alguém pode visitar um amigo ou amiga, em qualquer lugar, dia e horário – rebateu o príncipe.

— Mas eu ouvi algumas vezes a rainha dizer que estava tudo certo, que o conde seria seu conselheiro-mor, caso ela se tornasse soberana absoluta do Cadal – comentou a serva. – Além disso, ela sempre dizia que a condessinha Helena era filha da condessa Isabel com duque Raul, transformando assim conde Felipe em um homem cruel e triste.

— Pode ir, Túlia! – ordenou o príncipe.

Ricardo passou as mãos nos olhos e pensou: "Quer dizer que até conde Felipe foi enganado por minha mãe? Meu Deus, me ajude a manter-me calmo e resolver tudo isso sem causar uma guerra. Tenho certeza de que tem Cavaleiro do Rei metido nisso!"

— Acho que vocês me convenceram. Parece que até mesmo conde Felipe foi enganado por minha mãe, quando disse que Helena era filha de duque Raul com a condessa Isabel – disse Ricardo, sentando-se e fitando o solo como se analisasse tudo o que estava acontecendo. – Sou o último da família real;

devo descer ao Salão Real e receber as visitas para o funeral da rainha, mesmo que isso me cause repulsa. Eu tinha uma mãe cujo íntimo não conhecia, uma traidora dentro de nosso próprio lar! A pessoa que mais devia amar e zelar por todos nós era na verdade a mais ambiciosa, espalhando esse veneno sobre todos! – desabafou o príncipe, sentindo o peso da amargura na alma.

Os primos levantaram-se, fazendo menção de se retirar, quando então ouviram a pergunta do príncipe:

– Será que posso saber quem foi o espião que o rei implantou no Castelo Real?

– Zaturi, o soldado da guarda particular do rei Otávio III – respondeu a condessa Ana.

– O quê? Zaturi?

– Sim.

Os primos se despediram e foram encaminhados aos seus aposentos, pois ficariam hospedados no Castelo Real, auxiliando o príncipe, até a rainha ser sepultada.

Longos minutos depois, o príncipe encontrava-se no Salão Real, recebendo as condolências dos nobres pela morte da rainha Ruth, que o povo amava.

Enquanto Ricardo recebia as manifestações de sentimentos pela morte da mãe, pensava: "Se eles soubessem o que essa mulher foi capaz de fazer para assumir o governo do Cadal, acho que ninguém visitaria seu funeral".

Duque Fernando aproximou-se do príncipe e prestou sua solidariedade e condolências.

– Duque Fernando, Vossa Excelência soube que duelei com conde Felipe?

– Soube ainda ontem em meu castelo.

– Será que fui injusto com o pai de minha noiva?

— Não. Ele se deixou envolver pela ambição e pelo poder, dois defeitos que custarão a desaparecer da face da Terra, pois são o grande mal da humanidade – respondeu o duque, pensativo e sincero.

— Você fala como se soubesse da verdade – disse o príncipe desconfiado.

— Vossa Alteza esquece que conde Felipe esteve em meu castelo fazendo-me propostas indecentes contra a Coroa?

— Não. Desculpe-me, Excelência!

— Nada há para se desculpar, Alteza.

Ricardo retirou-se do salão por alguns minutos, dirigindo-se aos seus aposentos, mas antes ordenando que um dos servos avisasse a condessa Helena de que a receberia em seus aposentos. Soube que ela chegara ao castelo para visitá-lo e depois voltaria para o funeral do pai.

Ao entrar nos aposentos do príncipe, Helena se jogou nos braços do amado, sem controlar as lágrimas. Estava muito tensa com tudo o que havia acontecido nos últimos dias, culminando com a morte de seu pai.

Ao estreitar sua noiva em seus braços fortes, o príncipe, por alguns instantes, sentiu desaparecer um pouco da tristeza do dia. Ela tinha a capacidade de afastar dele sentimentos ruins. Sorveu um pouco do aroma de flores que a jovem exalava e beijou-a apaixonadamente. Instantes depois, afastou-a de si e pediu que se sentasse. Aos poucos, foi narrando tudo o que ouvira nas últimas horas a respeito da traição da rainha e do próprio conde Felipe, que se dissera inocente da morte do rei Otávio III.

A moça abraçou o rapaz, beijando-lhe os olhos e a face. Fitando-o profundamente, perguntou:

— Posso lhe fazer um pedido, meu querido?

— Pode!

— Você pode perdoar meu pai?

— Já o perdoei; duelamos, causando-lhe uma morte sem necessidade – respondeu o noivo. – Mas ele também foi culpado.

Se tivesse conversado comigo, pois eu tentei fazer isso, teríamos resolvido tudo sem necessidade de recorrermos a armas.

A moça abraçou com ainda mais força o noivo, agradecida por saber que, apesar de o príncipe ser um guerreiro feroz, que não perdoava o inimigo, não era tão mau como se pensava.

– Querido, porque será que a rainha se suicidou?

– Fraqueza de alma.

– Não entendi.

– Quando luto para vencer meus inimigos em batalhas e guerras, tenho um objetivo, que é tirar do meu caminho aqueles que estão me atrapalhando – esclareceu o rapaz, fazendo um carinho no rosto da bela condessa.

– Qual é a diferença, meu amor?

– Nunca tramei nos corredores do castelo, nem nas guerras, acabar com a vida de ninguém – respondeu o príncipe com ar sério. – Prefiro morrer mil vezes a trair alguém. Todos os que morreram através da lâmina de minha espada ou punhal estavam em um combate honesto e limpo, senão não me sentiria um ser humano. – Ele fez uma pausa, pensou e rematou: – Seu pai não merecia morrer, pois lutou como um leão. Eu tenho certeza de que ele morreu sem me odiar; vi nos olhos dele o perdão. Fiquei bastante emocionado com esse gesto, principalmente quando me olhou nos estertores da morte, atingindo minha alma profundamente.

– Não se culpe por isso; essa sua emoção é a minha passagem para a felicidade. Sei que meu marido jamais matará por traição – disse a condessa, abraçando o rapaz e beijando-o.

O príncipe sorriu e retribuiu todo o carinho da condessa, ansioso para ter de uma vez por todas aquela bela jovem ao seu lado por toda a vida e amá-la, construindo um reino próspero e feliz. Helena abriu um lindo sorriso, ergueu os olhos para o céu e agradeceu a Deus.

CAPÍTULO XXXVII

O REI OTÁVIO IV

Após o sepultamento da rainha Ruth, o príncipe Ricardo tornar-se-ia soberano interinamente; depois, se esperaria um prazo de seis meses para ser aclamado o novo rei pelos conselhos do Cadal e do exército, conforme as leis do país.

A condessa Helena, que também era duquesa de Córsega e princesa de Nápoles, mandou preparar na corte a maior festa que o reino já vira. Ela aproveitou a alegria do povo, que iria ter um novo Soberano, para se casar com Ricardo, o homem que sempre amou e pai de seu filho, Ricardo II.

Padre João Pedro e monge Petrúcio tornaram-se amigos do príncipe, que não parava de indagá-los sobre os mistérios da Terra e do céu, acreditando que, no futuro, apareceria uma doutrina que explicaria com detalhes tudo o que o ser humano ainda não entendia, como a imortalidade da alma, pregada por algumas religiões. Padre João Pedro estava bastante alegre, porque o príncipe, além de seu amigo, contribuía com uma rica ajuda ao mosteiro.

Após seis meses do sepultamento da rainha, o Conselho do Cadal informou a data, através de edital pregado em todos os lugares, da aclamação do príncipe Ricardo a rei. Aproveitando a cerimônia de coroação do novo rei, seria então realizado o casamento do novo monarca.

Na data marcada pelo conselho do reino, o príncipe Ricardo tomou o nome de Otávio, em homenagem ao seu pai, após ser aclamado rei, passando a se chamar Otávio IV.

No dia da realização da grande cerimônia, Helena não cabia em si de tanta alegria por realizar seu maior sonho, que era um dia ser esposa do seu amado príncipe Ricardo. Ela convidou pessoalmente todos os nobres e senhores de terra do Cadal, entre eles, os Cavaleiros do Rei e os nobres conselheiros do reino e do exército. Não esqueceu de mandar abrir os celeiros e depósitos de trigos, para distribuição desse produto ao povo que morava na corte e adjacências.

O povo dançava, cantava e gritava o nome da rainha Helena, pois jamais tinham visto naquela região uma condessa de coração tão piedoso e caridoso como o daquela mulher, que ora se tornava a esposa do rei Otávio IV.

No mesmo dia, padre João Pedro assumiu a direção do cerimonial e, orgulhoso como se fosse o próprio rei, realizou o casamento do novo monarca, Otávio IV, com a belíssima Helena, condessa de Messenas, duquesa de Córsega, princesa de Nápoles e, após o casamento, rainha do Cadal.

A beleza do amor que unia o casal era o ponto alto da cerimônia; pétalas de rosas foram arremessadas pelos súditos sobre os soberanos, que proferiam desejos de prosperidade e paz.

Durante uma semana, todos festejaram com muita comida, música, danças e rituais sagrados ofertados ao casal.

O primeiro ato do príncipe como rei Otávio IV foi nomear conde Júlio comandante do exército do baixo e do alto Cadal; somente assim teria tempo suficiente e condições de visitar todo o país com a finalidade de conhecer seus domínios, além de ficar tranquilo quanto à fidelidade do comandante de seu poderoso exército.

Nomeou imediatamente Fernando, duque de Alepo, como seu conselheiro-mor, com poderes para decidir os assuntos políticos do reino.

Duque Fernando, com autorização do rei Otávio IV, compôs o novo conselho do Cadal e do exército, com os novos Cavaleiros do Rei, nomeados para a gestão do novo monarca.

A rainha Helena teve mais dois filhos, mas o preferido era o príncipe Ricardo II, que, aos dezesseis anos, pediu ao pai para constituir seu próprio exército.

Através de sua bondade, aliada à caridade e à fé em Deus, Helena ficou conhecida como a Mãe dos Pobres. Ela nunca deixou de ajudar a população mais humilde do reino, principalmente crianças carentes, tornando-se santa para a maioria da população do Cadal.

O amor que uniu o rei Otávio IV e a rainha Helena era tão forte, que todos tinham a crença de que eles nunca morreriam, espalhando essa lenda por todo o reino.

Certo dia, cavalgavam nas pradarias, seguidos pela escolta real, quando avistaram ao longe um cavaleiro sorridente montado em um cavalo branco, alguém que pareciam conhecer há tempos.

Os soberanos entreolharam-se, e a rainha aproximou-se do rei, tomou sua mão e, com carinho, perguntou-lhe:

— Reconhece aquele senhor, meu amor?

O rei olhou o cavaleiro a distância e sorriu, fazendo um gesto que a condessa conhecia muito bem e vislumbrou irônico, sem acreditar muito no que seus olhos vislumbravam.

— Não, mas deve ser um cavaleiro em visita a nosso reino, minha rainha – comentou o rei, entendendo que sua rainha queria informar que aquele cavaleiro era seu pai, o espírito Felipe.

— Ele não parece real, mas sei que é, porque eu o conheço! – disse a rainha, feliz, enquanto enxugava as lágrimas que desciam por seu rosto, parando em sua boca.

O rei a olhou, cofiou a barba e, evitando ofender a rainha, indagou-lhe:

– Não gosto de vê-la chorando, minha rainha querida. Você acredita nisso?

– Acredita no quê?

– Em fantasmas?

– Não. Acredito que exista vida após a morte, embora eu não saiba explicar como – respondeu a rainha pensativa.

– Ainda não consigo acreditar nessa possibilidade. Você sabe muito bem que ninguém voltou do túmulo para comprovar se existem ou não outras vidas – disse o rei, fitando o céu.

– Meu querido rei, se Jesus voltou após sua morte na cruz, corroborada por Maria de Magdala, conforme informação dos padres em seus sermões, então porque esse cavaleiro não poderia também vir de outro mundo nos visitar?

O rei fitou a rainha e, aproximando seu cavalo, segurou sua mão.

– Então, após nossa morte, quero voltar novamente como seu marido. Nunca iremos nos separar – ele falou.

A bela rainha abriu um lindo sorriso, também aproximando mais seu cavalo, e beijou o rei. "Se eu falasse para ele que já vivemos outras vidas, acho que seria trancada numa cela, pois seria considerada louca. Contudo, tudo a seu tempo!", refletia ela.

Ao longe, duas belas mulheres, os espíritos Isabel e Lívia, entreolharam-se. Aos poucos, foram desaparecendo, sorrindo de felicidade, rumo ao mundo onde viviam.

FIM

Ideias que transformam

Cleber Galhardi

Ideias são componentes essenciais para guiar nossa existência; elas podem nos libertar ou nos manter aprisionados.
Ideias salutares têm o poder de nos transformar e mudar nossa vida. Sem impor verdades absolutas, Ideias que Transformam convida o leitor à reflexão e a buscar novas formas de exergar o mundo e a si mesmo.

Mensagens | 9x13cm | 192 páginas

boanova editora

Boa Nova Catanduva-SP | 17 3531.4444 | boanova@boanova.net
Boa Nova São Paulo-SP | 11 3104.1270 | boanovasp@boanova.net
Boa Nova Sertãozinho-SP | 16 3946.2450 | novavisao@boanova.net

Francisco do Espirito Santo Neto
ditado por Hammed

Sócrates afirmava que "ninguém que saiba ou acredite que haja coisas melhores do que as que faz, ou que estão a seu alcance, continua a fazê-las quando conhece a possibilidade de outras melhores". Ser protagonista da própria vida não significa jamais se equivocar; significa, sim, refazer caminhos, reconhecer falhas e erros, e deixar de ser prisioneiro das próprias atitudes. Neste livro de Hammed, você vai descobrir as ferramentas necessárias para conduzir sua história de vida e fazer da existência uma grande oportunidade de aperfeiçoamento.

A BUSCA DO MELHOR
Francisco do Espirito Santo Neto ditado por Hammed

Filosófico
14x21 cm
176 páginas

Boa Nova Catanduva-SP | (17) 3531.4444 | boanova@boanova.net
Boa Nova São Paulo-SP | (11) 3104.1270 | boanovasp@boanova.net
Boa Nova Sertãozinho-SP | (16) 3946.2450 | novavisao@boanova.net

boanova editora

DEPOIS DA MORTE
Léon Denis

Vida no além
Formato: 16x23cm
Páginas: 304

Quem de nós, em algum momento da vida, não teve a curiosidade de se perguntar qual seria seu destino após a morte do corpo físico? Existe realmente um mundo invisível para onde iremos?

O grande pensador Léon Denis responde a essas e a muitas outras perguntas relativas à vida e à morte nesta obra. Para apresentar suas conclusões, o autor retorna no tempo e pesquisa a Grécia, a Índia, o Egito, além de várias outras culturas, em busca de respostas. Aprofundando-se em temas complexos como a existência de Deus, a reencarnação e a vida moral, trata ainda dos caminhos que temos à disposição para chegarmos ao "outro mundo" com segurança e o senso de dever cumprido.

www.boanova.net

www.facebook.com/boanovaed

www.instagram.com/boanovaed

www.youtube.com/boanovaeditora

EDICEL®

Entre em contato com nossos consultores e confira as condições
Catanduva-SP 17 3531.4444 | São Paulo-SP 11 3104.1270 | Sertãozinho-SP 16 3946.2450

Céu Azul

100 MIL EXEMPLARES VENDIDOS

Novo Formato
Nova Diagramação
Nova Capa

Célia Xavier de Camargo
DITADO POR
César Augusto Melero

Quando se veem tantos jovens que desencarnam prematuramente e se contempla o sofrimento de familiares e amigos, compreende-se como o conhecimento dos assuntos espirituais é de vital importância para o ser humano. Prova disso é a ânsia com que hoje as criaturas buscam informações, nem sempre da forma correta. Reconhecendo essa necessidade, o jovem César Augusto Melero vem falar de suas experiências: como vivem, o que fazem, o que pensam aqueles que deixaram o mundo terreno partindo para uma outra realidade, mais viva, atuante e feliz. Suas narrativas são emocionantes, consoladoras e instrutivas. Além de demonstrarem que a morte não existe, trazem novas e surpreendentes informações sobre o admirável mundo espiritual.

Vida no Além | 16x23 cm

boanova editora

Catanduva-SP 17 3531.4444 | boanova@boanova.net
São Paulo-SP 11 3104.1270 | boanovasp@boanova.net
Sertãozinho-SP 16 3946.2450 | novavisao@boanova.net
www.boanova.net

RENOVANDO ATITUDES
Francisco do Espírito Santo Neto/Hammed
Filosófico | 14x21 cm | 248 páginas | ISBN 978-85-99772-61-4

Elaborado a partir do estudo e análise de 'O Evangelho Segundo o Espiritismo', o autor espiritual Hammed afirma que somente podemos nos transformar até onde conseguirmos nos perceber. Ensina-nos como ampliar a consciência, sobretudo através da análise das emoções e sentimentos, incentivando-nos a modificar os nossos comportamentos inadequados e a assumir a responsabilidade pela nossa própria vida.

AMBIÇÃO

Assis de Azevedo ditado por João Maria

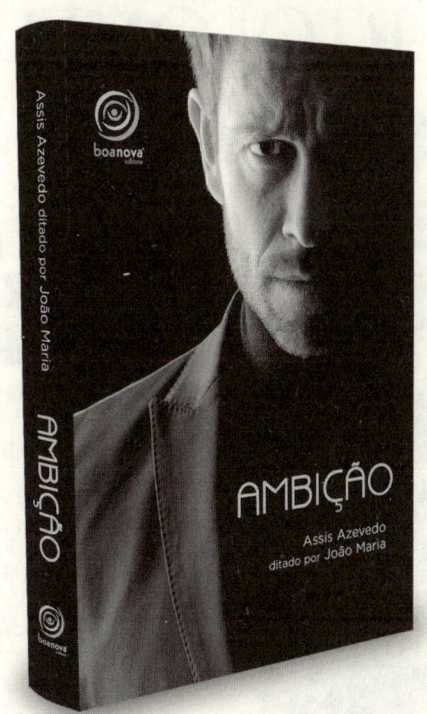

352 páginas | Romance
16x23 cm | 978-85-8353-036-7

Um homem, um sonho! É possível acreditar em um mundo melhor? Em pessoas mais responsáveis? Em valores morais mais nobres? No coração de muitos, há tanta coisa represada! E nós, por questões às vezes meramente materiais, deixamo-nos envolver pelos gritos agitados que o mal alardeia ao nosso redor.

A morte de um megaempresário mexe com o mundo dos poderosos do país, inserindo nesse cenário um ilibado inspetor de polícia, que decide investigar a veracidade dos fatos. Falcão Nobre é um policial conhecido de muitos bandidos e respeitado em seu meio por sua conduta irrepreensível. Dono de sagacidade e coragem incomuns, o policial se vê então envolvido em uma conspiração perigosa, que pode levar um homem ao sucesso ou ao fracasso total.

Traição, egoísmo, intrigas e maledicência são alguns dos componentes que se mesclam neste livro à ambição desmedida de alguns personagens por poder e dinheiro.

Esta obra apresenta também uma reflexão sobre a condição de mudança do homem quando decide, encorajado pela fé, pela esperança e pela vontade, fazer a diferença.

Numa narrativa empolgante e em um clima de suspense, Falcão Nobre busca a verdade e, inesperadamente, ainda poderá encontrar algo que nunca imaginou: o amor.

boa nova editora

Boa Nova Catanduva-SP | 17 3531.4444 | boanova@boanova.net
Boa Nova São Paulo-SP | 11 3104.1270 | boanovasp@boanova.net
Boa Nova Sertãozinho-SP | 16 3946.2450 | novavisao@boanova.net

A NOITE DE SÃO BARTOLOMEU

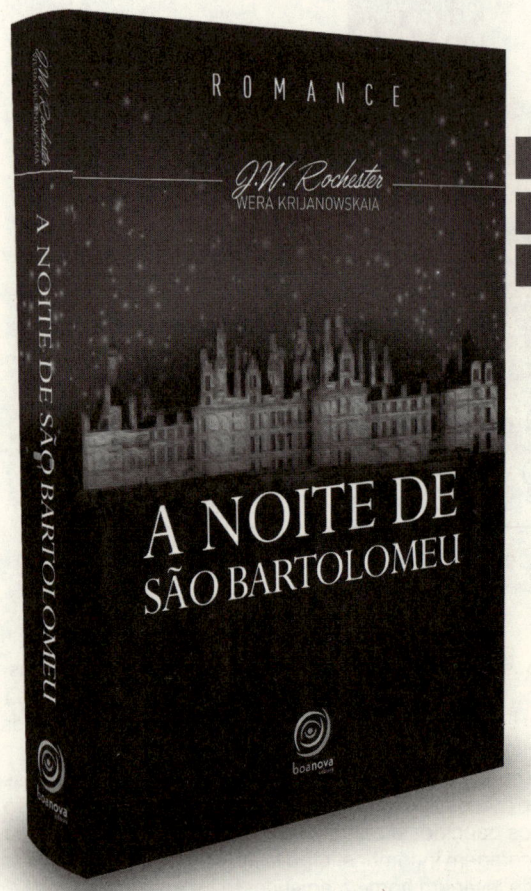

Novo Formato
Nova Diagramação
Nova Capa

Wera Krijanowskaia
ditado por
J. W. Rochester

16x23 cm | 432 páginas
Romance Histórico

Nessa obra, Rochester mostra todo um cotidiano de intrigas, fofocas, delações e traições que estiveram por trás de alguns acontecimentos. Narra o casamento de Henrique de Navarra (protestante) com Margarida de Valois (católica, filha de Catarina de Médicis, rainha-mãe) que foi usado como isca para atrair protestantes (hunguenotes) numa cilada. Uma história que fala de fanatismo bárbaro.

boanova editora

Catanduva-SP 17 3531.4444 | boanova@boanova.net | São Paulo-SP 11 3104.1270 | boanovasp@boanova.net
Sertãozinho-SP 16 3946.2450| novavisao@boanova.net | www.boanova.net

EDICEL®
AGORA É
boanova®

PEDI E OBTEREIS

Allan Kardec | Tradução de J. Herculano Pires

Esta obra não é um formulário absoluto, mas sim uma variedade entre as instruções que dão os Espíritos. É uma aplicação dos princípios da moral evangélica, um complemento aos seus ditados sobre os deveres para com Deus e o próximo, onde são lembrados todos os princípios da Doutrina.

12x18 cm | 96 páginas
Preces Espíritas

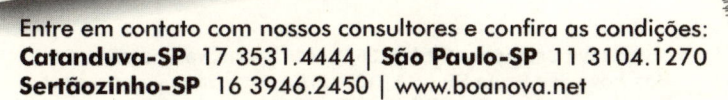

Entre em contato com nossos consultores e confira as condições:
Catanduva-SP 17 3531.4444 | **São Paulo-SP** 11 3104.1270
Sertãozinho-SP 16 3946.2450 | www.boanova.net

ROMANCE

NUNCA É TARDE PARA PERDOAR

HUMBERTO PAZIAN

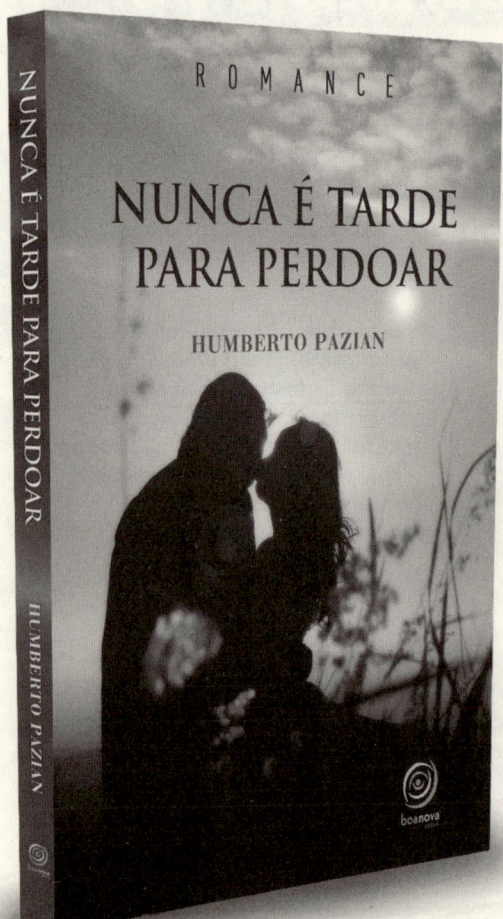

16x23 cm | 144 páginas

França, 1763. Filho único do conde Arnaldo D´Jou, Felipe retorna à pátria depois de sofrer amarga derrota nos campos de batalha da Inglaterra. A caminho dos domínios do pai, não sabe que vai ao encontro do seu passado... Embriagado pela beleza e pelo encanto de Celine, Felipe deixa-se dominar pela paixão. A linda jovem, filha de um cigano foragido, nega-se a se entregar ao guerreiro, que não aceita a recusa. O ódio de Felipe, então, contamina o ambiente da estalagem onde se encontram, abrindo suas portas para espíritos violentos e vingadores... Agora, tudo pode acontecer: Felipe e Celine, além de outros afetos e desafetos, reencontram-se para entender que nunca é tarde para perdoar.

Boa Nova Catanduva-SP | 17 3531.4444 | boanova@boanova.net
Boa Nova São Paulo-SP | 11 3104.1270 | boanovasp@boanova.net
Boa Nova Sertãozinho-SP | 16 3946.2450 | novavisao@boanova.net

A FAZENDA DOS IPÊS

FLORIDES BERTUZZO

O que faz um homem ganancioso para ter poder e dinheiro? Tudo! Assim era o conde Cesare Brevegliere. Agindo de modo irresponsável, o belo e jovem aristocrata rouba e planeja matar toda a família, assim que descobre que, em suas terras, encontra-se uma mina de pedras preciosas, da qual deseja ser dono absoluto. O destino, porém, muda o rumo de sua vida, e diversos acontecimentos abatem-se sobre sua família e seus escravos, que sofrem com a "lei do chicote". O cenário de desamor, violência, chibatadas e muita morte, no entanto, contrasta com a bela e famosa "Fazenda dos ipês"

Romance | 16x23 cm | 352 páginas

boanova editora

Boa Nova Catanduva-SP | (17) 3531.4444 | boanova@boanova.net
Boa Nova São Paulo-SP | (11) 3104.1270 | boanovasp@boanova.net
Boa Nova Sertãozinho-SP | (16) 3946. 2450 | novavisao@boanova.net
www.boanova.net

Joana

Cirinéia Iolanda Maffei ditado pelo espírito **Lucien**

416 páginas | Romance | 16x23 cm

Uma adolescente de treze anos, que vive em uma das favelas do Rio do Janeiro, envolve-se com Nicolas: um rapaz sedutor que lhe dá a falsa sensação de resgatá-la de uma vida simples e sofrida. Um inocente passeio em Angra dos Reis termina com seu sequestro e envio para Barcelona, onde se vê envolvida com uma quadrilha dedicada à exploração sexual. Uma pergunta não formulada permanece o tempo todo: afinal, quanto conhecemos sobre nossa sexualidade e o que nos incita a ser da maneira como somos em relação ao sexo e ao amor?

Catanduva-SP 17 3531.4444 | São Paulo-SP 11 3104.1270 | Sertãozinho-SP 16 3946.2450
boanova@boanova.net | www.facebook.com/boanovaed

Traduções de J. Herculano Pires

O EVANGELHO SEGUNDO O ESPIRITISMO
Allan Kardec
Tradução de J. Herculano Pires
Doutrinário | 14x21 cm | 360 páginas

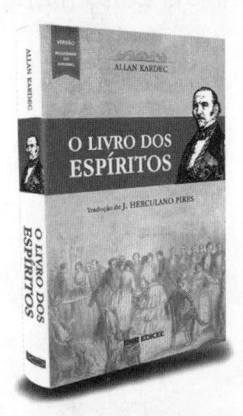

O LIVRO DOS ESPÍRITOS
Allan Kardec
Tradução de J. Herculano Pires
Doutrinário | 14x21 cm | 400 páginas

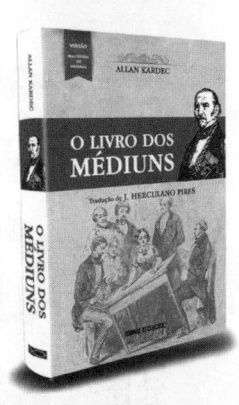

O LIVRO DOS MÉDIUNS
Allan Kardec
Tradução de J. Herculano Pires
Doutrinário | 14x21 cm

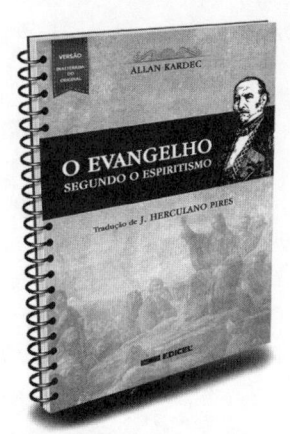

O EVANGELHO SEGUNDO O ESPIRITISMO (ESPIRAL)
Allan Kardec
Tradução de J. Herculano Pires
Doutrinário | 14x21 cm | 360 páginas

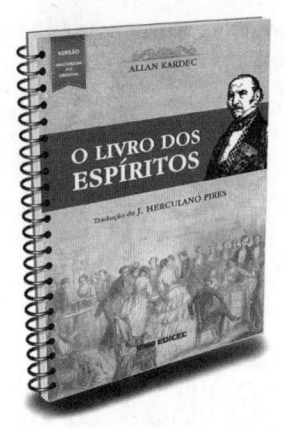

O LIVRO DOS ESPÍRITOS (ESPIRAL)
Allan Kardec
Tradução de J. Herculano Pires
Doutrinário | 14x21 cm | 400 páginas

O LIVRO DOS MÉDIUNS (ESPIRAL)
Allan Kardec
Tradução de J. Herculano Pires
Doutrinário | 14x21 cm

boanova editora
EDICEL®

Catanduva-SP (17) 3531-4444 | boanova@boanova.net
São Paulo-SP (11) 3104-1270 | boanovasp@boanova.net
Sertãozinho-SP (16) 3946-2450 | novavisao@boanova.net
www.boanova.net

Conheça mais a Editora Boa Nova:

www.boanova.net

www.facebook.com/boanovaed

www.instagram.com/boanovaed

www.youtube.com/boanovaeditora

boanova editora

Instituto Beneficente Boa Nova
Entidade coligada à Sociedade Espírita Boa Nova
Av. Porto Ferreira, 1.031 | Parque Iracema
Catanduva/SP | CEP 15809-020
www.boanova.net | boanova@boanova.net
Fone: (17) 3531-4444